U0105258

国家出版基金项目
NATIONAL PUBLICATION FOUNDATION

"十三五"国家重点出版规划项目

国家出版基金资助项目

阿拉伯文化中的中国形象

古代卷

·上·

葛铁鹰——

著

湖南文艺出版社
HUNAN LITERATURE AND ART PUBLISHING HOUSE

图书在版编目（CIP）数据

阿拉伯文化中的中国形象. 古代卷. 上 / 葛铁鹰著.
—— 长沙：湖南文艺出版社，2022.6
ISBN 978-7-5726-0477-5

Ⅰ. ①阿… Ⅱ. ①葛… Ⅲ. ①国家－形象－研究中国
－古代②文化史－阿拉伯国家－古代 Ⅳ. ①D6 ②K371.03

中国版本图书馆CIP数据核字(2021)第251050号

阿拉伯文化中的中国形象. 古代卷. 上

ALABO WENHUA ZHONG DE ZHONGGUO XINGXIANG. GUDAI JUAN. SHANG

著　　者：葛铁鹰
出 版 人：陈新文
责任编辑：耿会芬
项目策划：易　见　耿会芬
责任校对：黄　晓　艾　宁
整体设计：陈　笃
内文排版：钟灿霞

出版发行：湖南文艺出版社
（长沙市雨花区东二环一段508号 邮编：410014）
网　　址：http://www.hnwy.net
印　　刷：长沙超峰印刷有限公司
经　　销：新华书店
开　　本：880mm×1230mm 1/32
印　　张：14.5
字　　数：234千字
版　　次：2022年6月第1版
印　　次：2022年6月第1次印刷
书　　号：ISBN 978-7-5726-0477-5
定　　价：132.00元

（若有质量问题，请直接与本社出版科联系调换）

《卡里来和笛木乃》插画

阿拉伯古籍插画（一）

阿拉伯古籍插画（二）

阿拉伯古籍插画（三）

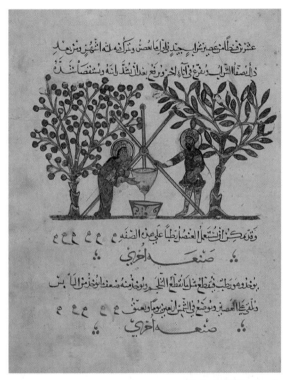

阿拉伯古籍插画（四）

阿拉伯古籍插画（五）

阿拉伯古籍插画（六）

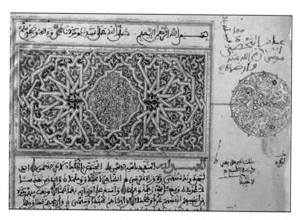

阿拉伯古籍插画（七）

阿拉伯古籍抄本图（一）

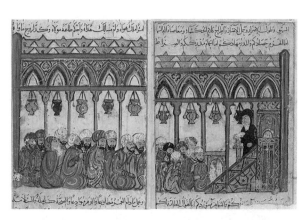

阿拉伯古籍抄本图（二）

阿拉伯古籍抄本图（三）

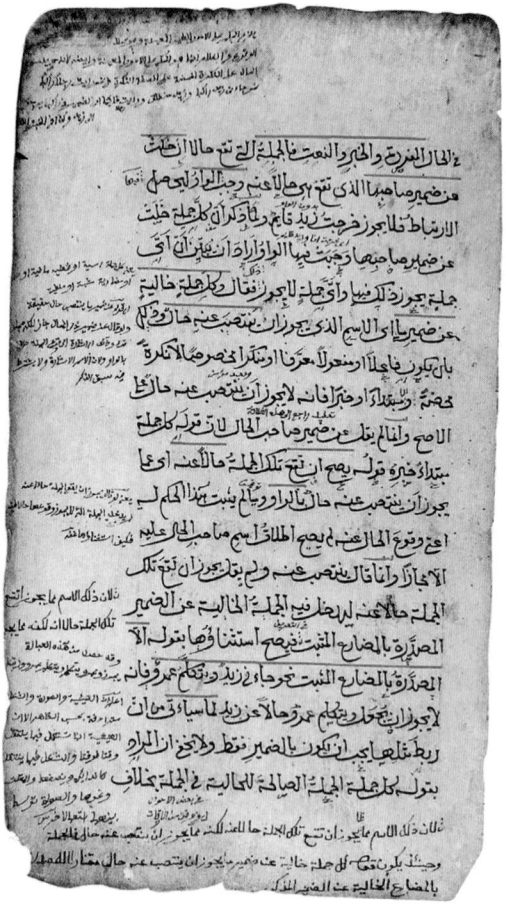

阿拉伯古籍抄本图（四）

前　言

　　中华民族和阿拉伯民族同是具有悠久历史和灿烂文化，并为人类文明发展进程做出重大贡献的伟大民族。"远在古代，中国与阿拉伯各国即互有往来。据《史记》的《大宛传》记载，汉武帝时已派使者前往，此后历时 2000 年，双方关系从未中断。"[1] 在贾希利叶时期（475—622），"也就是在伊斯兰教之前，早从公元 5 世纪上半叶起，中国人就已经开始与阿拉伯人通商"[2]。中阿两大民族间的交往，必然在双方历史记载中留下痕迹，从而形成各自对对方形象认识的雏形，并随着时代发展不断丰富和充实。阿拉伯古籍里有关中国的记载，无疑是古代阿拉伯文化中中国形象构成的基本要素与主要来源。发掘、整理和归纳相关素材并加以研究，不仅是中阿和中外关系史等历

1　江淳、郭应德著：《中阿关系史》，经济日报出版社，2001 年版，第 15 页。
2　安田朴著，耿昇译：《中国文化西传欧洲史》，商务印书馆，2000 年版，第 79 页。

史学科学术研究的需要，也是加强中阿文明对话、增进双方相互了解和促进双方友好关系进一步发展的需要。

一

就阿拉伯方面而言，贾希利叶时期的"历史记载主要由宗教故事传说和讲述各部族争端两大部分内容构成，而起初的记载形式多为口述与石刻"[1]。这一时期的阿拉伯人，还没有他们自己的文字，历史记述是通过口耳相传的传说、传奇、谚语和诗歌完成的。在后人转记于文字的这一时期的记述中，迄今未发现关于中国的记载。"中世纪的阿拉伯史学是在公元7世纪伊斯兰教产生后才开始发展起来的。"[2]然而早期阿拉伯史学著作中有关中国的记载仍十分稀少。

"唐代中国与阿拉伯国家的交往，日益频繁，特别在8世纪中叶阿拔斯王朝（750—1258）建立以后，两国关系，更加密切。"[3]正是从这一时期开始，阿拉伯学术研究从初创到达巅

1　沙基尔·穆斯塔法著：《阿拉伯史学史》，黎巴嫩知识书局，1983年版，第54页。

2　钱志和、钱黎勤：《中世纪的阿拉伯史学及其特点初探》，宁夏大学学报（人文社会科学版），2000年第1期第38页。

3　钱志和、钱黎勤：《中世纪的阿拉伯史学及其特点初探》，宁夏大学学报（人文社会科学版），2000年第1期第38页。

峰，国家的强盛和开明君主的倡导与资助，促使著书立说蔚成风气，中世纪阿拉伯语著作之总量甚至超过同期全世界著作之总和。特别是阿拉伯历史学家，在汲取古希腊和古罗马历史学家的学术养分之后，治史视野渐次开阔，从较为单纯的围绕伊斯兰教的先知穆罕默德传记、《圣训》传述者谱系、阿拉伯帝国对外征服等历史范畴，开始转向并重视世界史、人类史、国家史和地方志的研究，为后人留下大量重要的史学经典著作。其中，关于中国的记述数量之多、范围之广、描绘之细，超过同期中国古籍对阿拉伯的记述。

阿拉伯古籍中有关"中国"的记载，为我们探寻下列问题的答案提供了珍贵的第一手资料：阿拉伯人将中国作为一种"文化他者"形象的起点在哪里？他们关于中国形象的话语传统是一致的和延续的，还是断裂的和变异的？他们为何在对外族的记述中每每将最高级的描绘给予中国？他们对于中国政治、经济、军事、司法以及民俗和物产等方面的记载，特别是关于中阿乃至中外关系史上重大事件的记载，哪些是真实的，哪些是失实的？

20 世纪 20—40 年代，我国学术界曾经出现中西交通史以及丝绸之路研究的热潮，人们开始关注阿拉伯古籍中有关中国的记载，认识到其所具有的重要学术价值。特别值得提到的是冯承钧的《西域南海史地考证译丛》和张星烺的《中西交通史料汇编》，后一书更辟有"阿拉伯人关于中国之记载"[1]的专章。这些记载实际上也是阿拉伯文化中中国形象的研究素材。此后我国第一代阿拉伯学专家马坚、纳忠等也在其著译中直接翻译介绍了部分阿拉伯古籍中关于中国的记载，引起学界重视。我国著名回族学者海维谅用阿拉伯文写作了《阿中关系》一书，其中第三章也专门介绍了阿拉伯古籍中关于中国的记述。[2]改革开放后，随着我国中外关系史和中外文化交流史研究的不断发展与深入，相继有《伊本·白图泰游记》《道里邦国志》《中国印度见闻录》和《阿拉伯波斯突厥人东方文献辑注》等经典译著问世，同时也可见到一些学术刊物上发表的关于阿拉伯古籍中的中国的译文或文章。尤其是近年来，随着"一带一路"倡议不断深入人心，越来越多的中国和阿拉伯学者，对阿拉伯文化中的中国形象这一课题给予重点关注，出版了各种译著和专著。这些著作各有特色，毫无疑问都具有显著的学术价值，提供了了解和研究阿拉伯人集体记忆中中国形象的重要参照。

---

1 张星烺编注：《中西交通史料汇编》，中华书局，2003 年版，第 2 册第 756—804 页。

2 海维谅著：《阿中关系》，埃及复兴出版社，1950 年。

然而，对于阿拉伯古籍中有关中国的全景式描述来说，尚需更多不同角度和侧重的材料加以补充和丰富。本书即是以古代阿拉伯历史与文学典籍为中心，发掘其中有关中国的记载，旨在为阿拉伯文化中的中国形象的研究提供新的内容与原始资料。

二

本书试图通过以下步骤，考察阿拉伯人关于中国形象叙事的思维方式和意象传统，厘清他们对中国从虚到实的认知过程，分析他们在相当长时期内使用几乎程式化的话语赞美中国的原因，辩驳他们对于涉及中国的历史记载中的讹误，力求客观地勾勒出古代阿拉伯人的整体中国观。

第一，筛选和确定所依据的阿拉伯历史与文学典籍。"最早的阿拉伯历史著作，大半是阿拔斯王朝时代保存下来的。"[1]即便是这一时期流传下来的，经过阿拉伯和欧洲东方学家校勘出版的阿拉伯史学著作也数以百计。为揭示阿拉伯人关于中国记载的某种稳定性和共同特征，有必要从整个中世纪阿拉伯史学著作中进行筛选，时间下限为阿拉伯史学家断代的"衰落时

---

1 希提著，马坚译：《阿拉伯通史》，商务印书馆，1979 年版，上册第 457 页。

期"（1268—1798）结束。在覆盖整个古代的前提下，注重阿拉伯历史上两个重要时期的史学著作，一是被称为阿拉伯帝国鼎盛时期和学术发展黄金时代的阿拔斯王朝，一是由一批外籍奴隶在埃及、叙利亚地区建立起来的伊斯兰教政权——马穆鲁克王朝（1250—1517）。后一时期出现了阿拉伯学者进行学术研究和著书立说的又一高潮，涌现出相当数量的重要历史与文学著作。

根据阿拉伯史学研究成果、各国研究阿拉伯历史著述中阿拉伯原文史学著作引用率和笔者对阿拉伯史学著作的研读心得，本书从具有代表性的权威阿拉伯史学著作中选定 26 种作为翻译和研究对象。包括纪事本末体 8 部、编年体 11 部、纪传体 4 部、地方志 3 部。时间跨度为 9—18 世纪，以 9—14 世纪为主。文学方面则以知名度和引用率较高的著作为主。

第二，对以上阿拉伯历史与文学典籍中所有关于中国的记载进行翻译和注释。客观地讲，这是一件需要耗费大量精力的非常艰苦的学术工作，但却是阿拉伯文化中中国形象研究的基础工程和前提，没有对原始文献的翻译，以后的研究便无从谈起。翻译以忠实于原文的直译法完成，不做增删，尽可能保持原作叙事的完整性，并对翻译中出现的重要人名地名以及重大事件的记述等进行考证。此外，还须收集大量相关资料，借助权威参考书和工具书，对所译原著作者、创作背景和该著作在阿拉伯学术史上的地位以及对后世学术研究的影响等，做相应介绍。

第三，对译文进行梳理分类，去粗取精，将所译内容归纳为政治、军事、贸易、工艺以及民俗和物产等板块，逐一进行有针对性的分析与研究。对阿拉伯历史与文学典籍中关于中国的记载进行梳理、归纳和研究的重要性，无须赘言。但由于笔者只是外语专业出身的翻译工作者，受学识和能力所限，所谓分析和研究仅能看作是浅显的尝试，主要目的还是为不熟悉阿拉伯语的专业人士提供阿拉伯典籍中的相关素材。

第四，本书专设一章考辨阿拉伯史学著作中涉及中国的若干重大历史问题的记载。比如，关于吐蕃由古代也门人所建的讹传，715年唐王向阿拉伯人纳贡一事的真伪，郑和船队到达吉达的重要记述等。阿拉伯人对这些重大历史事件的记载，对于我国史学界的相关研究无疑具有重要意义。通过参照中国古籍的相关记载，可以廓清阿拉伯史学著作对于以上问题的记载，究竟哪些是与我们的记载相符的，哪些是相悖的，以及分析阿拉伯方面出现这些历史记载的背景与原因。

第五，根据对不同时代的阿拉伯史学著作中关于"中国"记述的翻译、分类和研究，探讨阿拉伯各个时期中国形象的生成衍变的意义，观察阿拉伯文化视野中的中国形象，分析阿拉伯人关于中国的叙事传统话语体系，以及该体系在空间上的扩散性与时间上的延续性，进而揭示阿拉伯人记述中国的一贯性、稳定性。在此基础上，寻找古代阿拉伯人对中国总体的正面友善记述与当代阿拉伯人民渴望与中国人民友好交往之间存在历史关联的文本根据，证明中阿友好交往既是一种现实需求，也是一种历史发展的自然延续。

三

撰写本书的目的，是希望通过阿拉伯文化中中国形象研究传达以下几个观点。

第一，阿拉伯古籍特别是历史与文学典籍中对于中国记载的总基调是正面的，对于中国总体形象的描绘是美好的。"中国和阿拉伯世界的交往盛世虽然始自第八世纪，但是两者往来的开端则可追溯到七世纪伊斯兰教兴起之前。阿拉伯地处欧、亚、非三大洲的联结部位，这一优越的地理位置决定了它在古代交通往来中一直起着重要的作用。"[1] 自从张骞凿空西域后，中阿两大民族通过陆上丝绸之路开始较为频繁的交往，这种交往在海上丝绸之路开辟后达到高潮，尤其以经商、传教等为目的来华的阿拉伯人的数量迅速增加。阿拉伯人在中国的所见所闻必然反馈到他们的历史、地理和文学等方面的著作之中，特别是阿拉伯史地学家通常都很热衷于对异国形象的记述与描绘。

阿拉伯人自古以来崇尚东方和位于东方的中国，甚至将其理想化。13 世纪阿拉伯哲学家伊本·图斐利有一部重要著作《哈义·本·叶格赞的故事》，实际上在此之前，生活在 10 世纪的伊本·西那已经创作出一个同名的象征体故事。在这个故事里，伊本·西那向人们灌输了这样的观念："他们只有一条路——向东走，那是一条永纯的、精神的道路，而西行则是趋向物质和罪恶。"[2] 在阿拉伯人概念中，中国是东方最远最大最富有的国家，是东方的代表，这可以解释为什么阿拉伯人前往东方经商、旅游更多的是去中国而不是去亚洲任何其他部分。我们发现，在阿拉伯历史与文学著作对中国的记载中，中国是

---

1 张广达著：《西域史地丛稿初编》，上海古籍出版社，1995 年版，第 419 页。
2 伊本·图斐利著，王复、陆孝修译：《哈义·本·叶格赞的故事》，商务印书馆，1999 年版，第 147—148 页。

地大物博的，物质是极其丰富，文明是昌盛的，君主是公正开明的，人民是安居乐业的……这些历史记载证明，"无论就两国人民的往来、文化的影响或者商业的关系来看，中国同阿拉伯国家之间都有悠久的相互友好的传统，这是值得我们更进一步发扬光大的"[1]。

第二，阿拉伯古籍中关于中国的记载具有一贯性、稳定性和延续性。从截至目前笔者所见到的阿拉伯人最早关于中国的正式记载——哈利勒·本·艾哈迈德（约718—786）的《艾因书》，到本书所辑译的最后一部阿拉伯史学著作——杰拜里提（1754—1822）的《史迹奇观》，人们可以发现其中关于中国的记载是一脉相承的，经过十多个世纪渐次趋向于套语并形成一种文化程式。虽然一千多年间中国和阿拉伯国家社会发展过程中各自均发生了重大变化，但是阿拉伯人对于中国的记述基本上没有出现断裂、变异和逆反。这与西方的中国形象观形成鲜明对照。"1250年是西方世界经济体系与世界知识体系的起点，也是西方的中国形象的起点。"[2]以马可·波罗为代表的西

1　周一良著：《中国与亚洲各国和平友好的历史》，上海人民出版社，1955年版，第71页。

2　周宁：《西方的中国形象史：问题与领域》，载《东南学术》2005年第1期，第101页。

方人笔下的中国几乎可以说是一个人间天堂，但几百年后他们又将中国描绘成人间地狱，其目的是为其殖民扩张和野蛮入侵寻找借口。相对而言，友好与亲善却始终是同属东方的中国和阿拉伯国家间交往的基调，这在阿拉伯古籍关于中国的记载中体现得十分清楚。

更为重要的是，"今天的中国是古代中国的发展和延续，今天的世界是古代世界的发展和延续"[1]，今天的阿拉伯也是古代阿拉伯的发展和延续。近现代乃至当代阿拉伯人民对中国怀有的友好情谊和美好向往，与他们祖先留下的典籍中关于中国的记载之间不可否认地存在着历史渊源。

第三，阿拉伯古籍中关于中国的记载，是中阿和中外关系与交流史研究领域的重要史料，对我国史学研究具有重要意义。中国和阿拉伯两大民族间的长期交往，必然在各自文本中有所反映。阿拉伯史学著作中关于中国的某些记载，填补了中国史籍中的空白。比如黄巢攻入广州后，"这个叛贼兵临城下，将其包围，国王发兵驰援也被他打败，同时他的军队更加壮大。最终他以武力强行攻入汉古瓦城，蹂躏了城中的一切，被他屠杀的当地居民多到无法计数。但有人统计出，死亡的穆斯林、

---

1 石云涛著：《早期中西交通与交流史稿》，学苑出版社，2003 年版，第 26 页。

基督教徒、犹太教徒和拜火教徒多达 20 万之众，包括直接死于刀剑之下的和因害怕遭刀剑之祸而跳水溺毙的。而我们说到的这个数字之所以能统计出来，是因为中国历代国王都对本国人口以及相邻民族的人口进行统计，然后登记造册。他们委派诸多书记官专门负责此事，以便全面掌握所有隶属于自己王权下的居民之情况"[1]。阿拉伯历史学家的记载或许有夸张失实之处，但对整个事件的记述确实为中国古籍中所未见，因而引起中外学者的极大关注。此类记载在阿拉伯古籍中显然不是仅此一例。

有些中阿交往史上的重大事件，虽然中国古籍中多有记述，但长期以来未得到阿拉伯古籍中相关记述的印证。典型的例子是郑和下西洋，郑和船队到过阿拉伯地区已是不争的史实，但是阿拉伯人的相关记载却很少有人提及。通过本书，我们可以得知拜尔迪（1409—1469）在其历史名著《埃及和开罗国王中的耀眼星辰》已有相关记载："这一年（伊历[2] 835 年）10 月22 日，从光荣的麦加传来消息说：有几艘从中国前往印度海岸

---

1 麦斯欧迪著：《黄金草原与珠玑宝藏》，贝鲁特时代书局，1988 年版，第 1 卷第 140 页。

2 本文中"伊历"为伊斯兰教历简称，阿语原文为：al-Taqwim al-Hijrī，亦称希吉来历，旧称回历。伊历元年为公元 622 年。

的船只，其中两艘在亚丁靠岸，由于也门社会状况混乱，未来
得及将船上瓷器、丝绸和麝香等货物全部售出。统管这两艘船
的总船长遂分别致函麦加埃米尔、谢利夫——拜莱卡特·本·哈
桑·本·阿吉兰和吉达市长萨德丁·伊卜拉欣·本·麦莱，请
求允许他们前往吉达。于是两人写信向素丹禀报，并以此事可
大获其利说服打动他。素丹复信允许他们前来吉达，并指示要
好好款待他们。"[1]阿拉伯史学著作中与此类似的关于怛逻斯之
战和伊嗣俟向唐求援未果等重大事件的记载，对于我国史学相
关领域的研究也是具有一定价值的。

第四，尽管中阿两大民族历史上交往频繁，阿拉伯古籍
中关于中国的记载在数量上远超过中国古籍对阿拉伯情况的记
载，但是，阿拉伯方面的这些记载中，也充斥着相当数量的新
消息与旧传说、知识与想象、真实与虚构相混杂的文字。在中
国形象从阿拉伯的地理视野进入哲学视野，从物质欲望进入文
化向往的过程中，将一些子虚乌有的描述以及其他诸如波斯或
印度等其他民族社会状况与中国的混为一谈的情况时有出现。
此外，"在阿拉伯各国，一切思想体系都是建立在宗教文化的

1　拜尔迪著：《埃及和开罗国王中的耀眼星辰》，黎巴嫩学术书籍出版社，1992
年版，第 14 卷第 194 页。

基础之上的"[1]，出于宗教信仰等原因对所谓异教活动状态的刻意贬损亦常常见到。中国对阿拉伯的历史记载虽然不如对方的多，但多能得到其他史料以及实际情况的证明。"异域形象作为一种文化隐喻或象征，是对某种缺席的或根本不存在的事物的想象性、随意性表现"[2]，因此阿拉伯方面的关于中国的记载，其中的失实部分需要我们进行分析、研究和辩驳。

四

本书的价值，主要体现在以下几个方面：

首先，中国和阿拉伯地区都是世界文明的重要发祥地，世界四大文明古国中有三个在这里诞生。中世纪的阿拉伯人，经过一个复杂的文化交融、整合、积淀的过程，形成了多元结构的阿拉伯-伊斯兰文明。中国与阿拉伯的交往源远流长，阿拉伯地区是中国历史上与外族交往最频繁最重要的地区之一，中华民族为世界文明做出的许多贡献也是通过这一地区传播出去的，比如造纸术等重大发明的西传。因此发掘、整理和考证阿

---

1 朱威烈主编：《国际文化战略研究》，上海外语教育出版社，2002年版，第184页。
2 周宁：《西方的中国形象史：问题与领域》，东南学术，2005年第1期第103页。

拉伯古籍中关于中国的记载，探寻、分析和研究阿拉伯原始文献中的中国文化魅力与资源，其在中外关系史、中外文化交流史以及我国史学界相关研究领域中的价值和意义应当是显而易见的。

其次，研究阿拉伯古籍中的"中国"，对今天中阿友好关系的进一步发展具有一定现实意义。"中东地区自第二次世界大战结束以来，一直是一个举世瞩目的热点地区。它战略地位重要，又盛产石油，是超级大国角逐争夺的重要场所。"[1]中国自古以来就同阿拉伯国家有着紧密友好的关系，21世纪这种友好关系的发展势头更加强劲。2004年1月中阿双方宣布成立"中阿合作论坛"，标志着中阿关系进入了一个全新阶段。"昔日，古老的丝绸之路曾把中国和阿拉伯国家紧密联系在一起；如今，我们又面临建设新的丝绸之路的良好机遇。"[2]因此，针对阿拉伯古籍中关于中国记载的研究，以及通过这一研究追溯双方友好交往的历史渊源，将增进中阿两大民族间的相互了解和两大文明间的相互理解，推动新时代"中阿命运共同体"的建设。

再次，笔者通过搜选、译注和归纳等方法，将阿拉伯历史

---

1 朱威烈著：《站在远东看中东》，上海外语教育出版社，2000年版，第249页。

2 杨福昌：《论中国—阿拉伯国家关系的发展》，阿拉伯世界研究，2007年第2期第7页。

与文学典籍中关于中国的记载，尽可能大量地、集中地和系统地提供给更具专业水平的中国学者，有利于他们在相关研究中更加充分地利用阿拉伯语原始资料，继而为阿拉伯文化中的中国形象这一课题的进一步研究略尽绵薄之力。

2013 年，习近平主席提出了举世关注的"一带一路"倡议，其要旨之一为"民心相通"和"文明交流互鉴"。世界四大文化体系中，中国和阿拉伯占有二席。纵观历史，中华文明与阿拉伯文明都曾为世界文明做出举足轻重的贡献。对阿拉伯文化中的中国形象的探讨，无疑可以使我们了解自古以来阿拉伯人的整体中国观，进而深化中阿两大民族间的相互理解、情感交流和心灵沟通，强化中阿文明的互学互鉴，细化"和而不同，美美与共"的理念，并为"中阿命运共同体"的建设起到积极作用。

目录
Contents

第一章

| 古代阿拉伯与中国

第八章

| 对几个重要问题的思考

第一章
古代阿拉伯与中国

公元前 139 年和前 119 年，张骞两次出使西域，在中阿关系史上意义重大而深远，不仅开始了中国人和阿拉伯人之间的交往，而且以文字形式述其见闻，成为研究古代中西交通的珍贵史料。"公元前 2 世纪末，在张骞凿空中的'新世界'的二十八年内，中国军队胜利地深入帕米尔分水岭以西，与西亚的正常交往已经建立起来了。"[1] 阿拉伯方面，虽然贾希利叶时期与中国交往的文字记载几绝，但"在公元五世纪前半期，中国的船只曾溯幼发拉底河上航到希拉（Hira）"[2] 已为后世学者所公认。7 世纪中叶阿拉伯哈里发政权同中国正式通交后，双方往来更加频繁；"从八世纪末到十五世纪末，无论是汉族的

1　赫德逊著，李申、王遵仲、张毅译：《欧洲与中国》，中华书局，2004 年版，第 37 页。
2　南开大学历史系编：《中国和阿拉伯人民的友好关系》，河北人民出版社，1958 年版，第 1 页。

唐宋政权或者契丹、蒙古政权，都同阿拉伯保持着非常密切的贸易关系"[1]。明代初期郑和下西洋既是中国航海史上的空前盛举，也是增进中国人民和阿拉伯人民之间交往与友谊的范例。

1　周一良著：《中国与亚洲各国和平友好的历史》，上海人民出版社，1955年版，第62页。

第一节

阿拉伯语"中国"一词的由来

　　阿拉伯语源自古语言闪米特语，是阿拉伯人民在共同生活和交际中创造、使用并不断丰富的自己的民族语言。中世纪的数百年间，阿拉伯语曾是整个文明世界学术文化所使用的语言之一，对人类文明发展进程产生过重要影响和推动作用。同时，作为阿拉伯人文学、科学、宗教的共同语言，标准阿拉伯语未曾出现断裂与分化，被认为是世界不同语言中既古老又年轻的立体型语言。其主要原因是阿拉伯语言学家为维护阿拉伯语的标准地位和纯洁性，以《古兰经》为基本准则制定了严谨的语法规则。鉴于此，我们今天见到的现代阿拉伯语"中国"一词与阿拉伯古代文献中的"中国"一词，完全相同未有任何变异，也就不足为奇。

阿拉伯语"中国"一词为：الصين（al-Sīn），属于外来语。17 世纪阿拉伯学者穆罕默德·艾敏·本·法德勒的观点可印证这一点。他在其编纂的阿拉伯历史上最著名的《阿拉伯语外来语词典》"中国"条下，使用了"'中国'一词是一个转化为阿拉伯语的外来语"的表述。国际学界对阿语"中国"一词的由来考证繁芜，多达几十种说法，未有定论，主要集中于古印度梵语、古希腊语、古叙利亚语、古伊拉克语和古波斯语等。中国和阿拉伯最早交往的唯一通道毫无疑问是陆上丝绸之路，而在这条道路上横亘于两者之间的是波斯。因此，为数不少的中外学者认为阿语"中国"一词由波斯语转入的可能性居大。

波斯语"中国"一词为 چین（Chīn），由于阿语中没有与 چ 对应的字母，遂以字母 ص 替代，并按阿语语法规则和语言习惯加上冠词，构成 الصين 一词，作为阴性确指名词使用。如果用汉字表达二者，人们一般用"秦尼"指代波斯语"中国"一词，用"隋尼"指代阿语"中国"一词。至于波斯语"中国"一词的对音出处，有秦、隋、瓷、丝等几说，认为由秦字转音的学者居多。

此外，在古代阿拉伯的一些文献中，关于中国人的起源和"中国"一词的由来还有一些虚无缥缈却出现频率很高的传说。古代阿拉伯史地著作多为鸿篇巨制，亦多从大地创始或人类创世启笔。著作家们往往将中国以及其他民族的起源归汇祖先传下来的创世神话之中。

伊本·焦济（Ibn al-Jawzī，1116—1200），阿拉伯古代著名历史学家、教义演说家、罕百里学派教法学家，被认为是当时的学界泰斗。著述据说多达 500 余部，涉及各种学科。其名气最大也是部头最大的史学著作是《历代民族与帝王史通纪》，全书约合中文 900 万字。从书名即可看出，作者试图在古代阿拉伯最著名史学家泰伯里的《历代民族与帝王史》问世 1 百多年后，重撰一部编年体通史著作，颇有一点争衡之意。他在《历代民族与帝王史通纪》第 1 卷"大地创始"条下云：

盖塔代说：

大地有人居住的地方共有 24000 波斯里，其中信德人和印度人占 12000，他们是哈姆（含）·本·努哈的苗裔；中国人占 8000，他们是雅菲思的苗裔；罗马人占 3000，阿拉伯人占 1000，他们和罗马人都是萨姆（闪）·本·努哈的苗裔。[1]

1　伊本·焦济著：《历代民族与帝王史通纪》，贝鲁特学术书籍出版社，1993 年版，第 1 卷第 129 页。

中世纪阿拉伯另一位学术大师盖勒盖珊迪（al-Qalqashandī，1355—1418），也有类似记载。盖勒盖珊迪是埃及著名历史学家和文学家，曾任职于埃及素丹拜尔古格（1382—1399 年在位）的公牍局（Dīwān al-'Inshā），为期 10 年。这是阿拉伯历史上诸多王朝均有设置的、专门负责起草撰写政治外交等方面公文和信函的机构。盖勒盖珊迪名垂青史的代表作是《文牍撰修指南》，书名直译应为"文牍写作中夜盲症患者的清晨"。全书 14 卷，约合中文 700 余万字。他利用担任宫廷文书的便利，将所能见到的公牍局保存的文稿全部通读并精心辑录，经过 15 年的积累与研究，终于完成了这部巨著。其涉及面之广，门类之细，令人叹为观止，被后世学者赞誉为"自阿拉伯民族有文字记载以来到作者生活时代，有关文学、历史和社会学的最全的百科全书"。盖勒盖珊迪在《文牍撰修指南》"关于非阿拉伯人的谱系"条下云：

中国，其读音人们都知道。一说他们是努哈之子雅菲思之子马古格之子隋尼依部族的人。一说他们是雅菲思之子突巴勒部族的人。[1]

以上引文中的"波斯里"是阿拉伯古籍中最常见的长度单

1　盖勒盖珊迪著：《文牍撰修指南》，埃及图书总局，1985 年版，第 1 卷第 368 页。

位之一，因为原文来自波斯语 farsakh，所以中国学者多如此译之（亦有人音译为法尔萨赫）。北大版《阿拉伯语汉语词典》注明为 6.24 公里。黎巴嫩出版的《蒙吉德词典》解释为："等于 3 哈希姆里，据说等于 12000 腕尺。它大概相当于 8 公里。""罗马人"，在中世纪阿拉伯典籍中通指东罗马人即拜占庭人。"隋尼依"是隋尼的派生词，作为形容词意思是"中国的"，作为名词指中国人。"努哈"则是指《古兰经》中记载的著名古代先知之一，有些宗教学者认为，《旧约全书》中的挪亚即努哈，实际上相关记载并不完全相同。

此外，阿拉伯典籍中也有记载说，努哈后裔中有一名叫隋尼的人统治了中国，中国由此得名。还有说第一个到中国的人名字叫隋尼，所以这个地方就被称为隋尼了。不管哪一种说法，都说明古代阿拉伯人对于中国起源的了解，局限于宗教传说，并不断延续着这种说法。类似传说在《圣经》中也是存在的。

值得一提的是，阿拉伯典籍中的"中国"一词，无论是学者认定的来自波斯语音译，还是宗教传说中的某种称谓，其词形即拼写字母，从最早的记载直至今日，丝毫未变。初听起来这似乎不是一个问题，但联想到中国典籍中指称阿拉伯的称谓是如此庞杂，就有必要对照一谈了。汉籍中从最早的条支（条枝）到使用率最高的大食（大实、大石、大寔、多食、多氏），从唐代杜环《经行记》中大食一名亚俱罗（没隔几行他又写成阿俱罗），到明代马欢《瀛涯胜览》中好不容易为国人带回来的对音准确却没有传播开来的阿拉碧（一说阿尔碧），再到后来的天堂、天方等等，不一而足。以至于在1848年出版的清代徐继畲编纂的《瀛环志略》中，人们在卷三"阿剌伯"词条下，紧接着看到的是徐氏列出的9个所谓旧称，即亚拉彼亚、亚拉鼻亚、阿尔拉密阿、阿辣波亚、阿黎米也、阿丹、阿兰、天方、天堂。即便是徐氏使用的阿剌伯，也经历了从清末到民国时期的一番"混战"——阿剌壁、阿拉碧、阿喇伯、阿腊伯、阿臘伯、亚剌伯、亚喇伯、亚拉伯……方才于20世纪中期最终定译为"阿拉伯"三个字。

将这些称谓罗列在此，一是为让读者了解一下中阿两方古代彼此称指的一简一繁，二是考虑到今后肯定会有包括阿拉伯汉学家在内的学者撰写诸如"古代中国文化中的阿拉伯形象"之专题论述，届时这些称谓便可供参考。否则，在中国古籍中检索"阿拉伯"，眼前会是一片空白。那么为什么会出现这种情况呢，原因可能是多方面的。在此，仅对阿拉伯语"中国"一词从单纯的语言角度讲三点。

一是绝大多数阿拉伯人信奉伊斯兰教，宗教经典对标准阿拉伯语起到了保护作用，"可以说没有《古兰经》，阿拉伯语也许像罗曼语分化为意大利语、法语、西班牙语等语言那样而分化为各种语言，消失在历史的长河之中"[1]。因此尽管"已发现的现存阿拉伯语最早的书面语见于公元328年乌姆鲁·盖斯·本·阿慕尔国王的墓志铭"[2]，但一千多年的历史发展和社会变迁都不曾对阿语的发展与传播造成根本性的影响。

二是中世纪阿拉伯人热衷于语言学研究，在中国但凡读过《语言学概论》的，没有不知道巴士拉学派、库法学派的。作为语言学研究的重要组成部分，他们重视编纂辞典，留下了许多皇皇巨著。这些辞典中只要是部头稍大一点的皆收地名，包括外国地名。这对阿语"中国"一词的固化应该说起到了重要作用。或因此，我们才会从上述引文中看到盖勒盖珊迪说："中国，其读音人们都知道。"某种意义上，这也证明了"中国"一词在阿拉伯人语言流通中的稳定性与普及性。

三是第一个将波斯语"中国"一词音译为阿拉伯语的人，有意无意间选择的3个字母（不加冠词情况下为3个字母），

1　刘开古编著：《阿拉伯语发展史》，上海外语教育出版社，1995年版，第62页。

2　国少华编著：《阿拉伯语词汇学》，外语教学与研究出版社，1998年版，第7页。

其排列组合是有实际意思的。换言之，它既是一个音译外国地名，又是一个普通单词，即阴性形容词"被保护的"。这一点对于人们记住外国地名人名之音译，尤其是在古代，具有十分重要的作用。最显明的例子，是阿拉伯典籍中对中国城市名称的音译，大都拼写混乱难以分辨，甚至令研究者也如堕云里雾中，但唯独泉州和杭州两个地名的音译拼写千百年来没有变化也几乎没有差误。即便是历史上中阿交往中名气大于两地的广州，其音译拼写也五花八门。究其原委，就是因为第一个将泉州音译为阿语的人，选择了与泉州古称"刺桐"对音相近的"宰通"（al-Zaytūn），意思是阿拉伯人熟悉的橄榄，而杭州则选择了与其古称"行在"对音相近的汉莎（al-Khansā'，575—664），这是在阿拉伯家喻户晓的阿拉伯历史上最著名女诗人的名号。

或许熟悉阿语的同行会问，既然"中国"一词同时具有"被保护的"含义，为何语言实践中不曾见过。是的，与"中国"同音同形的"隋尼"，作为一个阴性形容词不仅在今天的语言实践中不见其影，就是阿拉伯古代文献中亦极其罕见，"被保护的"一般都会使用其他常用词表达。但不常用不等于不用，多年前在国内一所大学的资料室随手翻览阿拉伯古籍，在一本宗教类的书里，看到"隋尼"作为阴性形容词置于某位"老妇人"之后，根据上下文其意应为：因为信仰虔诚所以是被真主保护的。当时把这段内容记在纸条上，可惜现在找不到了。但由于内容重要，记忆不会有错。此外，阿拉伯古籍中留载下一段诗，也让人们由"中国"联想到"保护"。

努威里（al-Nuwayrī，1278—1333），是埃及著名文学家，被认为是中世纪阿拉伯最著名的"百科全书家"之一。代表作《文苑观止》亦被认为是"同时代最全的百科全书"，阿拉伯学术史上通常将其列入文学类，凡 31 卷，约合中文 1000 余万字。后人有"一部《观止》，夫复何求"的赞誉。努威里在《文苑观止》"关于先知穆罕默德的丰功伟绩"条下云：

诗人沙格拉提希有诗赞曰：

他让厄运留在沙姆不肯走，

努比亚只剩下被切断的手。

他取走伊拉克筋脉上的肉，

给突厥扔下不能啃的骨头。

他让波斯除野兽一无所有，

阿比西尼亚只有败军残留。

他让中国从此无人再保护，

罗马的箭没有目标可穿透。[1]

此处必须先说明一下，突厥是历史上活跃在蒙古高原和中亚地区的民族集团统称，也是中国西北与北方草原地区继匈奴、鲜卑、柔然后又一个重要的游牧民族。而古代阿拉伯著作家对此分野似不甚明了，常常混为一谈，这是我们阅读阿拉伯古籍时需要注意的。

以上引诗是一首长达几百句的赞美诗中的几句，诗人运用各种修辞手法和语言技巧突出诗歌的艺术效果，尤其是两词形似的"谐音双关"更是运用得恰到好处。譬如：

沙姆（الشام ）——（ شؤم ）厄运

伊拉克（العراق ）—— 筋脉（ أعراق ）

突厥（الترك ）—— 扔下（ يترك ）

波斯（الفرس ）—— 野兽（ مفترس ）

中国（الصين ）—— 保护（ صون ）

诗人对应"中国"的用语是名词"保护"，也是形容词"被保护的"一词的词根。退一步说，这也至少说明诗人在用到"中国"一词时，他立刻联想到的是其词形显示出的与"保护"相

1　努威里著：《文苑观止》，埃及著作、翻译、印刷、出版总局和埃及图书总局古籍校勘中心，1929—1992年版，第18卷第357页。

关联的内在含义。

总之，阿拉伯语"中国"一词，作为一个由波斯语转入的音译外来地名，千百年来未曾发生任何变化。同时，由于该词词形恰好与褒义形容词"被保护的"完全吻合等原因，世代阿拉伯人在使用它时——不论口头还是书面——绝少出现差误。这不能不说是中阿两大民族交往史上一个语言层面的美好巧合。

第二节
与中国相关的地名

在阿拉伯古籍中还有不少与"中国"一词相关联的地名，以及阿拉伯地区一些与"中国"一词同音同形的地名，后者是否与中国之间存在渊源，有待考证。这里简单罗列如下：

1. 隋尼——الصين。名词，意为中国。亦指阿拉伯地区与此同名之地名，现已知阿拉伯古籍所载至少在伊拉克和埃及等地有 5 处同音地名，这些地名不宜一律译为中国。

2. 隋尼依——صيني。阳性形容词：中国的。名词：中国人（男），有时也指瓷器。古代阿拉伯人中有不少以隋尼依作为自己的附名（置于名字后面多表示祖籍或职业的称谓），其中既有出生、居留、传教、经商和游访于中国者，或认为中国对其具有特殊意义者，亦有与阿拉伯地区以隋尼为名之地存在关联者，后者应与中国无关。

3. 隋尼娅——صينية 。阴性形容词：中国的。名词：中国人（女）。专有名词：阿拉伯地区与此同音之地名，这一地名在阿拉伯古籍中出现频率较高，所指位置也比较多。名词：瓷器、瓷盘、盘子等，该词源自"中国"毋庸置疑。

4. 隋尼娅特——صينيات 。名词：中国女人（复数）；瓷器、瓷盘（复数）；诗集名称《中国集》。

5. 中国斯坦——صينستان 古代阿拉伯人笔下位置大致有三：中国本土、中国以远、今中国边界以西地区。有学者认为该词源出梵语，即我国史称之"震旦"。

6. 隋尼隋尼——صين الصين ，直译为：中国之中国。多数中外学者考证为今广州或广东一带，也有学者认为指南京或扬州。古阿拉伯人笔下多指中国南部或中国以南包括中国南海甚或更远地区。国内也有学者根据法语或英语文本，将其译为"小中国"。

7. 隋尼克兰——صين كلان 。有学者认为其源自波斯语，意为"大中国"。阿拉伯古籍中多指其与隋尼隋尼为同一位置，即刺桐（泉州）下方重要港口——汉府（广州）。

8. 玛隋尼——ماصين。法国学者费琅认为其源自梵语 Mahacinao，即摩诃至那，意为大中国。古代阿拉伯人笔下的玛隋尼，或指中国本土，或指契丹，后世多数学者认为其所指为中国南部或中国以南地区，因此对译为"蛮子"。阿拉伯古籍中有时出现"隋尼和玛隋尼"连用情况，所指不一，有统称中国者，有指突厥地区者，有指中国南部者。

9. 阿隋尼——آصين。据当代阿拉伯学者考证，阿隋尼要么与玛隋尼同指一个地区，要么特指今苏门答腊岛最北端之亚齐（Achin）。

至于阿拉伯地区与"中国"一词同音地名，很多古代阿拉伯著作家都有提及，或可说明这些地方在当时是比较有名的。我们先看一下雅古特（Yāqūt，1179—1229）在其代表作《地名辞典》中的记载。雅古特是中世纪阿拉伯最伟大的地理学家之一，著名辞书编纂家，同时也是历史学家和文学史家，祖籍东罗马帝国，卒于阿勒颇。《地名辞典》，"集当时地理学之大成"，记述了从新几内亚到大西洋的山川、河流及各国的主要城市、商道和名胜等，被认为是"名副其实的百科全书"，在阿拉伯古籍中占有极为重要的地位，也是后世学者引用率最高的阿拉伯古籍之一。《地名辞典》有"隋尼"专门词条，其中既包括中国也包括其他叫隋尼的地方，因此似不宜称这个词条为"中国"。该词条相当长，引录了他人游记里的大量文字，其中我们感兴趣的记载如下：

中国是位于东海偏南的一个国家。

伊姆拉尼说："隋尼是库法的一个地方，也是亚历山大附近的一个地方。"

穆法加在其《救星》——这是模仿伊本·杜莱德《语病》的一本书——中说："隋尼是两个地方，即上隋尼和下隋尼。位于瓦西特下方有一著名小城，名叫隋尼娅（Sīniyyah），也叫隋尼娅哈瓦尼特（Sīniyyah al-Hawānīt）。[1]

雅古特笔下的与"中国"一词同音同形的地名，有的可能与中国无关，类似于日本也有叫"中国"的地区，而大多数学者认为此地名与我们中国无关。但也不能排除古代阿拉伯地区叫"隋尼"以及由"隋尼"一词派生出的其他词语地名，其中有与中国存在某种关联的。时至今日虽未见中外学者对此有所专议，但我们知道，一旦发现阿拉伯地区存在源起于中国的地名，那么在中阿两大民族的交往史上便是非同小可的事情。因此有必要对阿拉伯古籍中记载的这些地名进行梳理，以供学者

1　雅古特著：《地名辞典》，贝鲁特萨迪尔书局，1995年版，第3卷第441页。

或感兴趣的人参考，特别是如果今后有人对此问题发起田野考察，至少可以缩小范围。

1. 隋尼，原是位于纳贾夫和卡迪西亚之间的一个河谷。

这是古代阿拉伯最著名语言学家之一、巴士拉语言学派创始人之一哈利勒·本·艾哈迈德（al-Khalīl Ben Ahmad，约718—786），在其编纂的阿拉伯历史上第一部词典《艾因书》中的记载，也是阿拉伯历史文献中与中国同名地名有关的最早记载。他在该词条下说："泰勒哈·本·欧拜杜拉买下了它，把它当作自己在麦地那的庄园一样。他开发了那里，并在那里栽花种树。它也叫作泰勒哈庄园。"泰勒哈（595—656），是阿拉伯历史上著名人物，先知穆罕默德门弟子，出身于古莱什部落的富有家庭，因乐善好施并以资财支持先知传教，故有"豪爽的泰勒哈"和"慷慨的泰勒哈"等美称。纳贾夫（一译纳杰夫）和卡迪西亚均为伊拉克南部的重镇，前者因四大哈里发之一阿里陵墓所在而闻名，后者因阿拉伯人在此与波斯人决战，最终导致萨珊王朝覆亡而著称。纳贾夫位于库法以南，卡迪西亚位于纳贾夫以西。《艾因书》中提及的这个隋尼是否与之后阿拉伯古籍中提及的库法附近的隋尼为一个地方，阙疑。但纳贾夫和卡迪西亚，已经将这个隋尼圈定在一个不算太大的范围内了。

2. 隋尼，位于凯斯凯尔（Kaskar）的一个小城。实际上它是两个小城，人称上隋尼（al-Sīn al-'A'lā）和下隋尼（al-Sīn al-'Asfal）。

这个叫隋尼的地方，阿拉伯人比较重视，提及次数较多，有时说是两个村庄。中世纪阿拉伯著名史地学家艾布·欧白德·巴克利（'Abū 'Ubayd al-Bakrī，1040—1094），在其代表作《疑难国名地名辞典》"隋尼"条下云："实际上它是两个小城，即上隋尼和下隋尼。"著名语言学家菲鲁扎巴迪（al-Fīrūzābādī，1329—1414）在其代表作，也是中世纪后期最重要的阿拉伯语辞书之一《辞洋》中说："隋尼，凯斯凯尔有两个地方叫此名。"另一位重要的语言学家穆尔台达·扎比迪（al-Murtadā al-Zabīdī，1732—1790)在最著名的阿拉伯语辞典之一《辞典珍宝中的新娘花冠》中说："隋尼，凯斯凯尔的两个地方。"

凯斯凯尔是伊拉克最古老的基督教城市，位于底格里斯河畔。萨珊王朝（226—651）初期曾发挥重要作用。伍麦叶王朝著名军事将领、伊拉克总督哈加吉·本·优素福（661—714），702年所建的瓦西特城，便与该城隔河相望。瓦西特意为居中者，寓该城位于巴士拉与库法两城之间，亦位于幼发拉底和底格里斯两河之间。哈加吉兴建瓦西特城是阿拉伯历史上一个大事件，在选择建城地点时曾考虑过叫隋尼的这个地方。雅古特在《地名辞典》"瓦西特"条下云：

> 艾斯迈伊说："哈加吉派一些风水先生为他选一个地点兴建新城。他们为此从一个叫椰枣泉的地方一直走到海边，转遍了伊拉克，回来后禀报说：'我们未能找到比您现在所处的位置风水更理想的地方。'其实哈加吉在选定瓦西特之前，本来看中的是凯斯凯尔的隋尼。他在那里还开挖了隋尼河，并为此调集了大批劳工。听了风水先生的话后他改变了主意，在瓦西特兴建了新城。此后他还开挖了两条运河，一条取名尼罗，一条取名扎卜。他之所以给后者起名'扎卜'，因为它也是自古就非常有名的河流。他使这两条河的河岸两侧大地重新恢复了生机。再后来他还兴建了尼罗城。"[1]

艾斯迈伊（约740—828），是阿拉伯历史上的语言学大家，文集编纂家，巴士拉语言学派著名学者。曾被哈里发哈伦·拉希德召入宫中，从事讲学与研究，并掌管宫廷图书馆，颇为受宠。后世学者认为，若非他，阿拉伯人的很多诗集和诗歌

1　雅古特著：《地名辞典》，贝鲁特萨迪尔书局，1995年第2版，第5卷第348页。

早已散佚。他的以上传述应当是可信的，即哈加吉最初是在凯斯凯尔的隋尼兴建新城，并且开挖了以隋尼命名的运河或是护城河。假如哈加吉没有中途改变主意，那么阿拉伯历史上就会留下一座叫隋尼的名城。尽管上隋尼和下隋尼的"上""下"都使用了阳性形容词，似乎与中国无关，因为"中国"一词的形容词按照语法规则必须是阴性的，但考虑到后来哈加吉在瓦西特开挖的两条河的名字一曰尼罗一曰扎卜，都是当时的名川大河，那么他开挖的隋尼河，有可能是就地取名，有可能是意指中国，也有可能是一词双关。

3. 隋尼，位于库法的一个地方。

尽管阿拉伯古代著作家在"中国"或"隋尼"条下都有提及位于库法的这个隋尼，但均未见其他说明文字。而正是此处的隋尼，在我们对中世纪的伊拉克可能存在过"中国村"或"中国小城"的猜想中，格外惹人注目。在中阿两大民族交往的历史上，伊拉克是丝绸之路上最重要的地区之一，海上丝绸之路兴达后，其重要性愈发凸显。杜环《经行记》中有一句引发后世中外学者极大关注和兴趣的记载，他在"大食国"条下说："绫绢机杼，金银匠、画匠、汉匠起作画者，京兆人樊淑、刘泚，织络者，河东人乐䜣、吕礼。"杜环未记载他是在哪个阿拉伯城市与如此之多有名有姓的中国工匠相遇的。欧洲东方学家一般考证此城为库法，因为当时巴格达尚在兴建之中。根据杜环的记载可以想见，当年在库法的中国工匠以及其他身份的华人数量一定不少。他们当中的一部分人，在库法留居下来并为方便交流和相互照应，逐渐在该城附近形成一个以华人为主体的聚落，取名中国村或中国城——这在逻辑和常理上都是可以说通的。

此外，中世纪阿拉伯著名史学家泰伯里（838—923），也在其被认为是阿拉伯第一部编年体通史《历代民族与帝王史》中提到过位于库法的隋尼。他在"伊历265年"条下说：

> 关于艾哈迈德·本·莱赛威与赞吉人（黑人）部族将领苏莱曼之间的战役：苏莱曼带领全部军队来到舍里提亚，驻扎了约一个月，并将作乱者投入河中。在此期间，他没有骚扰周边的胡斯鲁人。他的粮草是从隋尼一带筹运来的。[1]

此段记载中虽未直接提及库法，但根据上下文可以肯定这个隋尼位于库法附近。

4. 隋尼：位于亚历山大的一个地方。

此地的隋尼，同样是阿拉伯古籍中常有提及，却再无其他

1　泰伯里著：《历代民族与帝王史》，黎巴嫩遗产书局，第9卷第542页。

文字说明的一个地方。在未见旁注的情况下，我们自然首先假定它是位于埃及的亚历山大。尽管据传亚历山大大帝在其征战生涯期间，兴建了 20 多个同名城市，但其中最著名的毫无疑问是埃及的亚历山大。阿拉伯古籍中有时也说这个地方叫隋尼娅。

5. 在瓦西特还有一个叫隋尼的村庄。

这是穆尔台达·扎比迪在《辞典珍宝中的新娘花冠》中记载的。而雅古特的记载中说在瓦西特下方有一著名小城，名叫隋尼娅。不知是否为同一地方。

6. 隋尼娅（al-Sīniyyah），是隋尼一词的派生词，意思为中国女人、瓷盘等，作为阴性形容词表示中国的。而作为地名，在阿拉伯古籍中出现次数较多，位置也比较飘忽。古代阿拉伯著作家笔下的隋尼娅，有时指中国南部沿海一带，有时指埃及的一个地方，有时指伊拉克的几个地方，有的记载甚至给人感觉在巴勒斯坦一带也有叫隋尼娅的地方。

泰伯里在《历代民族与帝王史》"伊历 267 年"条下说：

赞吉人战败，全部退至泰希萨。艾布·阿拔斯则在欧木尔扎营。他在此住了一段时日，同时向各地派出先遣部队。赞吉人将领苏莱曼和部下兵士在泰希萨加紧设防，沙拉尼也在苏格海密斯（意为周四市场）加紧设防。当时他们在隋尼娅同样拥有重兵，统领他们的是一个名叫奈斯尔·信迪的人。他们将能破坏的东西全都破坏掉，将能运走的粮草全都运走，统统运到他们所住的几个地方。艾布·阿拔斯派手下几员大将率骑兵前往隋尼娅，其中有沙赫、库木什朱尔、费德勒·本·穆萨·本·不花和他的弟弟穆罕默德。一场战斗后艾布·阿拔斯满载而归，回到军营。他征服了隋尼娅，将赞吉人从那里赶了出去。

穆罕默德·本·舒阿布说："当我们正和赞吉人在隋尼娅交战之时，忽然有一只灰鹤从艾布·阿拔斯头上飞过。于是他搭弓放出一箭，将其射中，掉落在赞吉人手中。当他们看到箭射得如此之准，并知道这是艾布·阿拔斯的箭时，他们感到更加恐惧。这是他们那次战役失败的一个原因。"[1]

泰伯里此段记述中反复提及的"隋尼娅"，根据前后文可知是位于瓦西特附近。这次战役显然在阿拉伯历史上具有值得记载的意义，以至泰伯里之后的史学家称其为"隋尼娅之日"。古时阿拉伯人所说的"日"除了表示"一天"之外，也表示一次重要战役，因此也可译为"隋尼娅之战"。

著名语言学家、史学家和文学家阿卜杜·加迪尔（'Abd

---

[1] 泰伯里著：《历代民族与帝王史》，黎巴嫩遗产书局，第9卷，第563—564页。

al-Qādir Ben，1621—1682），为人们留下一段涉及隋尼娅的记载。他的代表作《文学宝库与语言菁华》本是研究阿拉伯语法的著作，由于记述了大量文学家、诗人和学者的生平事迹，也成为后世研究文学史的重要参考书目。他在书中说：

　　穆太奈比到了巴格达后，骑马来到郊区的穆海莱比家。主人让他进去后，他坐在了主人的旁边。后来的人，包括《歌诗》的作者伊斯法哈尼，都坐在了他的前面。人们提到这样一句诗，其中涉及一个地名为"朱拉姆"。穆太奈比说："这个地名应该是'朱拉布'，这些地方我太熟悉了。肯定是人们在传录过程中搞错了。"伊斯法哈尼反驳了他的看法。这位权威说："这是希拜威的朋艾赫法什在自己的书中所吟的诗句，他用的就是'朱拉姆'，这是正确的。"在座的人对这句话看法不一，遂各自散去。

　　第二天，穆海莱比等着穆太奈比为自己吟诗，但后者没有那样做，因为他听说穆海莱比冥顽不灵、玩世不恭、专好结交放荡愚昧之辈。穆太奈比是个既尖锐又尖刻、既执着又执拗的人。到了第三天，他们怂恿伊本·哈加吉找茬羞辱穆太奈比。此人竟在卡尔赫的隋尼娅当众拽住他的马笼头不让他走，还用一句诗挖苦他。人们也聚集在他周围起哄。穆太奈比强忍怒火，一声不吭，直到那人把缰绳放开。[1]

　　引文中提到的几位都是阿拉伯历史上大名鼎鼎的人物。穆太奈比是最著名的诗人之一，穆海莱比是阿拉伯历史上最有名的宰相之一，同时也是阿拔斯王朝有名气的文学家和诗人，伊斯法哈尼则是堪称最著名的阿拉伯古籍之一《歌诗》的作者。《文学宝库与语言菁华》一书的校勘者给隋尼娅加了注释："麦伊麦尼说：'隋尼娅可能是巴格达早期的一个街区，它与雅古特在《地名辞典》中提到的、位于瓦西特下方的隋尼娅不是一个地方。'"引文中提及的卡尔赫原是巴格达郊区，后成为该城市区一部分。根据其他阿拉伯古籍的记载，巴格达城内叫隋尼娅的地方不止一处。

　　《往事镜戒》是著名史学家亚菲依（al-Yāfi'ī，1298—1367）的重要编年体著作，亦被认为是古代阿拉伯"简史"类著作中的经典之作。其在"伊历644年"条下有如下记载：

　　这一年，穆斯林夺取阿什克伦，此前数日夺取太巴列。同年，国王萨利赫·奈杰姆丁从国王赛义德手中夺取隋尼娅，并为此补偿他很多金钱，同时在埃及准备了100名骑兵。[2]

1　阿卜杜·加迪尔著：《文学宝库与语言菁华》，开罗汉吉书店，1997年第4版，第2卷第355页。

2　亚菲依著：《往事镜戒》，贝鲁特学术书籍出版社，1997年版，第4卷第87页。

作者没有说明此处隋尼娅位于何地，他的撰史风格是言简意赅，只记述重大事件。而萨利赫·奈杰姆丁是阿拉伯历史上的著名人物，是阿尤布王朝末代素丹（1242—1249 年在位），同时也被认为是马穆鲁克王朝的创始人。这或许表明隋尼娅在当时是一较为重要的城市，否则没有必要记载。

7. 隋尼娅哈瓦尼特（Sīniyyah al-Hawānīt），是从形式上由"中国"一词派生出的阿拉伯地名中最为复杂，同时也最为重要的一个地名。这个地名是一个词组，正偏组合形式，直译应作"哈瓦尼特的隋尼娅"。而哈瓦尼特的意思是店铺（复数），常理上应当是因该地有众多店铺而得名。假如隋尼娅与中国有渊源，自然使人联想到"中国店铺"。古代阿拉伯著作家对此地名的认识也存在分歧。雅古特在《地名辞典》中说："位于瓦西特下方有一著名小城，名叫隋尼娅，也叫隋尼娅哈瓦尼特。"泰伯里在《历代民族与帝王史》中则说："艾布·艾哈迈德来到隋尼娅，命令艾布·阿巴斯的部队轻装前往哈瓦尼特，去探听驻扎在那里的苏莱曼的虚实。"泰伯里笔下的隋尼娅和哈瓦尼特明显是指两个邻近的地方。当时此地究竟是何情况以及后来发生怎样的变迁，迄今未在阿拉伯古籍中看到相关记述。

我们知道，在回顾中阿交往历史的时候，人们常提到至迟于公元 5 世纪中国的商船就到达过伊拉克，之后在巴士拉和巴格达等地出现了专门销售中国商品的市场，然而这个或这些市场的大致位置尚未见人述及。有朝一日，当人们想起寻索存在于当年丝绸之路上可谓阿拉伯帝国九省通衢之地的伊拉克的"中国商品一条街"之时，隋尼娅哈瓦尼特以及其他叫隋尼的地点，皆应成为重点考察对象。世界上最早的唐人街或中国城有可能就在这些地方。

第三节

关于中国的最早记载

《印度洋航海指南》一书作于公元 1 世纪，其中写道："在马六甲半岛之北，在海之极端，有一国家名秦（This），国中有一大城称秦尼（Thinae）。"该书是用希腊语写的，也是希腊古代文献中首次提及中国。英国著名东方学家玉尔认为此书中表示中国的"秦"或"秦尼"，是从阿拉伯语转入的。后世学者据此认为，阿拉伯人至少在公元 1 世纪就已知道中国这一国家。

阿拉伯古代文献对于中国的记载，可以分为两个部分。一是文献中记载了阿拉伯或其当时的周边地区关于中国的信息，尽管这些信息基本上属于传说性质，但对我们从中了解传说中的中国被遥远的民族和世界所认识究竟有多早，亦不失为可供参考的史闻。二是"中国"一词何时最早出现在阿拉伯古代文献中。关于第一点，我们可以举出以下几个例子。譬如中世纪阿拉伯著名历史学家和阿拉伯植物学奠基人艾布·哈尼法·迪奈沃利（'Abū Hanīfah al-Dīnawarī，？—895卒），在其史学扛鼎之作《漫长的记事》中说：

> 苏莱曼从伊拉克前往木鹿，然后向巴勒赫进发，再从巴勒赫朝突厥地区前进，并穿越它到达中国，然后沿海岸从太阳升起之地右侧一路前行，直至抵达坎大哈。他从那里返回，先到凯斯凯尔，再到沙姆，最后到台德木尔，那里是他的故乡。

再譬如，阿拉伯古代著名文学家伊布沙依希（al -'Ibshayhī，1388—1446）在其代表作《风趣万种》中记载：

> 有一次，苏莱曼·本·达乌德在一天之内收到好几件礼物，分别是：印度国王的大象，阿拉伯国王的骏马，中国国王的珠宝，罗马国王的锦缎，以及海洋国王的真珠，蚂蚁国王的蝗虫，蚊子国王的小蚂蚁。[1]

以上两段引文中的苏莱曼，都是指《古兰经》中提到的古代先知之一苏莱曼。其故事虽与《旧约全书》中所罗门的故事

1　伊布沙依希著：《风趣万种》，贝鲁特伊赞丁出版机构，1991年版，第478页。

相似，但穆斯林学者认为，不宜视为完全等同。苏莱曼与古代
也门拜勒姬丝女王之间的传说故事广为流传，而拜勒姬丝统治
赛伯邑王朝的时间是公元前 10 世纪。第二段引文中苏莱曼收
到的最后两种礼物看似稀奇古怪，但与《古兰经》中记载的，
他具有通晓百鸟语言和蚂蚁语言的特异功能是相吻合的。

人们谈到中国物品输出之早，常以埃及女王克娄巴特拉（前
69—前 30）穿中国丝绸做的服裳为例。中世纪阿拉伯最著名的
"百科全书家"之一努威里（al-Nuwayrī，1278—1333），在
其鸿篇巨制《文苑观止》中的记载将这一时间推溯至更早。

第六位法老爱克萨米斯（'Aksāmis）叫人照天体的椭圆
形做了一个银质的球，上刻恒星图案，再把中国瓷釉（Duhn al-
Sīnī）涂抹在这些恒星上，然后安装在孟菲斯城正中的大灯柱上。[1]

尽管笔者在古埃及王朝年表里，没有找到与这位用阿拉伯
语拼写的法老相对应的名字，但他将制作的"星体仪"安装在
自己所在的孟菲斯，可以推断他是以孟菲斯为首都的古埃及中
王国时期的一位法老。中王国时期亦称孟菲斯帝国时期，时间
跨度为公元前 2686 至前 2181 年，其中的法老包括修建了大金

1　努威里著：《文苑观止》，埃及著作、翻译、印刷、出版总局和埃及图书总局
　　古籍校勘中心，1929—1992 年出版，第 15 卷，第 132 页。

字塔的胡夫（前2598—前2566）。至于说这位法老所用的涂料，假如抄本和校勘本均无误，按照阿语语法似不宜译作"中国瓷釉"，因为此处的 al-Sīnī 已由形容词"中国的"变为名词（中国的）瓷器。"中国瓷釉"实在是一种揣译，或许我们知晓传说中古埃及法老用过与中国有关的涂料就可以了。

我们从传说回到现实。第二点即"中国"一词何时最早出现在阿拉伯古代文献中。这是一个只能一点一点往前追溯，而无法给出确凿结论的问题。流传至今的阿拉伯语抄本多达几十万种，校勘后出版的只是其中很少一部分。学术界有能力研读抄本的人少之又少，绝大部分研究者是以校勘本为搜索对象，且阅读量也有局限。因此，笔者下面的梳理排序仅可看作是一种粗浅的尝试。

阿拉伯民族有一句名言：诗歌是阿拉伯人的史册。所以发掘阿拉伯古籍中关于中国的最早记载，恐怕也要从诗歌开始。艾哈瓦斯（655—728）是伍麦叶王朝著名诗人，本名阿卜杜拉·本·穆罕默德。艾哈瓦斯是其外号，意思是"眯缝眼"。他以写艳情诗闻名，诗句自然流畅，朗朗上口。他曾吟道（节译）：

昔日战将今何在？

当年雄风难再来。

马队曾至中国地，

阿非利加脚下踩。[1]

　　法拉兹达格（641—732），伍麦叶王朝最著名诗人之一，名气比艾哈瓦斯大得多。他和艾赫泰勒、哲利尔一起被誉为"伍麦叶三诗雄"。他在阿拉伯文学史上最引人注目的是与哲利尔之间长达50年之久的对驳诗战。著名学者艾布·奥贝达对他的作品评价极高："若不是法拉兹达格的诗歌，阿拉伯语要失去三分之一。"法拉兹达格的诗歌由于涉及许多历史事件，因此具有重要的史料价值。他曾吟道（节译）：

执迷不悟异教徒，

睁眼熟视却无睹——

安曼直到中国边，

皆已皈依在正路。[2]

　　这两位诗人提到的中国，都关乎伍麦叶王朝大肆对外扩张的历史背景，向东一直打到中国，甚或攻入中国。阿拉伯古籍中记载的具体事件，为715年伍麦叶王朝大将古太白长驱直入

1　费萨尔·穆罕默德·阿杰米著：未见出版机构名称，第145页。

2　同上，第146页。

直抵中国边境。一个"中国王"前来议和，问对方条件。古太白提出象征征服的三件事：脚踩你们土地，缴纳人丁税，带走王子作人质。于是中国王命人端来放着土的大金盘子，说你们踩吧；献上金银财宝，说这就是你们要的人丁税；带来 4 个王子，说你们带走当人质吧。古太白这才退了兵。阿拉伯史学家实在是很有意思，751 年意义重大的怛逻斯之战，中国人自己都承认败了，但只有很少几部古籍提及此事。而对 715 年的这个故事，却大书特书，在他们笔下带走作人质的中国王子王孙，也从 4 人到 14 人最多达 400 人。有些阿拉伯人至今津津乐道于此，即便是当代出版的历史著作和百科全书仍会述及此事，表示历史上阿拉伯人曾经打败过中国人。或许他们认定那个中国王就是彼时刚刚登基三年励精图治的大唐皇帝李隆基，亦未可知。只能说阿拉伯人太爱讲故事，太爱听故事了。

《罕世璎珞》（一译《单珠集》）是阿拉伯古籍中排在第一位的文学"类书"。作者伊本·阿卜德莱比（Ibn 'Abd-Rabbih，860—940），广泛采集前人诗歌散文中的精华，题材博泛，涉及政治、历史、社会、宗教、伦理、医学，乃至音乐、食品等各个方面，亦被认为是最佳"文选"作品之一。该书在阿拉伯文学史上地位十分显著，对后世文人学者影响巨大。《罕世璎珞》

中也记载了法拉兹达格的一段诗：

伊本·阿亚什说，瓦利德死后，苏莱曼继位。他起用耶齐德·本·穆海莱布管辖伊拉克，并命他将艾布·欧盖勒家族满门抄斩。法拉兹达格为此吟道：

假如问他难道你对真主也不敬畏吗？

他却耀武扬威仿佛谁都奈何他不得。

把他扔到印度连人带马都摔得粉碎，

或者我离开此地被送往遥远的中国。

伊斯兰教与正义快回到我们这里吧，

暴虐腐败已经吞噬了伟大的伊拉克。[1]

诗中提到的瓦利德为伍麦叶王朝第六任哈里发，705—715年在位；苏莱曼（674—717）为伍麦叶王朝第七任哈里发，715年继位。

以上引诗中提到的中国，即是截至目前笔者视野内见到的阿拉伯人最早的文字记载。两位诗人的卒年都在8世纪，若按生年计属于7世纪，且法拉兹达格的诗句未必晚出于艾哈瓦斯的。此外，中世纪阿拉伯著名地理学家伊本·法基赫（？—

---

1 伊本·阿卜德莱比著：《罕世璎珞》，黎巴嫩现代出版社，1998版，第5卷，第279页。

902）在其代表作《各国志》中记载了阿卜杜拉·本·阿慕尔·本·阿斯（？—675）的一段话，根据此人名系可知其为阿拉伯早期军事将领、最先攻占埃及的阿慕尔·本·阿斯之子。有学者以阿卜杜拉卒年计，认为他是阿拉伯文献中最早称中国为隋尼的人。而我们知道记述者伊本·法基赫卒于10世纪初，在他的《各国志》之前，已有很多阿拉伯学者在他们的著作中提及中国。伊本·法基赫引录阿卜杜拉的话说：

> 大地状似一只鸟，分为头、两翅、胸、尾等五部分。其头部为中国，中国之后是瓦克瓦克部落，再往后便是一些只有上帝方知其具体数字之部落；其右翅乃印度，印度之后是大海，再往后便没有人类；其左翅乃（黑海的）可萨突厥人，之后有两个民族：曼萨克人和马萨克人，再往后是戈族人和麦戈族人，而对于这些民族，除上帝外，任何人都是一无所知的；其胸部是麦加、汉志、叙利亚、伊拉克和埃及；其尾部乃从扎特—胡马母到马格里布的整个地区，该地区是鸟体最次要的部分。[1]

此段译文是中国学者根据法文译本转译的，其中上帝应根据原作者身份译为安拉或真主，戈族和麦戈族通译雅朱者和马

---

1 费琅编，耿昇、穆根来译：《阿拉伯波斯突厥人东方文献辑注》，中华书局，2001年版，上册第72页。

朱者。

至于最早收入"中国"词条的阿拉伯语辞典，非阿拉伯历史上第一部语言辞典《艾因书》（Kitāb al-'Ayn）莫属。作者哈利勒·本·艾哈迈德（约 718—786），前文中做过简单介绍。《艾因书》成书时间，比伊本·胡尔达兹比赫的《道里邦国志》和《中国印度见闻录》（又译《苏莱曼东游记》）都要早。哈利勒在该书"中国"条下云：

中国（al-Sīn）：

肉桂，出自中国。

隋尼，原是位于纳贾夫和卡迪西亚之间的一个河谷。泰勒哈·本·欧拜杜拉买下了它，把它当作自己在麦地那的庄园一样。他开发了那里，并在那里栽花种树。它也叫作泰勒哈庄园。

中国斯坦（Sīnistān）比中国远，正如人们所说的叙利斯坦（Sūrastān）。[1]

《艾因书》因成书时间早、作者的学术地位高，历来为后世学者所重，其对中国的记载，也为一千多年来阿语"中国"一词的固定不变、极少出现讹误起到至关重要的作用。书中有

---

1 哈利勒·本·艾哈迈德著：《艾因书》，埃及新月书社，1988 年版，第 7 卷第 160 页。

关"中国"的记载，虽寥寥数语却异常重要：一是将阿拉伯人8世纪时对中国的初步了解载之于文本，二是明确指出"隋尼"既指称中国也指称其他同名之地，三是在阿拉伯古籍中首次提及"中国斯坦"并有自身见解。中国斯坦有时也被称为秦尼斯坦，法国著名东方学家戈岱司认为："秦尼扎（Tzinitza）或秦尼斯坦（Tzinista），显然就是梵文 Cinasthana（震旦）的一种希腊文译法。"[1] 此外，6世纪科斯马斯的《基督教诸国风土记》中也有关于"秦尼斯达"的记载。[2] 另有中国学者认为："震旦：古代印度人对中国之称谓。……近人又云，震旦即（Cinasthana）之音译。震乃秦字之转音。旦即字尾斯坦之略音，其义为地。震旦即秦地之意。"[3]

就目前所见资料看，中外学者一般认为中国斯坦与中国基本为同一概念。而《艾因书》作者虽云"中国斯坦比中国远"，明确为两个不同概念，但其所言之"远"令人感到困惑，因为其后阿拉伯著作家偶有提及的中国斯坦皆似指今中亚一带，从阿拉伯的地理位置讲应该为"近"。比如阿拉伯古籍中常有提

1　戈岱司著，耿昇译：《希腊拉丁作家远东古文献辑录》，中华书局，2001年版，导论第30页。
2　江淳、郭应德著：《中阿关系史》，经济日报出版社，2001年版，第23页。
3　朱杰勤、黄邦和主编：《中外关系史辞典》，湖北人民出版社，1992年版，第70页。

及的为伍麦叶王朝对外扩张立下汗马功劳的古太白（汉籍称屈底波），皆云其死于中国斯坦，而据后世学者考证其被部下所杀之地是拔汗那，即位于锡尔河中游谷地的今吉尔吉斯斯坦费尔干纳一带。

引文中作为参照的"叙利斯坦"是阿拉伯古籍中十分罕见的一个地名，雅古特《地名辞典》中的标音为"Sūrastān"，因与今叙利亚相关，故译为"叙利斯坦"。雅古特认为："该地即为古叙利亚人生活的沙姆（al-Shām）地区，尽管有人认为它是指伊拉克或胡齐斯坦（Khūzistān）的某个地方。"[1] 根据雅古特的解释，可将《艾因书》中这句话的意思补充完整——中国斯坦比中国远，正如人们所说的叙利斯坦比叙利亚远一样。我们或许可以将此处的"远"理解为"大"，也就是说中国斯坦包括传统概念中的中国也包括其外延势力范围，因为叙利斯坦即沙姆，而沙姆则包括叙利亚、约旦和巴勒斯坦等地区。

最早记载中国大量信息的阿拉伯地理典籍为《道里邦国志》。作者伊本·胡尔达兹比赫的生年不确，至少有810、820、825年三说，卒于912年。据学者考证，此书初稿完成于

1　雅古特著：《地名辞典》，贝鲁特萨迪尔书局，1995年版，第3卷第279页。

840—847 年，于 885 或 886 年成书面世。该书详细记述亚、非、欧三大洲西起法兰西、西班牙，东至中国、新罗、倭国、麻逸、北及罗斯 (古俄罗斯)，南达印度洋诸岛国的民间风俗、宗教文化、历史遗迹、经济特产及各国之间的路程，描绘出 9 世纪的国际贸易路线图。尤其是其中有关陆地和海上丝绸之路阿拉伯—中国段记述，引起后世学者极大关注。而伊本·胡尔达兹比赫的著述风格与范式，也引发其后的阿拉伯学者竞相模仿。与此书书名相同或相似的阿拉伯古籍至少有几十种。

最早关于中国的阿拉伯古代游记，毫无疑问是《中国印度见闻录》（亦译《苏莱曼东游记》）。该书的阿拉伯语原名为《历史的锁链》（Silsilah al-Tawārīkh），学者们普遍认为其成书时间为 851 年左右。鉴于这个时间早于伊本·胡尔达兹比赫《道里邦国志》正式面世的时间，很多学者认为《中国印度见闻录》是最早记述中国的阿拉伯文献。"关于阿拉伯人和波斯人与印度和中国海上交通的最早的阿拉伯语资料，是商人苏莱曼和回历三世纪时代其他商人的航行报告。"[1]《中西交通史料汇编》"阿拉伯人关于中国之记载"专章下便是将《苏莱曼东游记》排在首位，言此书"是为今代吾人所知最初阿拉伯人中

1　希提著，马坚译：《阿拉伯通史》，商务印书馆，1995 年版，上册第 401 页。

国之游记"[1]。刘半农根据法译本曾于1927年将其中部分内容译出连载于《语丝》，他去世后经其女儿补充翻译，由中华书局于1936年出版了署名刘半农、刘小蕙合译的《苏莱曼东游记》。1983年，中华书局又出版了穆根来等根据法译本和日译本翻译的《中国印度见闻录》。

---

1 张星烺编注：《中西交通史料汇编》，中华书局，2003年版，第2册第756页。

第四节
帝都巴格达的中国元素

巴格达是举世闻名的历史文化名城。全盛时期，巴格达成为阿拉伯帝国的政治、经济、贸易、文化和宗教中心。经济繁荣，交通四通八达，商贾辐辏云集，市场店铺林立，并设有专卖中国丝绸、瓷器等商品的市场。学者荟萃，文化昌盛。巴格达与开罗、科尔多瓦并称为伊斯兰世界三大文化名城，同中国唐朝的京城长安、拜占庭帝国的首都君士坦丁堡一道被誉为当时世界三大名城，在人类文明史上留下光辉的一页。

有记载说在公元前 18 世纪的巴比伦《汉穆拉比法典》中就提到了巴格达，但阿拉伯古代史地学家几乎众口一词地认为，它是阿拔斯王朝第二任哈里发曼苏尔（754—775 年在位）在为帝国新都选址时发现的一个村庄或市场。关于巴格达名称的由来说法不一，其中最有意思的是雅古特在《地名辞典》里的一段记载，它让巴格达从一开始就带上了中国色彩。雅古特说：

　　据说，巴格达先前是一个中国商人前去从事各种交易的市场。他们获利颇丰。由于中国国王的称谓是"巴格"，所以每当他们回国的时候，他们便说："巴格—达德。"意思是：我们所赚得的利润，都是国王的恩赐。[1]

　　巴格达的阿语发音应为巴格达德，虽然雅古特和其他阿拉伯著作家都认为"巴格"（baq）一词是波斯人对中国皇帝的称谓，"达德"（dād）也是波斯语的"恩赐或给予"，但他的记述至少说明，当年巴格达在成为阿拉伯帝国首都之前，已有很多中国商人到过该地，且要通过无数次循环往复方能使巴格—达德成为一个地名。至于说中国商人为什么说波斯语，也许中国与阿拉伯相距遥远，双方语言难以沟通，遂使用中间地区的语言波斯语进行交流，亦未可知。

　　哈里发曼苏尔当年为帝都选址颇费周章，因为先前的安巴尔、库法等城他都不满意，以至相当多阿拉伯史籍都对他的选址过程留下记载。泰伯里在《历代民族与帝王史》"伊历145年"

1　雅古特著：《地名辞典》，贝鲁特萨迪尔书局，1995年版，第1卷第456页。

条下说：

关于修建巴格达城，据人们说，艾布·加法尔·曼苏尔曾独自一人出巡，想找一个能够作为自己和士兵们的驻地继而能够修建一座城市的地方。他先往下走，来到杰尔杰拉亚，随后转到巴格达、摩苏尔，然后又回到巴格达。他说："此处是个驻军的好地方。而且这底格里斯河可以让我们轻而易举地和中国联系起来，海上的一切都能顺河而上到达我们这里。"

有人把巴格达村长找来向曼苏尔陈述当地情况。于是村长说："信民的领袖，您在这得天独厚的地方，借幼发拉底河之利，可用船只将马格里布的粮草和埃及、沙姆的珍宝运来；借底格里斯河之利，可用船只将中国、印度的奇珍异宝和巴士拉、瓦西特的粮草运来。"[1]

伊本·焦济也在《历代民族与帝王史通纪》同一年条下记载：

这一年，巴格达城开始兴建。其原因是：哈里发曼苏尔将该办的事情办妥后，先是在库法旁边的伊本·胡白依莱城对面建了哈希米亚城。他还在库法后面建过一座城市，并把它叫作鲁萨费。当里万迪亚派的人在哈希米亚城发动反抗他的叛乱后，

1　泰伯里著：《历代民族与帝王史》，黎巴嫩遗产书局，第7卷，第614、647页。

他开始仇视那里的居民，同时自己也没有安全感，于是他外出巡视希望找一个适合自己居住和驻军的地方另建新城。他先顺地势向下走，来到杰尔杰拉亚，然后转向巴格达，去过摩苏尔后又回到巴格达。他说："此地甚好。底格里斯河使我们和中国之间没有任何阻碍，海上来的任何东西都可以顺利到达我们这里，杰齐拉和亚美尼亚等地的粮秣运输也将十分通畅。而幼发拉底河则能将沙姆和拉卡的一切都输送过来。"之后他将士兵们调集到大小塞拉特河附近，并对城市做出规划，把工区分为4个，每个工区派一名将领管理。[1]

雅古特在《地名辞典》中的记述如下：

当年哈里发曼苏尔在巴格达建都前，曾向巴格达村的村长咨询。村长说："信民的领袖，您如果在巴格达村的位置建都将左右逢源，既可得塞拉特河和底格里斯河之利，就近运送粮草，又可得幼发拉底河之利，使往来于此地和沙姆、杰齐拉和埃及等其他国家间的运输变得十分方便。得天独厚的地理位置，还能将来自印度、信德和中国，以及巴士拉和底格里斯河畔瓦西特城的奇珍异宝，运到您这儿。即便您调运亚美尼亚和阿塞

1　伊本·焦济著：《历代民族与帝王史通纪》，贝鲁特学术书籍出版社，1993年版，第1卷第129页。

拜疆等地的粮食，也不成问题。"[1]

　　大同小异的记载中，说到巴格达交通便利时虽然地名多有变化，但中国始终包括在其中。这说明哈里发曼苏尔建造新都时，与中国的贸易往来是在其考虑之中的。这也说明当时中阿两大民族间交往交流的重要通道丝绸之路是非常通畅的，而且是阿拉伯人熟知的，不仅帝国的哈里发了解，巴格达的村长也了解。

　　哈里发曼苏尔大兴土木将巴格达建成帝国新都，命名为和平之城。8世纪中期到9世纪，在哈伦·拉希德和马蒙两位哈里发执政时，巴格达的城市规模不断扩大，广建清真寺、图书馆、天文台、客栈、驿馆、市场、浴室及市政交通设施，使该城进入全盛时期，成为阿拉伯帝国政治、经济、贸易、文化中心和世界级的繁华都市。阿拉伯历史上最著名的地方志之一《巴格达志》，为后人留下这座世界名城的人物、史迹、建筑、艺术，乃至河流和桥梁等方面的详尽记述。作者巴格达迪（1002—1072）的笔下也记载了一些与"中国"一词相关的地名，其中有的为其他阿拉伯古籍所未见。

　　前文提到阿拉伯古代大诗人穆太奈比曾在巴格达的卡尔赫

1　雅古特著：《地名辞典》，贝鲁特萨迪尔书局，1995年版，第2卷第458页。

一个叫隋尼妮的地方，被人阻拦挑衅的事情。卡尔赫是巴格达两大组成部分之一，至今如此，位于穿城而过的底格里斯河河西。《巴格达志》里的一段记载，或可证明古代巴格达的卡尔赫确有隋尼娅这样一个地方：

后来卡尔赫发生了一场火灾。从未有人见过如此大的火，以至过后人们站在那条叫隋尼娅的大街上，便能看到底格里斯河里的船。

一千多年前阿拉伯地区的城市，尤其是在巴格达这样的帝国首都，有一条街的街名叫隋尼妮，这在其他阿拉伯古籍中是没有见到过的。这个隋尼娅与中国有无渊源、与瓷器有无关联，是值得进一步深入考证的。《巴格达志》里还有两段重要记载如下：

巴格达附近的塔比格河，实际上是巴比克·本·拜赫拉姆河，巴比克在自己得到的那块地产上建了伊撒宫，挖了这条河。伊撒河西岸有鲁斯塔格镇，东岸有卡尔赫镇。接下去是麦阿拜迪人的住宅、祖莱格人桥、西瓜街、棉花街。过了瓦西特人清真寺，是瓷器沟（Khandaq al-Sīniyyāt），然后是亚西里亚村。[1]

再比如：

1　巴格达迪著：《巴格达志》，贝鲁特学术书籍出版社，1989年版，第1卷第91页。

其中有塞拉特河。它是从穆哈沃勒上方伊撒河分流出的一条河。它浇灌巴杜里亚的诸多农庄和花园。它又分支出许多河流，一直流到巴格达。它流经阿巴斯桥，然后是瓷器桥（Gantarah al-Sīniyyāt），接下去是莱哈·白特里格桥也就是扎拜德桥，过了老吊桥后是新吊桥。[1]

以上两段引文中出现了瓷器沟和瓷器桥。瓷器的原文均为由中国（隋尼）一词派生出的隋尼娅特，如前所述隋尼娅特的基本意思有三，一为中国女人之复数，二为瓷器或瓷盘的复数，三为内容全部围绕中国的诗集即《中国集》。尽管阿语瓷器或瓷盘更常用的复数形式是萨瓦尼（Sawānī），但以上两段引文中的隋尼娅特，除了翻译为瓷器别无选择。而"瓷器沟"和"瓷器桥"名称的由来，应当是该地集中售卖瓷器之地，甚或是生产瓷器之地。这使我们不由得想到北京的磁器口（磁为瓷的俗称），原为集中卖蒜的地方，人称蒜市口，后有商贾在此开了两家瓷器店，逐渐发展成"瓷器一条街"，人们便改称为磁器口。重庆的磁器口也不例外，本身就是生产瓷器之地和转运瓷器的码头。可想而知，巴格达的瓷器沟和瓷器桥，同样需要一定规

---

1 巴格达迪著：《巴格达志》，贝鲁特学术书籍出版社，1989年版，第1卷第112页。

模和相当长时间的发展方可得名。其雏形十之八九是专售中国瓷器的商铺，乃至就是中国商人经营的瓷器店。

巴格达迪除了在上述引文中提到西瓜街、棉花街，其前后文中还提到塞拉特河上的油商桥——卖油的地方，皮袋桥——卖装水或酒的皮袋的地方，叉子桥——卖食叉的地方，石榴桥——卖石榴的地方等，俨然阿拉伯帝都的"清明上河图"。在这素有《天方夜谭》故乡之称的巴格达的繁华市井，有可能存在多处出售中国瓷器或因中国瓷器而得名的其他地点，看来还真不是天方夜谭。

第五节

"中国的"阿拉伯人和华裔总督

在阿拉伯古籍特别是谱系学著作和纪传体史书中，留下了若干附名为隋尼依（al-sīnī，中国的或中国人）的阿拉伯人的记载。附名是阿拉伯人称谓体系中的重要组成部分，置于本名之后，多表示一个人与其祖籍、家族、部落、职业、教派等的从属关系。此外，某人认为对自己具有特殊意义的地点、人物、事件等亦可作为附名。赛姆阿尼（al-Sam'ānī，1113—1167），是中世纪阿拉伯最著名的谱系学家，也是圣训学家、历史学家和旅行家，其代表作《谱系》（al-Ansāb）中有如下记载：

隋尼依：此附名的渊源归于两个地方。其中之一是中国——位于东方大地以美好富足和制造业精良而闻名于世的国家。

艾布·阿木尔·哈米德·本·阿里·谢巴尼，以哈米德·隋尼依（中国的哈米德）闻名。我以为，他之所以取此附名，要么因为他的祖籍是中国，要么因为他曾经去过那里。

至于易卜拉欣·本·伊斯哈克·隋尼依，则是库法人，曾从事海上贸易，去过中国。而中国是东方国家中的一个。

我们的教长，艾布·哈桑·萨德·海依尔·本·穆罕默德·本·赛赫勒·本·安萨利·安德卢西，他给自己写上"隋尼依"的附名，因为他曾经游历了从西方到东方的诸多国家，包括东方最远的国家，也就是中国。他是安达卢西亚东部城市巴伦西亚人。他还是一位德才兼备的教法学家，且非常富有。伊历41年1月卒于巴格达，葬于哈尔布门。

艾布·阿里·哈桑·本·艾哈迈德·本·马汉·隋尼依，他的附名来自"中国店铺"。这是伊拉克位于瓦西特和塞利夫（Salīf）之间的一个城市。艾布·伯克尔·海推布·哈菲兹·巴格达迪曾讲到过他，说："他是他的小城市的法官和教义演说家。我们写过关于他的事。他为人不错。我问过他何时出生，他说是（伊历）369年。"

艾布·阿卜杜拉·本·伊斯哈克·本·叶齐德，以隋尼依闻名，巴格达人。阿卜杜拉赫曼·本·艾布·哈提姆·拉齐说：
"我在麦加写过关于他的事。我向他询问艾布·奥恩·本·阿
木尔·本·奥恩，他说此人是个说谎者，于是我便不再和他交
谈了。"

艾布·哈桑·穆罕默德·本·阿卜杜拉·本·易卜拉欣·拉
齐，以伊本·隋尼依（中国人之子）著称。祖籍腊季（今德黑
兰附近），住在沙姆门。他是一位正直的人，虔诚的穆斯林，
卒于（伊历）410 年 5 月。[1]

　　赛姆阿尼在他的这部著作中，除了为我们中国人较全地记
录下古代阿拉伯人中与中国有某种关系的 6 位人物，还传递出
一些比较重要的信息。首先，他强调"隋尼依"的来源有两个，
尽管他未能确切地说出第二个地方为何处，但我们可以知道是
指阿拉伯地区称为"隋尼"或"隋尼娅"之地。其次，他指出
其中第一位的祖籍可能是中国，这为我们今后探讨、考证阿拉
伯地区中国早期移民是否融入当地主流社会埋下伏笔，因为其
《谱系》所收录人物或为圣训传述家，或具有一定知名度和社
会地位，或在某个学术领域成就突出。再次，他更为具体地指

1　赛姆阿尼著：《谱系》，黎巴嫩文化书籍出版机构，1998 年版，第 3 卷第
　　577—578 页。

出了"中国店铺"的位置,可以说找到塞利夫就找到了它的位置,而且他还明确使用"城市"一词,说明这个古代中国商贾聚集地或中国商品集散地规模非同一般。最后,他提到的"附名来自'中国店铺'"的那位人物也应引起注意,虽然他只是在"他的小城市"当法官,但他负责处理的可能是"中国城"的事务和法律纠纷。这与伊本·白图泰笔下广州之穆斯林聚居地的景况,或许可以形成某种比较:

此大都市(Sîn Kalân,指广州)之一部,有伊斯兰教徒之街。彼等在其地建有寺院旅社宿泊所(Hospiz)及市场(Bāzār)。彼等更置法官(Kādi)与教长(Šeih)。且不仅限于此都市以内,举凡伊斯兰教徒侨居之各中国都市,均有法官与教长。此教长任处理关于伊斯兰教徒一切之事项,而法官则担负裁判之责。[1]

此段引文之所以用日本学者的转译文字,皆因文中"彼等"二字使法官国籍明朗化,在这一点上,当时中国一方政策似较为开明。但从另一方面看,当年来华穆斯林聚集地均在城市内,即所谓蕃坊,未闻有单独之"蕃城";而位于伊拉克瓦西特附近的"中国店铺"却是一个具有一定规模的单列城市。在这一

---

1 桑原骘藏著,冯攸译:《中国阿剌伯海上交通史》,商务印书馆,1934年版,第68页。

点上，阿拉伯一方政策似更加开放。

此外，萨拉丁·哈利勒·萨法迪（Salāh al-Dīn Khalīl al-Safadī，1296—1362）在其《名人全传》（al-Wāfī Bi al-Wafayāt）中也提到两位附名为"隋尼依"的人，一是：

> 穆罕默德·本·艾哈迈德·本·艾布·盖里布·隋尼依（中国的），人称赛夫·道莱·哈姆丹的导师。伊本·奈加尔说："艾布·穆罕默德·哈伦·本·穆萨·阿卡拜威说，（伊历）322 年他在巴格达听过此人传述圣训，此人在晚年传述过一条圣训。"[1]

赛夫·道莱（Sayf al-Dawlah，意为"国家之剑"，915—965），叙利亚哈姆丹王朝（905—1003）最强大的国王，曾为保卫叙利亚与拜占庭军队作战，大获全胜。他也是一位著名诗人，在位期间文学和科学事业极为昌盛，大诗人穆太奈比、艾布·菲拉斯和哲学家法拉比等常在其宫中出入，伊斯法哈尼的《歌诗》（Kitāb al-'Aghānī，又译《乐府诗集》）便是献给他的。他统治下的阿勒颇成为当时著名的文化中心。阿拉伯历史上这样一位重要人物的导师，与中国之间存在某种关联以至将"中

---

1 萨法迪著：《名人全传》，德国东方学家协会，1962—1992 年，第 2 卷第 130—131 页。

国的"作为自己的附名，是颇耐人寻味的。如前所述，附名的主要功用是表示一个人祖籍和家族的从属关系等。即便此人的祖籍并非中国，其与中国的特殊从属关系是可以肯定的，比如他曾到过中国或其他缘由，因此他无疑比其他阿拉伯人更多地了解中国。那么作为赛夫·道莱的导师——类似古代中国"其职至重"的太师——期间，他是否给"学生"介绍了中国的某些风物景象，灌输了中国人的某些思想观念，讲授了中国君主的某些治国之道，进而影响到他的某些方略政策，都是值得人们进一步探讨与研究的。

萨法迪提到的另一位附名为"隋尼依"的人物是：

侯白什·本·穆萨·隋尼依，《歌诗》的作者。他编著此书是为了献给哈里发穆太瓦基勒[1]。书中收录了不少伊斯哈克和阿木鲁·本·巴奈均未提及的东西，记述了许多高雅风趣、与众不同的贾希利叶时期和伊斯兰初创时期的男女歌手。他还有一本书，也叫《歌诗》，按词典式字母排列，是专门记录女歌手的。[2]

尽管有的阿拉伯古代著作家对此人附名"隋尼依"的真实

1　阿拔斯王朝第 10 任哈里发，847—861 年在位。
2　萨法迪著：《名人全传》，德国东方学家协会，1962—1992 年，第 11 卷第 288 页。

性产生怀疑，认为以前的抄本可能有误，但萨法迪未置任何评说，实际上对此处的"隋尼依"表示认可。阿拉伯古代文学艺术典籍中取名《歌诗》的作品很多，以记录歌词、歌词作者和歌手生平成就为主，也带有明显的赏析性质，其中以前文提及之伊斯法哈尼的《歌诗》最为著名。而萨法迪记述这位《歌诗》作者，其"隋尼"背景无外乎：祖籍为中国，曾经去过中国，祖籍为阿拉伯地区叫"隋尼"的地方。如属前两者，此事便不可小觑，应看作是中阿文化交流史上一个重要事例。

以上附名为"中国的"者，不论是圣训传述家还是"太师"等，都是正面人物。阿拉伯史籍中与中国相关的"反面人物"亦不乏其例，尽管他们没有使用"中国的"之附名。埃及马穆鲁克王朝著名历史学家麦格里齐（al-Maqrīzī, 1365—1441）在其《了解各地国王的途径》（al-Sulūk Fī Maʿrifah Duwal al-Mulūk）中提到：

（伊历 750 年）3 月 24 日星期四夜，沙姆地区总督、艾米尔——阿尔贡沙（'Arghūn shāh）被杀。……此人性格强硬、脾气暴躁，施政时专横跋扈、令人生畏，平日里暴戾恣睢、嗜杀成性，家有钱财无数，生活荒淫无度。他的祖籍是中国。[1]

这位总督在另一部关于埃及的著名史书《埃及和开罗国王中的耀眼星辰》中有更为详细的介绍，其作者拜尔迪（Bardī，1410—1470）在"（伊历）750 年"条下写道：

这一年，3 月 24 日星期五的夜里，沙姆总督、艾米尔——赛夫丁·阿尔贡沙·本·阿卜杜拉·纳赛利被人杀死。他是国王纳赛尔·穆罕默德·本·盖拉温所豢养的军奴中的重要人物。国王将他养大，并让他做了个不大不小的官。国王去世后，他平步青云，从百夫长（'Amīr Mi'ah）一直做到千骑将军（Muqaddim 'Alf），最后连国王卡米勒·舒阿班都要唯其马首是瞻。国王将他外放，先是当萨法德（古代巴勒斯坦城市）总督，然后是阿勒颇总督，再后来是沙姆总督。此人秉性强悍，脾气暴躁；施政时专横跋扈，令人生畏；平日里暴虐恣睢，嗜杀成性；家有钱财无数，生活荒淫无度。

他的祖籍是中国。幼年被人带给鞑靼国王布赛义德·本·海尔班达，后被大马士革（人名）·海加·本·朱班带走，大马士革被杀后，布赛义德又将他要回，后来把他和台木尔·赛义

<hr>

[1]　麦格里齐著：《了解各地国王的途径》，埃及著作、翻译与发行机构，1956 年版，第 2 卷第 3 部第 812 页。

迪一起作为礼物送给国王纳赛尔。[1]

马穆鲁克王朝（1250—1517）是埃及、叙利亚地区外籍奴隶建立的伊斯兰教政权。"马穆鲁克"（al-Mamlūk）意为奴隶，在这一特定历史时期应理解为：由统治者豢养的用于军事目的的奴隶。阿拉伯历史上这样一个重要王朝中出现一位官至沙姆地区总督、祖籍为中国的"军奴"，令后世学者大为惊讶，以至该书校勘者专门在此条下加注释云："尽管我们知道很多马穆鲁克的人种和他们的祖籍国——无论是来自过去亚洲腹地的突厥地区，还是来自今欧洲西北部的芬兰——但我们从未在书中读到过这样的记载，即马穆鲁克王朝有执掌大权的、祖籍明确为中国的'奴隶'。"[2] 不过，治史谨严的麦格里齐和拜尔迪，所记仅为前朝几十年（伊历 750 年＝公元 1349 年）发生之事，其记载应较为可靠。因此，历史上有中国人或其祖籍为中国者，被马穆鲁克王朝当权者收买豢养并最终进入统治阶层，从逻辑上讲不是绝对不可能的。联想到不少来华大食人或其后裔在元朝出任高官，似皆可视为中阿关系史上广泛往来甚至是深度融

1　拜尔迪著：《埃及和开罗国王中耀眼星辰》，黎巴嫩学术书籍出版社，1992 年版，第 10 卷第 191—192 页。
2　穆罕默德·穆斯塔法注：《了解各地国王的途径》，埃及著作、翻译与发行机构，1956 年版，第 2 部第 3 卷第 812 页。

合的例证。虽然该位"华裔总督"在将他载入史册的阿拉伯史家笔下是个声名狼藉的人物，但就官职而言，掌控马穆鲁克王朝半壁江山，统辖包括今叙利亚、约旦、巴勒斯坦和黎巴嫩在内的"沙姆总督"，当是历史上具有中国血统者在阿拉伯地区充任的最高职位。

总之，阿拉伯古籍尤其是史学著作中，有关附名为"中国的"之阿拉伯人或祖籍为中国的阿拉伯人的记载，是研究两大民族交往、交流与融合的重要史料。尽管有关这些人的生平经历记载字数不多，但毕竟为后人留下了可资参考的珍贵文献，并为相关历史研究提供了进一步探索的新素材。

第六节
关于中国的奇观奇闻

阿拉伯民族是一个对外部世界充满好奇心的民族。古时的阿拉伯人上至哈里发下至平民百姓，都非常喜欢听各种奇闻逸事，乃至在他们的语言中，奇闻逸事和奇珍异宝可以用同一个词。或许这也是阿拉伯帝国首都巴格达成为《天方夜谭》诞生地的原因所在。阿拉伯古籍中记载了一些与中国有关的奇观奇闻，数量不多，但都十分有趣。

"和田石磨"。

拉吉布·伊斯法哈尼（？—1108）在其代表作《文人聚谈》"关于各地的奇闻"一节中写道：

在设拉子有一种苹果，一半极甜一半极酸。在盖尔米欣（今伊朗西部巴赫塔兰一带）附近有个叫卡尔坎的村庄，谁要是在生日那天夜里挖走这里的泥，然后把泥涂抹在自家院墙和房子上，就可以保证妖魔鬼怪进不来。在中国群岛，有一些巨蟒，可以吞下骆驼、牛和像驴一样的狒狒。在埃及有一种石头，谁手里拿着它谁就会呕吐，一直拿着就一直吐个不停。在占婆有一种石头可以浮在水上，黑檀树立在上面都没事。那里还有一种磁石可以吸住铁，但用蒜擦一擦就吸不住了。在中国的和田有很多石磨，下面的磨盘不停地转动，上面的磨盘却一动不动。在阿塞拜疆有一山谷，任何人都不能注视它。

此段记载里提到的蒜有必要专门说一下，因为在笔者浏览过的几十部阿拉伯古籍中只见到这一次。由于阿语的蒜——Thūm 与汉语的蒜——suàn 发音相似，加之中阿两大民族历史上交往频繁，因此两词间存在因缘关系是可以肯定的。不过，具体说到谁是输出者谁是输入者，情况便复杂了。中外学者，尤其是早年西方的汉学家和东方学家，不仅将其作为一个重要的学术问题研究探讨，而且为此争论得相当激烈。著名美国东方学家劳费尔（B.Laufer，1874—1934）在其名作《中国伊朗编》中这样说道：

虽然许多葱属植物是中国土生的，但是有一种叫做胡蒜或葫蒜（胡国或伊朗的蒜），从它的名字就可以看出中国人是把它当做从外国来的植物。用滥了的老传说认为它也是张骞传播到中国的，这传说的起源较晚，初次见于伪作品《博物志》，其后见于第八世纪中叶的《唐韵字典》。连李时珍也只不过说汉朝人从中亚细亚获得胡蒜。然而要消除学者脑子里的多年的成见或错误，是很困难的。1915 年我竭力纠正这个成见，尤其是纠正夏德在 1895 年所发表的认为一般的蒜类最早都是张骞介绍到中国的错误看法。可是 1917 年他又重述这错误的看法，其实他只要看一下《中国植物志》就会相信至少有四种薤（xiè，俗称藠〔jiào〕头——引者注）在中国有史以前就有了。如果《证类本草》和《本草纲目》里所引用陶弘景的话确是他所说的，那么最早谈到这中亚细亚或伊朗的葱属植物就是陶弘景（451—536）了。当一种新的葱属植物传到了中国，他们感觉有必要把它和那只以词根"蒜"为名的本国产的老大蒜加以区别。因此，外国来的叫做"大蒜"，本国产的叫"小蒜"。陶弘景最初记述这个区别。《古今注》也提到过胡蒜，不过不是第四世纪崔豹所著的《古今注》，而是第十世纪伏候所重新删改过的版本，这事在《本草》里讲得很明白。可是现在这段文已添插在古版的《古今注》（卷下，第 3 页）里，其中增改的部分很多。[1]

虽然劳费尔没有直接提到阿拉伯，但他笔下的中亚、伊朗、张骞，毫无疑问与阿拉伯有关。目前尚不知阿拉伯古籍中最早出现"蒜"是什么时候，但《古兰经》中提到的20多种植物中没有它，伊本·拜塔尔（1197—1248）的《药草志》中也没有提到它。

"和田吊桥"与"吐蕃毒山"。

麦格迪西在《肇始与历史》一书中记载：

大地的奇迹及其创造者，很多书中已经提到过。有的说世界奇观有4个：白头翁（al-Zurzūr）树，亚历山大灯塔，鲁哈（al-Ruhā）教堂，大马士革清真寺。其他奇观还有：埃及的两座金字塔，呈锥形，直刺云天，足有450腕尺高，上面写着：'谁要自称力大无比，那就把它毁掉吧，毁掉它比建造它更容易。'奇观还有：呼檀（Khuttan，和田一带）吊桥，从一个山头架到另一个山头，是中国人在以前的时代拴结架设的。奇观还有：吐蕃的一座山，人称"毒山"（Jabal al-Summ），人一旦从山上经过，便会喘不上气来，轻则舌头化

---

1 劳费尔著，林筠因译：《中国伊朗编》，商务印书馆，2017年版，第136—137页。

脓坏死，重则立时毙命。[1]

麦格迪西提到的世界奇观中包括了亚历山大灯塔和金字塔，中国的两个奇观排在其后，说明在阿拉伯人眼中这两个奇观还是比较重要的。阿拉伯古代史地学家有时在自己的著作中提到一些所谓世界奇观，自然与我们今天所说的几大奇迹不同。雅古特在《地名辞典》中曾提及，"世界奇观有三个：凯莱布修道院，黄金河，阿勒颇城堡"。

"高原野人"。

麦格迪西还说：

在人的种类的怪事中，我们已经讲过了雅朱者和马朱者。同样还有瓦巴尔的怪人。怪人中有一种在帕米尔一带，这是中国边远地区的一片荒蛮之地。这是一种除了脸浑身上下长满毛的野人，他们像羚羊一样蹦跳。不止一个瓦罕人对我讲过，他们要是抓到野人就把他吃了。[2]

引文提到的瓦巴尔（Wabār），是古代位于奈季兰和哈德拉毛之间的一个国家。已经消亡的一些阿拉伯南部部落出自这里。阿拉伯人在讲述古代居住在阿拉伯半岛的人民时常常提到

1　麦格迪西著：《肇始与历史》，黎巴嫩萨迪尔书局，1988年版，第4卷第92页。
2　同上，第4卷第96页。

它。其遗迹同最早的阿拉伯部落阿德族和赛木德族一样，已经不复存在。瓦罕（Wakhān），中国史称休密、护密，位于今阿富汗东北部。著名的瓦罕走廊，是古丝绸之路上的重要通道，唐玄奘即是经行瓦罕走廊前往印度取经的。

关于野人，麦斯欧迪在《黄金草原与珠玑宝藏》里也有记载：

很多普通民众都相信关于野人（al-Nasnās）的传说是真的，认为他们在这个世界上确实存在，比如关于中国等极其辽远的国度有野人的传说。有些人说他们在东方，有些人则说在西方；东方的人说他们在西方，西方的人则说在东方。总之每个地方的人都对本地居民说野人在离他们很远很远乃至遥不可及的国家。[1]

"凤凰传奇"。

阿拉伯古籍中提到的凤凰是一种神鸟，其故乡是中国。《文牍撰修指南》是中世纪埃及著名历史学家和文学家盖勒盖珊迪（1355—1418）的代表作，后人一般将其归于文学类作品。实际上该著作如同一部百科全书，记述了大到各国文化历史、小

1　麦斯欧迪著：《黄金草原与珠玑宝藏》，贝鲁特时代书局，1988 年版，第 2 卷第 222 页。

到各地书法、纸张、墨水等的各种知识，从而引起当时学术界的轰动。关于凤凰，作者有如下记述：

关于禁食的飞禽，其中包括凤凰（al-Samandal）。这是中国大地上的一种飞禽，其特性是不怕火烧。以至于据说它是在火中下蛋和孵育，并以在火中居留为享受。它的羽毛可用来做手帕，如果脏了可以放入火中，火会将脏东西烧掉，而其本身却丝毫无损。[1]

中世纪埃及著名文学家伊布沙依希（al-'Ibshayhī，1388—1446）在其名作《风趣万种》（al-Mustatraf Fī Kull Fann Mustazraf）一书中也有类似记载：

凤凰是中国大地上的一种动物。有关它的最奇怪的事情，是它在火中产蛋和孵育。它的羽毛可用来做手帕，一旦脏了，可以放入火中，火会将脏东西烧掉，而其本身却丝毫无损。传说有一个人把这样一条手帕用油浸泡之后再放入火中，烧了一个钟头依然不曾烧着。[2]

说到凤凰，不由想起郭沫若先生的名作《凤凰涅槃》，在他笔下阿拉伯地区也有和凤凰一样的飞禽。他在"卷头语"开

1　盖勒盖珊迪著：《文牍撰修指南》，埃及图书总局，1985年版，第2卷第80页。
2　伊布沙依希著：《风趣万种》，贝鲁特伊赞丁出版机构，1991年版，第562页。

篇便说："天方国古有神鸟名'菲尼克司'（Phoenix），满五百岁后，集香木自焚，复从死灰中更生，鲜美异常，不再死。"尽管他接着也说"按此鸟殆即中国所谓凤凰"，但他或许正是由阿拉伯的这种神鸟而产生的创作灵感，亦未可知。

"七字魔语"。

麦斯欧迪的《黄金草原与珠玑宝藏》中记述中国神庙的文字很多都与"七"字相关：

第七座神庙位于中国的最上方，由阿穆尔·本·苏布勒·本·雅菲思·本·努哈的后裔所建。选在这个位置的首要原因，是此处为该王国的发祥地、起点和照耀之光的光源。他们有一个关于这个庙的秘密，在中国他们对这个秘密都守口如瓶，即这个庙里有一种被妖魔鬼怪美化后用来迷惑人的东西。他们对这个庙宇有这样一种认知：天体及其作用与受其影响的现实世界之间存在联系，天体活动变化时这个世界也会发生相应的活动和变化。于是他们头脑中逐渐形成一个想法，即通过观察天体的变化，可以知晓这个世界将会发生什么对他们不利的事情。

据一些对这个世界的事情颇有研究并对其记述进行过考证的人说，在中国最远方有一座圆形大庙，庙有七门，庙里有一十分厚固的七角形巨大穹顶。在这个穹顶的最高处，有一块比牛犊的头还要大的、看上去很像宝石的东西，它放出的光照亮大圆庙的每一处地方。曾有若干国王试图取下这块宝石，但他们走到一定位置便无法再向前接近它，而且一个个由于焦热难耐而当场倒地身亡。其中有人企图利用长长的工具，比如矛枪一类，将宝石取下，但同样到了那个位置，那些东西就会被弹回来，而且从此不能再用了。假如有人用什么东西向它投掷，结果也是一样的。总而言之，没有任何方法和途径可以取到它。要是有人想拆掉这座庙，哪怕刚有一点动静，此人立刻暴毙。一些富有经验的人认为，这种现象是由于各种磁石作用下的一种独特的反作用力。

这个庙里还有一口七角井，当人来到井边一门心思打水时，很有可能他会像倒栽葱似的一头扎到井底。井边刻有一个像项圈似的图形，里边用一种很古老的字体——依我看是信德体——写着："这口井通向藏书的库房、世界的历史、天体的学问，以及过去已发生的事和以后将发生的事；这口井也通向这个世界各种愿望的仓库。不过，除了那些与我们的能力难分强弱、与我们的知识难分多寡、与我们的智慧难分高低者，是无人可以到达那里并从那里得到收获的。凡是有能力到达这个宝库的人，他就该知道他已经能和我们平起平坐了；凡是无力到达那里的人，他就该知道他不如我们勇敢、不如我们聪明、不如我们博学、不如我们深刻、不如我们精细。"

庙宇、穹顶和水井所在之地，是一片高高隆起于地面的硬石地，犹如一座拔地而起的高山。上面的城堡无人可以企及，下面的山路无人可以通过。人的目光一旦落在那个庙宇、穹顶和水井，就在他看的那一刻，他马上会感到恐惧和悲伤。同时他会觉得自己的心已被它们所吸引，这种吸引诱发出他想要破坏它们的欲念，这种对其造成一点破坏或将其拆毁的欲念又使他陷入痛苦与懊恼之中。[1]

"中国奇石"。

达乌德·安塔基（Dāwud al-'Antākī，？—1600），是阿拉伯历史上著名盲人医学家和文学家。古代阿拉伯著作家喜欢记述天下"有情人"的传闻、故事、趣谈并为他们树碑立传，达乌德的《情为何物》（Tazyīn al-'Aswāq Fi 'Akhbār al-'Ushāq）就是其中的经典之作。而他在书中引录的奇石传说也很有趣味：

1　麦斯欧迪著：《黄金草原与珠玑宝藏》，贝鲁特时代书局，1988年版，第2卷第241、250、251页。

我见过一本书，不知作者是谁，书名是《秘密之趣谈和天命之运行》。我是在（伊历）59 年读的它，但当时并没有在意这些事情。书中说——

有一只乌鸦落在一堵墙上并在那里居住下来。一天，它发现一条蛇占了自己的地方，便叼来一颗很小的石子，然后朝蛇丢去，那蛇竟当即丧命。乌鸦觉得这小石子太神奇，便自语道："我要是再看见谁就再丢一下。"说完它又叼起了那颗石子。我跟着它，直到看见它把石子丢在一个燕子窝上。结果大燕子被砸死了，留下一窝嗷嗷待哺的小燕子。乌鸦看了很难过，于是从那天起，在很长的时间里每天都带水和食物来喂它们。后来的一天，我在不经意间偶然看到乌鸦带着那群小燕子当中的两只回到它自己的巢，两只燕子就这样开始和乌鸦一起生活。不料又有一天，一只小燕子掉了下来，乌鸦便把它弄上去，小燕子又掉下来，乌鸦就把它再弄上去，来来回回 10 次之多，没过多会儿我看见乌鸦使劲撕扯自己直至死去。于是我爬上墙向它的巢里看去，原来那只小燕子已经死了，另一只极度恐慌地在它身边站了一会儿也死了。看着眼前的情景，我嘴中喃喃着，脑子里却一直琢磨那小石子，直到我想起了各种奇石的特性。

我曾见到中国（Dākhil al-Sīn）有一些深潭中流出的水会

凝结成一种石头，把这种石头取走可以纺成像丝一样的细线。那里的人们用它织成布做衣服，如果脏了就扔在火里，上面的脏东西便消失了。这种石头在纺成纱之前，如果服用可医治黄疸和结石，还可解其他毒素。它可以杀死各种蛇，哪怕蛇仅仅是看到它。经验老到的医生们会找到燕子的窝，故意用番红花涂抹小燕子。燕子妈妈见了以为宝宝们得了黄疸病，便去有这种石头的地方把它叼来，然后石头就被那些医生拿走了。人真是什么法子都想得出来。

　　作者关于"中国奇石"的记述虽有些神乎其神，但也不是绝对的虚幻，给人一种真假交错的感觉。水流成石或水滴成石，这种自然现象确实存在。无论是在四川九寨沟，特别是其附近的另一著名风景区黄龙，还是在桂林的石灰岩洞，这种现象可以说显现得淋漓尽致。形成的"石头"中含有特殊物质是毋庸置疑的，因此它可以医治某些疾病也是完全可能的。但用其纺线织布做衣，恐怕只能看作是一个虽极富想象力却令人难以置信的神话了。至于这种布可以"火洗"，让人联想到前文中用中国凤凰的羽毛做手帕的传说。总之，古代阿拉伯著作家笔下的中国，常常是一个神奇、神秘、令人神往的国度。

第七节
有关中国的阿拉伯熟语

　　阿拉伯民族是一个极其喜爱和珍视成语谚语的民族。古时他们将其看作语言学和文学中的珍品瑰宝，今日他们将其视为文化遗产中的吉光片羽。而对于研究阿拉伯人早期历史的资料来说，除了传说、传奇和诗歌，包括成语、谚语、格言、俗语等在内的熟语，也是十分重要的组成部分。熟语是广泛流传于民间的短语，反映了普通民众的生活实践经验，是一个民族思想文化和语言的结晶，具有深博的表意功效。因此，当阿拉伯人流传至今的熟语中出现"中国"时，应引起我们高度重视，这更能体现阿拉伯民族对中国形象早期的基本认知。何况熟语需要时间上的长期积淀与空间上的广泛应用方能固化形成，因而阿拉伯语熟语中的"中国"，也更具普遍性和代表性。

古时的阿拉伯，人们认为中国是离他们最远的国家，而且这种认知达到家喻户晓、妇孺皆知的程度。已知的提到中国的熟语几乎都与这种认知相关。

1. "你就是跑到中国，我也会找到你。"[1]

此句原文直译应为："即使你在中国，距离我也不算远。"既可以是开玩笑时说说，也可以是一种威胁的口吻。

2. "友情若在，中国不远。"

此句出自一个小故事，讲的是某公在伊拉克的库法遇到一个朋友。他问朋友："你从哪里来啊？"朋友答说巴格达。他又问："你要到哪里去呢？"朋友答说中国。他又问："到中国去做什么？"朋友说去看望自己的一个朋友。他惊叹道："那可够远的啊！"于是他朋友吟出下面这句诗：

> 生性懒惰人，再近也是远；
>
> 真心思念者，再远也是近。

3. "我儿在中国。"

此句源自古代阿拉伯的一个趣闻，说是名叫艾布·苏莱曼

1　费萨尔·穆罕默德·阿杰米著：未见出版机构名称，第135页。以下提到的几个熟语，皆出自本书，不再另加注释。

的著名说书人有一次跟朋友借了一块钱，然后煞有介事地说："我发誓，我儿子一定会还你。"朋友问："你儿子人在何处？"他回答："我儿在中国。"朋友说："他从中国回来还我钱？那我别惦记了，要是他在杰纳耶或西拉夫还差不多。"他朋友说的两个地方都位于波斯湾伊朗一侧，杰纳耶为一小镇，西拉夫为海上丝路著名港口城市。这两个地方距离当事人所在的伊拉克自然相对较近。至于此句的意指，当是无法实现的事情。

4. "在乌布莱是你，到了中国还是你。"

此句出自一个小故事。说是一个当时在乌布莱（又译俄波拉）的阿曼大商人，在清真寺门口遇到一个能说会道把要钱都说得天花乱坠的乞丐。他觉得这乞丐挺有意思，给了他几个银币。商人回到阿曼住了几个月便出海前往中国。他平安到达中国后，一日在街上闲逛，忽然看见那个乞丐正在市场边上乞讨。他简直不敢相信自己的眼睛，仔细看了半天，确定无疑后上前说道："你这个该死的！你是乌布莱的乞丐，也是中国的乞丐。"那乞丐回道："为了养家糊口，我已经来这个国家三次了，这是第四次。每次来都受到当地丐帮欺负，我就回乌布莱，到了乌布莱又觉得还不如这儿呢，所以又回来了。"大商人听罢很是感叹：当个乞丐也不容易，得受多少罪啊。

故事里提到的乌布莱，在中阿贸易往来史上非常有名。阿拉伯古籍中对它的位置有时说法不一。麦斯欧迪在《黄金草原与珠玑宝藏》中说在公元6世纪"中国的商船经常驶抵海湾，直达阿曼、西拉夫、巴林、乌布莱、巴士拉以及其他港口。同样这些港口的船舶也直航中国"。按麦斯欧迪的说法，乌布莱和巴士拉是两个地方，而有的阿拉伯古籍则说乌布莱就在巴士拉，只不过是离海更近的一个码头。

5."即使人去了中国。"

这是很多阿拉伯古籍中都有所记载的一句话，即"即使某人为得到泰伯里的经注去了中国，其所获也不会很多"。泰伯里（838—923）是阿拉伯历史学奠基人，其阿拉伯历史上第一部编年体通史《历代民族与帝王史》蜚声于世。实际上泰伯里还是历史上最著名的《古兰经》经注学家之一，他把前代穆斯林学者遗留下来的大量经注和历史资料搜集起来，辨别真伪，加以筛选和提炼，博采众长，予以分类归纳记述，为后世《古兰经》研究奠定了基础。"其所获也不会很多"半句，笔者难以确解，意思可能是泰伯里的这部经注学典范之作十分珍贵，且一书难求，即使遍寻天下走到中国也难以得到。而作为熟语摘出的前半句"即使某人去了中国"，其意指应当比较明确，即为某事哪怕付出了去往中国那样艰辛的努力，也未必能够达到目的。

6."就算走到中国也比这一步容易。"

此句背后的小故事，在阿拉伯古籍的记载中有多种"版本"，主人公的时代和名字各异，情节基本相同。拉吉布·伊斯法哈尼在《文人聚谈》中记载如下：

相传一个艾兹德小伙子在穆海莱布面前显摆一把剑，对他说：

"大伯，你觉得我这把剑怎么样？"

"你的剑好是好，就是短了点儿。"穆海莱布回答。

"短了点儿？！"小伙子不太服气，"那你竖着跨一步量量！"

"小伙子，就是踩着蛇牙走到中国也比这一步容易啊！"穆海莱布说。

穆海莱布这么说不是因为胆小，他只是想刻画一种形象。

后来有位诗人根据这个故事吟道：

如果宝剑短，勇敢把剑跨。

追剑杀向前，莫被剑追杀。

还有一位诗人吟道：

手中剑虽短，脚下大步跨。

阵前无所惧，痛快把敌杀。

其他类似记载里，并没有"踩着蛇牙"，可能正如文中所说，穆海莱布想让他的比喻更加形象生动。

7."做生意，去中国。"

此句恐怕是提到中国的阿拉伯语熟语中最经典最重要的一个了。甚至我们也可将其看作是一个阿拉伯语的成语，因为原文直译是："与中国进行贸易可以作为成语。"言其重要，是因为它明显迥异于阿拉伯人对中国早期认知的定式——远。不是说"你们要做生意啊，哪怕远到中国"，而是说"如果你们要做生意，就去中国"。众所周知，阿拉伯民族是一个重商的民族，而商业的本质是逐利。基于此，这个鼓励阿拉伯人到中国做生意的成语，其起源应当是去中国做生意有利可图且利润丰厚。这一点在阿拉伯古籍中不乏其例，最为具体的是一个在中国做生意赚了大钱，回到伊拉克成为富可敌国的巨商的故事。此巨商归国后因有"干政"图谋被抄家，于是携带藏匿的最后一瓮约 8000 金币，再次前往中国，做了阿语原文表述为"一本九利"的生意，于是东山再起。然而，更为重要的是，这个成语反映出阿拉伯人通过长期往来于中国的商人、旅行者、学者，乃至传教者反馈的信息，已然形成了对中国正面的、美好的、稳定的形象认知。即在中国是安全的，社会秩序是良好的；中国人是友好的，做生意是公平合理的；他们的君主以礼相待，欢迎阿拉伯人的到来，如有阿拉伯人受到不公待遇，他们的君主或官员会主持公道；他们有丰富多样、工艺精良的商品可供交易；等等。

可以这样说，"做生意，去中国"作为阿拉伯语的一个成语，具有深邃悠远的历史渊源、丰赡厚实的精神内涵和广阔恒久的流播影响等特点，或可视为阿拉伯人中国形象观形成与固化的凝缩标志，乃至是两千多年来中阿两大民族友好交往的一个历史明证、一幅生动写照和一则传世佳话。

第二章
传说中的中国起源和中国君主形象

中国人与阿拉伯人之间的交往，虽可追溯到公元前，而且以中世纪的水平衡量，双方往来人员的数量亦不可谓之少，或许由于语言的障碍和人员的身份（商人多学者少）等因素，相当长时期内双方对于彼此历史与社会状况皆不甚了了。尤其是包括史学家在内的阿拉伯著作家们有时更热衷于奇闻逸事的记录，同时从传统上习惯于听别人讲和原封不动地抄录前人记录，即便是那些据说到过中国的人，其见闻录也与实际情况多有出入。他们与《经行记》作者杜环似难同日而语。《经行记》内容基本真实、较准确地记述了阿拉伯方面的政治宗教状况和风土人情，是众所公认的。阿拉伯古籍中关于中国的起源或名称的由来，明显受到各种宗教所谓创世说的影响，或大多掺杂着神话、幻想、虚构和夸张的成分。有些记述如同贾希利叶时期的传闻一样，显然带有《旧约》和《犹太法典》或其他宗教经典里的故事痕迹。

第一节

亚古比的记述

在阿拉伯早期史学著作中，记述中国起源及介绍中国国王最长最细也最故事化的文字出现在《亚古比历史》（亦称《阿拔斯人史》）中。出身于阿拔斯王朝哈里发家族的阿拉伯著名历史学家和地理学家艾哈迈德·本·瓦迪哈·亚古比（'Ahmad Ben Wādih al-Ya'qūbī，？—897）在他的这部代表作"中国诸王"条下这样写道：

以下的记述出自传述者和学者，以及到过中国并在那里居住了很长时期的人。这些人明白中国人的事情，读过他们的书，了解他们先人的记述，在书中见过关于他们的记载，听说过关于他们的传闻。这些人还看到中国的城门上和崇拜偶像的庙宇中所写的东西，以及石头上刻的金字。他们说：

第一个统治中国的人是萨因·本·巴欧尔·本·叶尔吉·本·阿木尔·本·雅菲思·本·努哈·本·莱麦克。他在被称为努哈的天地中继续开发，和他的儿子与家人上船渡海，来到一处他认为非常好的地方，便居住下来。于是此地因他的名字萨因（صاين，Sāyin）而得名隋尼（صين，Sīn）。他们在这里生息繁衍，人丁遂兴旺起来。他的子嗣信奉他民族的宗教。他为王的时间达 300 年。

他的儿子中有个叫阿隆（'Arūn）的，正是他建造了屋宇，掌握了工艺，并修了一座描金的供堂。然后他制作了一幅父亲的画像，将它置放在供堂中央，每次进来都毕恭毕敬地在父亲的画像前跪拜。当年萨因还有一个名字，用阿拉伯语解释，意思是：天子（'Ibn al-Samā'）。所以自那时起，中国人就开始崇拜偶像。阿隆当了 140 年的王。

接下来继位的是阿依尔（'Ayr），正是他走遍中国四面八方，兴建了很多大的城市，用朱紫蓝（al-Juzlān）[1]和铜建造了镏金的圆形大屋顶。他用镶嵌珠宝、铅和亮铜的金子，制作了父亲

1　不知确指何物。北大版《阿拉伯语汉语词典》解释为："（埃及方言）钱袋，钱包。"也许指铜的一种。

的像。于是他王国中所有人都在自己的城郡中，用同样材质造了他父亲的像。他们说："黎民百姓理应为替天行道的国王造像。"阿依尔的统治维持了 130 年。

然后是阿依南（'Aynān），正是他使自己王国的人们遭受苦难、受尽折磨。他把他们逐放到一些海岛上去。他们将那些岛屿改造成可以生长果实的地方，以便用它充饥果腹。在那里他们发现了很多野兽，并与这些野兽友好地生活在一起。由于他们与野兽交媾，也可能是野兽与他们的女人交媾，所以他们的容貌开始变得丑陋。年复一年，一个世纪一个世纪就这样过去，他们丧失了自己先前的语言，讲的话谁也听不懂了。于是在这些可以穿过它前往中国大地的海岛上，出现了很多民族，势力也逐渐大起来。阿依南还有一个名字，用阿拉伯语解释就是：恶劣的品性。

再往后是海拉巴特（Kharābāt），他继位时年纪很轻，随着年龄的增长经验也丰富起来，遂成为治国理政的明君。他派遣使团前往巴比伦，并同与之毗邻的罗马（al-Rūm）[1] 国建立了联系，了解了当地的学理和工艺。他们也把中国的工艺带到那

---

[1] 中译名较多，译作罗马、东罗马、拜占庭、希腊者皆有之，古代阿拉伯人指地中海东岸广大地区。

些地方，比如丝绸制衣工艺等。他们也从那些国家带回机具等东西。他命令他们带回巴比伦和罗马的所有工艺品和有意思的物品，同时让他们了解当地民族的宗教律法。这是中国的物产第一次进入伊拉克和与之相邻的地区。商人们渡过中国海从事贸易，因为国王们对来自中国的物产和商品特别感兴趣。他们造了船，通过它进行贸易。这是商人们第一次进入中国。海拉巴特当了60年的国王。

再接下来是突塔勒（Tūtāl）。中国人说，他们在城门上写着：如此明君，前所未有。他们对他满意的程度是空前的。正是他为他们制定了宗教、行为、工艺、律法、条令等方面的规矩。他在位78年，死后人们哭泣了很长时间。他们把他的遗体放在一张金床上，再把金床放在一辆银车上，然后在他身边熏起沉香、龙涎香和檀香等各种香料，最后点上火，将他置入火中。人们把他的头像铸在他们的金币（Dīnār）上，他们称金币为"孔"（al-Kūnh）。他们家家户户的门上都有他的头像。[1]

1　亚古比著：《亚古比历史》，贝鲁特萨迪尔书局，1992年版，第1卷第180—182页。

第二节

麦斯欧迪的记述

比亚古比晚出不久的阿拉伯著名历史学家麦斯欧迪（al-Mas‘ūdī，？—956），其代表作《黄金草原与珠玑宝藏》里，既包括亚古比在内的众家所记，也对中国的起源作了概述，依旧是虚实相杂、真伪相间。他写道：

关于中国人的谱系和起源，人们众说纷纭甚至相互抵牾。其中很多人的看法是这样的：

在法里格·本·阿比尔·本·伊尔法赫沙兹·本·萨姆（闪）·本·努哈将大地分给努哈的子孙时，阿布尔·本·苏必勒·本·雅菲思·本·努哈的后裔朝着东方偏左方向走去。他们当中属于艾尔殿（’Ar‘ū）后裔的一个部族则一直走向北方。

他们在那块土地上生息繁衍，后来形成多个王国和民族：戴伊莱姆（al-Daylam）、吉勒（al-Jīl）、泰伊莱珊（al-Taylasān）、鞑靼、拔汗那、盖卜格（高加索）山、莱克兹（al-Lakz）各部族、莱恩（al-Lān）、可萨突厥、安加德（al-'Anjād）、塞利尔（al-Sarīr）、库什克（Kushk）以及那一地区分布各处的诸多民族，然后是泰瓦拜利达（Tawābarīdah）国，一直到马尼特什（Māntsh）和尼特什（Nītsh）海[1]、里海与保加尔（al-Burghar，今保加利亚一带）地区及其周边各民族。

阿布尔的后裔渡过巴勒赫河（阿姆河），其中大多数去了中国。后一部分人又在那里分散开各自形成许多王国并在当地生息繁衍，他们所在的地方有：吉兰（今伊朗吉兰省一带）人居住的吉勒、乌斯鲁舍那（东曹国）、布哈拉（安国）和撒马尔罕（康国）之间的粟特，以及拔汗那、沙什（石国）、伊斯比加布（史称白水城）和法拉布。这些人建设了城市和村庄。其中有一部分人分支出来住在沙漠里，他们是突厥人、葛逻禄人和九姓乌古斯人。他们中的一些人占据了库珊（Kūshān，贵霜）城，该地是呼罗珊与中国之间的一个王国。突厥及其各分支的人种中，至今即（伊历）332 年，没有比该地人更加勇敢、更

1　指今亚速海和黑海。

为凶猛和更能开疆拓土的人，他们的国王称作艾尔汗（'Arkhān，一译回鹘汗）。他们信仰的是摩尼教，突厥人中除了他们没人信奉这种宗教。突厥人中有开依马克部（al-Kaymākiyyah）、布尔苏汗部（al-Bursukhāniyyah）、拜德部（al-Baddiyyah）和杰阿尔部（al-Ja'riyyah），其中最勇猛的是古兹部（al-Ghuzziyyah）。突厥人中形象最好、个子最高、面部最美的是葛逻禄人。他们是拔汗那和沙什及其邻地居民。他们的领地非常广阔，大可汗（Khāqān al-Khawāqīn，直译为：可汗中的可汗）从他们之中产生，突厥各王国和领地皆为他一人之天下。那些可汗中有一位叫法拉西亚布（Farāsiyāb）的突厥人，正是他征服了波斯。（中略）

阿布尔后裔中大部分人沿海岸行进，一直走到中国海岸的尽头。于是他们在那里分散居住下来，并建立了国家和大大小小的城市村镇。他们的京都是一座非常大的城市，人们称它为安姆瓦[1]。在该地也就是安姆瓦，统治他们的第一个国王叫奈斯泰尔塔斯·本·巴欧尔·本·麦德太吉·本·阿布尔·本·雅菲思·本·努哈，在位300余年。他命令自己的属民分散在全

1　安姆瓦（Anmwā）：此地名曾引起许多中外学者争议，多考证为扬州。但作者叙述的似一虚无缥缈的年代，扬州是否存在，值得怀疑。

国各地，开河挖渠，灭杀野兽，植树造林，培育果树。后来他就死了。

他的一个叫阿翁（Awūn）的儿子继承王位。儿子为寄托哀思和表示敬重，将先王的遗体保存在一个人形金棺中，再把金棺放置在一张镶嵌宝石的红金床榻上，然后把自己的王座放在床榻对面。每天早晚两次，他和臣民都对着躺在金棺里的先王跪拜。他活了250年后死去。

之后他的儿子阿伊塞敦（Aythadūn）继位。儿子也把父亲的遗体保存在一个人形金棺里，放在金榻上祖父金棺靠下的位置。他和臣民每次跪拜时都是先拜祖父后拜父亲。他治国有方，善待百姓，公平地处置所有的事情。一时间天下清明，人畜两旺，五谷丰登。他在位约200年后死去。

之后他的儿子阿伊塞南（Aythanān）继位。他也把父亲遗体放在金棺中，做法与其先祖一样。他统治的时间很长，活了400年，其间他的国家与他侄子们统治的突厥常有联系。他在位期间，非常注重发展各种各样精致物品的制作工艺。

之后他的儿子哈拉坦（Harātān）继位。他开始造船，并命人将中国的珍奇货物装上船运往信德、印度、巴比伦地区以及海中远近各国。他给各地国王送去奇珍异宝的同时，要求他的人从各国带回异物珍玩，包括各种美食佳酿、奇异的服饰和稀罕的床座铺饰用品。此外，他要求属下了解所到之国国王们的治国方略和当地各民族遵守的条法戒律，还要求他们尽可能收集带回各地的各种珠宝、香料和机具。命令一下，全国船只分头驶向远方，抵达很多国家。所到之地，没有一个王国的人民，不对来人感到惊异，不对他们带来的货物啧啧称奇。于是沿海各国国王纷纷开始造船，并命令船只驶往他们那里，带去他们没有的东西。他们致函中国国王表示感谢，同时给他送去礼物作为收到他的礼物的回礼。中国因此繁荣起来，国王的所有事业也随之兴旺发达。他的寿命大约200年，死后国民悲伤至极，足足为他哭了一个月。

之后人们把希望寄托于他的长子，拥戴他为国王。他仿效先人将父亲遗体放入金棺，所作所为与祖辈如出一辙。这个国王的名字叫突塔勒，继位后国势依旧强大。他还制定了令人称道的各项律条——这是他之前的任何一个国王都未做过的事。他宣称：君失道则不立，道乃君之天平；公道行于天下，善举勤劳俱增；正义行于社稷，国运牢固兴盛。他还将人分为各种等级，使之各司其职、各得其所。后来他外出寻找一个可以建造寺院的地方，终于找到一块宝地，只见此处树木繁茂，百花盛开，水源充足，河渠纵横。于是他在这里划出寺院地基，随后运来五颜六色的彩石。寺院竣工，他命在最高处建一穹顶，穹顶中各个方位设有平行对称的通风口，同时建造了一些专门的房间供人单独祈祷膜拜。这些事情做完后，他又命人将装有自己先祖遗体的金棺置于穹顶最高的地方，并下令要对其格外敬重。他召集国中达官贵人，对他们说："我以为，应让所有人信奉一种能够使他们团结在一起、使他们在法度面前人人平等的宗教。因为一旦君王逾越宗教律条，便无法保证他的胡作非为和腐败昏庸受到制约。"

于是他给人们制定了治国律法和精神义务，并使其成为制约他们的准绳。他制定了对心灵与肢体的惩戒条例。他还制定了允许女人婚配的合法形式，以及此类婚生子女的正确谱系，并将其细分为不同等级。他所制定的律法中，有些是必须执行不得逃避的强制规定，有些则是可以灵活掌握的、希望人们自觉遵守的附加规定。他要求臣民为接近自己虔敬的主宰而对其做各种礼拜，包括在夜晚白天众所周知时间内的既不鞠躬也不磕头的礼拜，和在每年每月既定时间内的既要鞠躬也要磕头的礼拜。他还为他们规定了各种节庆。对于通奸者，他采取惩罚措施加以限制。对于希望以卖淫为业的女人，他规定征收强制税，而妓女一旦从良，此税即被免除。妓女除个别情况外一律不得结婚，她们生下的男孩，必须充作国王的奴隶或者从军，生下的女孩则由母亲带养，并可继续从事她们的营生。他还命令人们为寺院提供祭祀之物，并为日月星辰烧香敬拜。他对什么时间敬拜哪一个星辰、敬拜每个星辰焚烧何种香料和草药都一一做出规定。总之，事无巨细，皆有一定之规。由此他在位的时代，人丁兴旺，百业昌盛。

他活了 150 年后死去。人们为他的去世悲痛欲绝。他们把他放入镶嵌各种宝石的金棺，并为他专建了一座巨大的寺院，寺的穹顶上用 7 种颜色的宝石，组成与 7 大行星——双辉星（al-Nayyirayni，指日月）和其他 5 星——颜色形状相同的图案。他们将他去世的那一天定为礼拜和纪念之日，届时人们齐聚此寺以示缅怀。他们还把他的形象画在各座城门上，铸在金银铜币上，甚至印在衣服上。他们那里流通最广的是铜钱——用黄铜（al-sufr）和红铜（al-nuhās）制造。[1]

1　麦斯欧迪著：《黄金草原与珠玑宝藏》，贝鲁特时代书局，1988 年版，第131—139 页。

第三节
泰伯里及其他史家的记述

穆罕默德·本·杰里尔·泰伯里（al-Tabarī，838—923），是中世纪阿拉伯最著名的历史学家，也是伊斯兰教权威经注学家、圣训学家和法学家，被后人称为"阿拉伯历史学奠基人"。其代表作《历代民族与帝王史》（Tārīkh al-'Umam Wa al-Mulūk），是阿拉伯历史上第一部编年体历史著作，被誉为阿拉伯史学划时代的里程碑和世界史的不朽之作，亦称《泰伯里通史》或《泰伯里编年史》。泰伯里向以治学严谨著称，因此其笔下中国的起源虽仍属传说性质，但已摈弃了前人似是而非的冗杂记述。泰伯里提到的艾弗利敦（Afrīdūn），是"波斯语人名。源自伊朗第一个统治阶级——菲什达德（Fishdād）的某位君主的名字——夫里宗（Fridhūn）。传说他即《圣经》中的诺亚，也有传说他是双角王——希腊的马其顿王菲利浦·亚历山大"[1]。泰伯里的以下记述显然将中国起源与古波斯开国传说混淆起来。他在《历代民族与帝王史》中写道：

艾弗利敦有3个儿子：长子赛莱姆，次子突吉，幼子伊尔杰。艾弗利敦担心自己死后他们兄弟阋墙，互相倾轧，便将自己的领土分成3份，每人各辖一地。他拿来3支箭，将地名写在上面，然后让他们各取一支。结果罗马和马格里布一带归赛莱姆，突厥和中国归突吉，伊拉克和印度归排行老三的伊尔杰。他还将王冠和御座交给老三。艾弗利敦死后，两个哥哥向伊尔杰发动进攻，并将其杀死。后兄弟二人各自统治其领地达300年之久。[2]

泰伯里还写道：

他（艾弗利敦）将大地分给3个儿子——突吉、赛莱姆和伊尔杰。他将突厥、海宰尔（al-Khazar）[3]、中国分给突吉，他们称它（他）为隋尼布伽，他还将与其相连的地区并入中国。[4]

1　伊本·胡尔达兹比赫著，宋岘译注：《道里邦国志》，中华书局，2001年版，第17页。

2　泰伯里著：《历代民族与帝王史》，黎巴嫩遗产书局，1967年版，第1卷第212页。

3　即《经行记》所言之可萨突厥，《酉阳杂俎》作阿萨部，为突厥的一支。

4　泰伯里著：《历代民族与帝王史》，黎巴嫩遗产书局，1967年版，第1卷第214页。

　　泰伯里此处所言之隋尼布伽（صين بغا，Sīn Bughā）十分重要，这个称谓在笔者见过的阿拉伯古籍中仅出现这一次。鉴于阿拉伯语"它"和"他"的代名词为同一形态，因而难以确译。假如文中是指"它"，当为包括突厥、可萨突厥在内的"大中国"的一个称谓；假如指"他"，当为"大中国"统治者的一个称谓。若为后者，音译为"布伽"便有所不妥，因为阿拉伯古籍中此词在人名组合中是出现过的，用于蒙古人和突厥人，即汉籍中的"不花"。我们至少知道：阿拔斯王朝前期有两员突厥裔大将，一名大不花（Bughā al-Kabīr，？—862），一名小不花（Bughā al-Saghīr，？—868）；埃及马穆鲁克王朝有两位蒙古裔大将，分别叫怯的不花（Kitibughā）和也里不花（Yalibughā）；最有名的是1468年仅当了几天素丹的泰木尔不花（Tamrbughā）。无论如何，泰伯里《历代民族与帝王史》中出现的唯一一次肯定与中国有关的"Sīn Bughā"，在我们今后对阿拉伯古籍中的"中国"研究中是一个有待考证的问题。

　　中世纪著名历史学家穆塔海尔·麦格迪西（Muttahar al-Maqdisī），在与泰伯里类似的记述中还有所发挥，他在其名作《肇始与历史》（Kitāb al-Bad'i Wa al-Tārīkh）中说：

　　他们说，艾弗利敦有3个儿子：赛莱姆、突吉和伊尔杰。

他把大地分成 3 份给了他们。突厥和中国归突吉，罗马和马格
里布归赛莱姆，伊拉克和波斯归伊尔杰。然后他要找德貌双全
的三姊妹做儿媳，在奈赫布（Nahb）部族的一个分支中找到她
们后，他让她们嫁给了自己的 3 个儿子。[1]

中世纪著名的地理和历史学家雅古特（Yāqūt，1179—
1229）在其代表作《地名辞典》（Muʻjam al- Buldān）中援引
其他学者的话说：

伊本·凯勒比[2] 在提及东方人时说："中国（al-Sīn）之所
以叫隋尼（Sīn），是因为隋尼和巴盖尔，都是拜格拜尔·本·凯
马德·本·雅菲思的儿子。关于巴盖尔，民间有这样一个谚语：
他分不清巴盖尔（Baghar）和什盖尔（Shaghar）。隋尼和巴盖
尔都在东方，其子民遍布突厥和印度之间的大地。"[3]

雅古特还说：

伊朗沙赫尔（Īranshahr）的意思是伊朗国，包括伊拉克、
吉巴勒（al-Jibāl，山的复数，一译山国）、呼罗珊和波斯。科
斯鲁（古代波斯国王的称号）是艾弗利敦的子嗣。他让陀吉（一

1　穆塔海尔·麦格迪西著：《肇始与历史》，黎巴嫩萨迪尔书局，1988 年版，第
　　3 卷第 144—145 页。
2　伊本·凯勒比（Ibn al-Kalbī，？—819），阿拉伯古代著名历史学家和谱系学家。
　　库法人氏。主要著作有《谱系大书》《谱系全集》《偶像书》等。
3　雅古特著：《地名辞典》，贝鲁特萨迪尔书局，1995 年版，第 3 卷第 440 页。

说突吉，也有说陀斯）统治东方，所以突厥和中国的国王们也是他的子嗣。[1]

我国研究阿拉伯历史的人对《历史大全》的作者、权威历史学家伊本·艾西尔比较熟悉，实际上他的哥哥、以"圣训学家伊本·艾西尔"闻名于世的穆巴拉克·本·穆罕默德，在伊斯兰教学术史上比他的名气更大、地位更高。原因是在穆斯林学者看来，学问的排次首先是《古兰经》经注学、圣训学、教法学等宗教学科，然后才是语言学、哲学、史学、文学等。后者在其传世之作《圣训疑解观止》（al-Nihāyah fi Gharīb al-Hadīth wa al-'Athar）一书中也提到隋尼：

> 侯扎法传述的圣训说："甘图拉的族人几乎将伊拉克人赶出伊拉克。"据说，甘图拉原是先知伊卜拉欣的侍女，后为他生下几个儿子，其中有突尔克和隋尼。[2]

综上所述，包括历史学家在内的古代阿拉伯学者在述及中国起源时，基本根据是各种宗教传说。其中流传最广的说法，是先知努哈（Nūh）的后裔之一名叫"隋尼"，他统治了中国这块地方，所以中国被称为隋尼。努哈是《古兰经》中记载的

---

[1] 雅古特著：《地名辞典》，贝鲁特萨迪尔书局，1995 年版，第 1 卷第 289 页。

[2] 穆巴拉克·本·穆罕默德著：《圣训疑解观止》，贝鲁特学术书籍出版社，1997 年版，第 4 卷第 99 页。

著名古代先知之一，与阿丹、易卜拉欣、穆萨、尔撒和穆罕默德并称为安拉的六大使者。"有些宗教学者认为《旧约全书》中的挪亚即努哈"[1]，只是传说中的一些情节有出入。这些事关中国来历的虚无缥缈的传说，自然令理性时代的人们尤其是非宗教信仰者无法认同，但各民族先民们在缺少科学依据和信息沟通的条件下，或者在某种宗教信仰的支配下，对世界上其他民族或国家的起源作出自己的解释似也情有可原。早年也曾有中国学者将伊斯兰教先知努哈，与中国文化传说中在某种意义上亦可认为是先知的大禹联系在一起，认为是同一个人。清末，也有中国学者将人们带回的关于埃及金字塔的信息，与《山海经》里某些描述加以对照比较，然后得出古埃及人乃炎黄苗裔的结论。可见人类各民族起源本身往往就带有扑朔迷离的神话传说色彩，因而人们总是会乐此不疲地探寻，希望找到令人信服的答案。

　　概括起来，中世纪阿拉伯史学家的著作一般都是从大地起源讲起，言必及中国，至少说明中国作为一个古老大国的地位在他们概念中是确立无疑的。

1　宛耀宾总主编：《中国伊斯兰百科全书》，四川辞书出版社，1994 年版，第428 页。

第四节

贤明的中国君主形象

　　阿拉伯史学著作中有不少关于中国君主的记述与描写，著作家们一般都是使用"中国国王"（Malik al-Sīn）或"中国的主人"（Sāhib al-Sīn）来表示中国的最高统治者，有时使用或提及波斯人对中国君主的称谓——拜格布尔（Baghbūr），意思是"天子"。而在这些记述与描写中，中国君主通常都是以贤明智慧的形象出现。这一方面说明阿拉伯人自古以来通过与中国的交往对中国存有正面和美好的认识，或者说他们通过从波斯、古希腊、古罗马等文明古国得到有关中国君主和中国整体形象的信息也多是正面与美好的。另一方面他们也经常将一些理想化的君王形象放在一些具有哲学神话性质的故事中，作为一种文化隐喻或象征，让中国君主成为故事主角。他们希望自己的统治者以中国君主为楷模，成为能给他们带来公正和幸福的开明之君，至于这些传说故事是否真的发生在中国乃至是否真的发生过倒不太重要了。或许在他们心目中没有比中国更理想化的国家，也没有比中国更神秘更有吸引力的国家。

阿拉伯古籍中有一个多次出现的赞美中国君主贤明公正的故事。阿拉伯著名历史学家伊本·焦济在其代表作《历代民族与帝王史通纪》中载：

信民的领袖，我曾多次前往中国。有一次我到达那里时，他们的国王因患耳疾，再也听不到声音。于是他放声大哭起来。侍臣们纷纷上前劝他接受这个现实。他说道："我之所以哭，不是因为天降灾难于我，而是因为今后受冤屈者在门外喊冤我再也听不见了！"须臾，他又道："虽然我已两耳失聪，但双眼视力还在。你等传令，全体百姓除有冤屈者一律不准穿红色衣服。"自此后，他每日早晚便骑着大象出宫视察，看看有没有受冤屈的人。信民的领袖，一位不信奉真主的异教国王对异教臣民，尚能怀此体恤恻隐之心，而您作为一位信奉真主的人、一位出自先知家族中的人，却被自己的悭吝所战胜，不能做到对穆斯林慈悲为怀啊！[1]

伊本·焦济是在伊历144年（约761）条下记载这一故事的，引述的是阿拔斯王朝第二任哈里发曼苏尔（754—775年在位）邂逅一个乔装为阿巴德部落普通百姓的大师时，后者对他说的话。曼苏尔被认为是该王朝的真正奠基者，成就卓著，巴格达城便是由他始建。故事借陌生人之口劝诫当朝哈里发及后世统治者要体恤民间疾苦、公正治国的意图十分明显。引文中关于中国国王耳聋后经常骑着大象出宫巡视的表述，令人对故事的真实性多少产生怀疑。而且在其他阿拉伯古籍中，这个故事的主角确实易作他人。比如，托尔托希（al-Turtūshī, 1059—1126）的《王者的夜明灯》（Sirāj al-Mulūk）"论王者的禀性与准则"一章中说：

我们听说过这样的故事：印度的一个国王耳朵聋了，他因听不到人们申冤的声音而为那些有冤屈者寝食难安。于是他传令下去：王国内除有冤屈者一律不得着红色衣服。他说："我虽双耳失聪，但我视力尚存。"就这样，但凡有人受了冤屈，便穿上红色衣服来到他的王宫前告状。他则明察秋毫，秉公

---

1 伊本·焦济著：《历代民族与帝王史通纪》，贝鲁特学术书籍出版社，1993年版，第8卷第50页。

断案。[1]

托尔托希这个故事的主角变成印度国王，但同时又引出另一则与中国国王相关的记载：

我们的教长说：作为到过中国的人之一，艾布·阿巴斯·希贾济（'Abū al-'Abbās al-Hijāzī）告诉我那里国王治国理政的另一个非常奇特少见的范例。他说：“中国国王在自己居住的宅府内安置一口钟，上系一条锁链，锁链的头儿一直拉到大街外面，由其信赖的官员照看。有申冤者前来，便拽动锁链，国王便可听到钟声，召告状者进来申诉。每个拽动锁链的人，都由看钟官亲自带着进见国王。”[2]

中国国王秉公办案的最长记述出现在《黄金草原与珠玑宝藏》中：

相传，有个呼罗珊国撒马尔罕城的商人，带了很多货物外出经商，行至伊拉克又进了不少货，然后来到巴士拉。他上船从海路前往阿曼，然后再到开莱（Kalah，旧译箇罗）。这里差不多正是中国之路的一半。时下，来自西拉夫和阿曼等伊斯兰地区的船只即将此地作为终点站，商人们在这里与乘船由中

1　托尔托希著：《王者的夜明灯》，黎巴嫩埃及联合书局，1994 年版，第 1 卷第223 页。

2　同上。

国而来的人相会交易。但早先并非如此，那时中国船可直接来到阿曼、西拉夫、法尔斯海岸、巴林海岸、俄波拉和巴士拉。同样阿拉伯船也不是就行进到我们提到的地方为止。正是由于我们前面已经讲过的中国发生的事变（指黄巢攻入广州），以及那里不再存在公正和善意，两地的所有商人才不得不在这个中间地带互市。

　　然后这个商人乘中国人的船，从开莱来到汉古瓦¹城。前面我们已经讲过，这是个港口。中国国王得到装有各种商货的船只到来的消息，便差一个自己十分信任的大太监前去办货。这是因为中国人常派遣太监去办理收税等差使。在他们那里有人以把儿子阉割送去当太监，作为升官发财的途径。大太监来到汉古瓦城后，将商人们统统叫来，其中就有那个呼罗珊商人。商人们把货物拿来给他看，他选了一些他认为需要或合适的东西。之后他要看呼罗珊商人的货，后者自然照办。两人开始讨价还价，最后还是谈不下来。大太监遂命人将这个呼罗珊人抓起来折磨了一番。呼罗珊人始终不肯让步，相信国王一定是公道的。他去了京都安姆瓦（Anmwā）城，站进告状者的队伍里。在那里，各地的告状者都要穿上一种红绸子做的上衣，站在一

1　Hāquwā，应为 Hānfū（汉府）之讹误，通指今广州。

个专给告状者划定的地方。国王专门任命一位诸侯（Mulūk al-Nawāhī）一级的官员负责监管告御状者。这位官员也站在那里，然后将告状者带往一个通过驿道也要走一个月的地方，先行审问。

呼罗珊商人也被如此处理。他站在我们讲到过的、专负此责的那个地方长官面前，后者上前说道："知道吗，你做的是一件天大的事！你自己要想清楚，你必须如实说来，否则我们将治你的罪，并将你押解回你来的地方。"他对所有告状者都这样说。如果他发现告状者说话时神色慌张、支支吾吾，便命人打他一百大板，然后遣送原籍；如果告状者神色自然、无异常行为，便会被带到国王那里。呼罗珊人站在他面前，听他讲完后神情自若地诉说了自己的冤情和要求。官员见他话讲得很流畅，便带他去见国王。

他站在国王面前，向他陈诉了自己的事情。当通事将他所言翻译给国王后，国王知道了他的遭遇，遂命人将他带到一个地方好生款待。然后国王召来宰相和右使（直译为右部的主人）、中使、左使。他们都是在国家遭遇灾祸和战争时担此要职的，各自都知道身上的责任和义务。他命他们每人向出事地区自己的下属写信询查此事——他们在每一地区都有自己的督办。他们遵命行事，立即向各自在汉古瓦的督办写信，命他们马上回信禀报关于商人与太监的纠纷。同时，国王也向自己在该地区的督办写了信。如此，商人和太监的事变得严重了，一时间闹得沸沸扬扬。回信通过驿骡火速传了回来，证实商人所言属实。信之所以来得这样快，是因为中国各路诸侯（Mulūk al-Sīn）在其辖区的各条干道上都备有驿骡。这些骡子都上好鞍子、钉好蹄掌、戴好器具，随时为传送情报和地图而上路疾驰。

国王命人将太监带来，一见面即下旨褫夺其享受的一切待遇，并对他说："你蓄意坑害一位商人，而他来自遥远的国度，一路长途跋涉，到过陆地和海中无数王国，从未有此遭遇。如今，他出于对我公正治国的信任来到我们的国家，你竟敢如此胡作非为，致使他一旦离开我国，有可能借此事损我一世英名。若非念你为老臣，令我们不忍下手，否则当将你处斩。但我将以另一种方式惩罚你，你若是明白，就会知道这是比斩首更重的刑罚——逐你去给先王们看墓，因为你已不配管理活人的事务，不配去办理我交代的任何事情！"

国王好好款待了商人一番，同意他返回汉古瓦，并对他说："若你本人确实愿意把我们选中的货物卖给我们，我们将以高于市场的价格收购；若你不愿意那样做，你可以全权随意处理你的货物。总之只要你愿意，想住下来就住下来，想怎么卖货就怎么卖货，想去哪里就去哪里。"过后国王果真差那个太监去看管国王陵墓了。[1]

　　麦斯欧迪在此段记述中除了称赞中国国王经过详细调查秉公办案之外，还有两点值得注意。一是引文开头的撒马尔罕商人的来华路线。撒马尔罕本是陆地丝绸之路上的重要枢纽城市，但这位商人却舍近求远绕道伊拉克到中国进行贸易，说明自从阿拉伯至中国的海上航线开通后，陆地丝路由于路途艰险和难以携带大量货物，加之经商者目的地大都为中国东南沿海城市等原因，已不再是来华大食人的第一选择。或许这也是我们今天见到的阿拉伯古籍中有关海上丝路的记述较多而有关陆上丝路的记述较少的原因。二是引文提及"中国人的船"中的"中国人"使用的是：الصينيين（al-Sīniyīna），为阿语语法中"完整阳性复数属格"形式。这种与现代标准阿拉伯语完全相同的形式在阿拉伯古籍尤其是早期著作里极其少见，迄今笔者仅见此一例。古代阿拉伯著作家一般都是在"中国"一词前加 'ahl（人，家属，亲戚）、sukkān（人，居民，居住者）、banū（人，

1　麦斯欧迪著：《黄金草原与珠玑宝藏》，贝鲁特时代书局，1988 年版，第 1 卷第 140—142 页。

族人，苗裔）等词，合成词组来表达"中国人"这一概念。因此我们见到的阿拉伯古籍校勘本尤其是校勘者见到的原始抄本，并不能排除后人在誊抄过程中将当时收集的新信息增补进原作的可能。

阿拉伯古籍中，中国君主作为富有智慧乃至善用计谋的形象也时有出现。艾布·哈尼法·迪奈沃利（'Abū Hanīfah al-Dīnawarī，？—895）在阿拉伯早期重要史学著作《漫长的记事》(al-'Akhbār al-Tiwāl)"波斯和也门国王"条下写道：

那时，也门君主亚西尔·亚阿姆已经故世，继位的是舍米尔·本·伊夫里基斯，他就是人们所说曾到达中国并摧毁撒马尔罕城的人。人们还说，当时中国君主（Sāhib al-Sīn）的一个大臣，曾给舍米尔设了一个圈套，说自己曾被中国君主下令施以劓刑并遭放逐。这个被割了鼻子的人来到舍米尔处对他说，他曾力劝他的君主也就是中国国王，要他搭好帐篷迎接舍米尔，归顺他并缴纳赋税，国王一怒之下割了他的鼻子。他还说他愿带路直取中国君主的要害城池，以报复他的所作所为。舍米尔不知其中有诈，便问他如何行事。他说："你与他之间是一片荒漠，需走3日，之后离他的大营就很近了。你带上3天的水，尽管往前走。等我带你突然在他面前出现时，他的国家便成你囊中之物，你便可兵不血刃收服他的臣民，得到他的钱财。"

舍米尔照他说的做了。他们走进一个一望无际的沙漠，3天后断了水，却看不到一点能走出去的迹象，也找不到任何水源。于是他们问他："你说的那些在哪儿呢？"这时他告诉舍米尔，他中了计，还说他愿用自己的性命换取家人躲过一劫。他知道自己反正也是一死，便对舍米尔说："你已是死路一条，要杀要剐随你便吧。你和你的手下要想活命是没指望了。"舍米尔把盔甲脱下垫在脑袋下面，将车的铁轮子放在脑袋上面以遮蔽烈日的毒晒。人们说星象家曾给舍米尔算过命，说他会丧命于两座铁山之间。所以他最后就在自己的铁甲和铁轮之间干渴而死了。他的将士也都活活晒死，无一幸免。这样的传说，我们在其他人的故事中也听说过。[1]

尽管这段记载将中国君主描写成一个足智多谋利用苦肉计赢得胜利者，但确如作者所言，这不过是一个"传说"而已。舍米尔，号祖吉纳赫（意为有翅膀的人），是古代也门的土伯尔（Tubba'，又译图巴尔），"希木叶尔王朝前期的'国王'

---

1 迪奈沃利著：《漫长的记事》，埃及知识书局，1988年版，第9页。

在阿拉伯文献中称为图巴尔"[1]。所谓前期当在公元前 115 年至公元 300 年左右，时值中国西汉、东汉、三国、西晋等朝代，我国史籍中从未见过此类记载。而这只不过是也门土伯尔祖吉纳赫曾经攻打乃至攻入中国的大传说中的一个小传说。事实上，这些传说无论大小都没有历史依据。

中国君主在古代阿拉伯人的印象中也是慷慨大方的化身，相关记述不少。赛阿里比（al-Tha'ālibī，961—1038），是阿拔斯王朝著名文学家、语言学家和历史学家。他之所以以赛阿里比闻名于世，是因为他原先的职业是裘皮裁缝，经常用各种狐狸皮缝制皮衣，赛阿里比便是"狐狸的"之意。他留给后世《优雅的知识》《语言学》《成语集》《修辞的魅力》等 36 部著作，其中大部分都写得妙趣横生。他在自己的代表作《诗海遗珠》里记录了一首诗：

艾布·哈桑曾吟道：

告诉世上所有的好人和坏人，

这可恶的长官总会带来背运。

让你两手空空离开中国国王，

就像从面团中拔出头发一根。

1　纳忠著：《阿拉伯通史》，商务印书馆，1997 年版，上卷第 14 页。

"从面团中拔出头发"，是一个阿拉伯谚语，意思是：干净利索，什么都没带走。此处诗人想表达的是，这个可恶的长官是个十分晦气的人，晦气的程度已然到了让你见到每每慷慨馈赠来使的中国君主都会空手而归。由此可见古代阿拉伯人认知中的中国君主，是以慷慨大方而闻名的。

阿拉伯古籍中的中国君主形象实际上也代表着中国形象。古代这种异域形象的形成，难免具有对某种缺席的或根本不存在的事物的想象性和随意性。作为一种知识与想象体系，在阿拉伯文化语境中中国形象绝大多数情况下都是正面的，以美好语言赞叹中国国家强大、物产丰富、城市繁荣等几乎成为他们的话语定式，甚至每每将最高级别的赞赏与描述给予中国。例如，麦斯欧迪曾说：

中国国王是体恤之王、善于治国之王、精于工艺之王。世界上没有比中国国王更加注重体察民情和善待兵士与百姓的国王。他坚毅果敢、勇猛无比，拥有无数时刻整装待发的军队和无数的牛羊、兵器。他的养兵之道与巴比伦国王们的一样。[1]

阿拉伯古籍中描述中国形象的另一显著特点，是阿拉伯

---

[1] 麦斯欧迪著：《黄金草原与珠玑宝藏》，贝鲁特时代书局，1988年版，第1卷第160页。

人关于中国形象叙事的普遍性、稳定性和延续性。他们用近乎套话和原型的文化程式，将对中国的正面美好描述贯穿于8世纪（或更早）至18世纪的所有历史、地理、文学、语言等方面的典籍中，可以说其作用直到今天都在潜移默化地影响着阿拉伯民族对中华民族友好亲善的情感基础。这一点，与西方人早期不断美化中国形象乃至将其描绘成他们梦寐以求的世俗天堂，而后又出于不可告人的目的将中国形象确定在对立的、被否定的、低劣的位置上，形成十分鲜明的对照。中世纪阿拉伯著作家总体上对中国的美好记述，无疑已成为现今阿拉伯人民渴望与中国人民友好交往的历史文本依据。这也证明中阿友好交往既是一种现实需求，也是一种历史发展的自然延续。

第三章

遥远的东方大国形象

　　人们在谈及中阿两大民族间悠久的交往史时，几乎都会提到伊斯兰教先知穆罕默德（约570—632）的那条著名的"圣训"，即"知识虽远在中国，亦当求之"。圣训是穆罕默德传教、立教的言行记录，也是伊斯兰教的重要文化遗产之一，为仅次于《古兰经》的伊斯兰教基本经典。从时间上看，穆罕默德的这条圣训，亦可视为阿拉伯人最早提到"中国"的例证之一，尽管他生前的言行常为周围的弟子和他的妻室所心记口传，8世纪以后人们才开始对流传各地的圣训进行搜集整理，辑录为定本。在大多数《圣训集》中，此条圣训还有后半句，即"因为求知是每个穆斯林的义务"。由此不难看出此条圣训的主旨是鼓励穆斯林求知，而"中国"在其中是极远之地的象征，有类我们所说的"天涯海角"，从字面看并无其他内涵意义。国内曾有学者云："因为有了相当密切的接触，所以伊斯兰教的创立者穆罕默德曾经告诉他的门徒们说，应当向中国求学。这句话不仅表示阿拉伯人民知道有中国，而且对中国的学术也颇为赞许。"[1] 这看上去难免让人产生理解延伸过度之感，但最近看到的一段阿拉伯文献的记载，似也与此相关。历史上有位阿拉伯旅行家，也是位很有地位的大商人，名叫海兼迪（al-Khajandī）。他曾去过包括中国在内的很多地方。他说："有一次我做了一个梦，梦见我在中国遇到了真主的使者（即先知穆罕默德），我连忙上去向他问候。他问我：'这里所有的人是如何学到知识的？'我说：'全是托您的福啊，真主的使者。他们还会继续学习的。'他相信了我的话，脸上露出了微笑。后来我就醒了。"[2]

综合阿拉伯文献里提到的"中国"，我们发现其中大多数是以"极远之地"的象征出现的，或者说是以中国代指极远之国。这一代指不仅说明早期阿拉伯人心目中的中国形象首先是遥远国度，也说明阿拉伯人对此的集体记忆，早已在见诸文字前相当长的历史时期内形成，否则所谓代指无法成立。

1　南开大学历史系编：《中国和阿拉伯人民的友好关系》，河北人民出版社，1958 年版，第 1 页。

2　费萨尔·穆罕默德·阿杰米著：《阿拉伯古文献中的中国文化》，未见出版机构名称，2017 年，第 128 页。

第一节
极远之地的象征

在阿拉伯古籍中，无论是历史还是地理著作，将中国作为极远之地或极东之国象征加以记述的文字非常之多，国内出版的相关译著里俯拾即是，恕不赘述。这里仅举几个文学著作尤其是诗歌中的例证，因为当这一认知反映于文学作品中时，更能说明其广泛性和普遍性。

伊本·古太白（Ibn Qutaybah，828—889）是中世纪阿拉伯大文豪，排位上应当仅次于贾希兹和伊本·穆加法，是阿拉伯文学史上使"文学评论"自成体系的开先河者。他的代表作《诗与诗人》（al-Shi'r wa al-Shu'arā'）为后世公认的对贾希利叶时期诗歌进行整理、记录、筛选最为成功的诗集之一。他在其中记述道：

> 正如另一位诗人所吟：
>
> > 姑娘啊，倘若我因爱你，
> >
> > 被当作鸟儿从中国放飞；
> >
> > 为相见也会在黎明之前，
> >
> > 或你做晨礼时急切赶回。
>
> 类似这样的表达方式有很多。[1]

努威里在《文苑观止》中记述的一句诗里的"中国"同样是指极远之地：

> 有位诗人对一个不请自来的食客吟道：
>
> > 纵使烹饪的锅在麦特木莱，
> >
> > 火炉置于沙姆最远之关隘；
> >
> > 那么即便身处杳渺的中国，
> >
> > 你也会赶到锅边朵颐大快。[2]

诗中提到的麦特木莱（Matmūrah），是当年拜占庭帝国塔尔苏斯（Tarsūs）附近的一个港口。塔尔苏斯位于今土耳其南部，濒临地中海，历史名城。哈里发马蒙曾占领该城，后葬于此地。

1　伊本·古太白著：《诗与诗人》，贝鲁特文化书局，1994 年版，第 1 卷第 30 页。

2　努威里著：《文苑观止》，埃及著作、翻译、印刷、出版总局和埃及图书总局古籍校勘中心，1929—1992 年版，第 3 卷第 335 页。

雅古特的《地名辞典》一般被归类于地理学著作，但他关于各地文人墨客及其作品和故事的记述，成为一大特色，尤其是其他古籍所未见的内容。譬如他在伊拉克著名港口"乌布莱"（一译俄波拉）条下记述的一个小故事：

传说，有一次伯克尔·本·尼塔赫·哈奈菲以一首诗赞美艾布·杜莱夫·依杰利，为此得到后者1万银币的赏金。他用这笔钱在乌布莱买下一处庄园。没过多久，他又来到艾布·杜莱夫处，并吟诵了下面的诗句：

靠您我买下乌布莱河畔的庄园，

内有一座大理石建造的小宫殿。

庄园侧旁它的妹妹正待价而沽，

我想您早已备妥了赏赐的金钱。

艾布·杜莱夫听后哭笑不得，问："这另一个庄园什么价？""1万银币。"于是他命手下照这个数目给了他赏钱。在后者接钱的时候，他说道："伯克尔，你听着，这世界上每个庄园旁边都有另一个庄园，可以一直排到中国，排到没有尽头的地方。你明天来我这儿，要是敢说这个庄园旁边还有个庄园，那可不行。这种事是没完没了的。"[1]

1　雅古特著：《地名辞典》，贝鲁特萨迪尔书局，1995年版，第1卷第77—78页。

诗中提到的艾布·杜莱夫并非那位中世纪横穿中国的著名阿拉伯旅行家，而是卒于840年、著有《治国策》和《猎鹰与狩猎》的阿拔斯王朝著名将领、诗人和文学家。

如果将阿拉伯古籍依其重要性分为不同级别，那雅古特是阿拉伯历史上少有的两部著作双双位列一级的大师级人物。其另一部与《地名辞典》难分高下的名作是《文学家辞典》，收录了7至13世纪初约1100位阿拉伯文学家的传略和主要作品介绍，是阿拉伯历史上第一部文学家传记辞典，与《地名辞典》一样同为后世学者引用率极高的阿拉伯典籍。雅古特在《文学家辞典》中"阿里·本·麦赫迪"条下云：

苏里说，阿卜杜拉·本·穆阿泰兹给阿里·本·麦赫迪写道：

假如一个人身在遥远的中国，

那飞禽也难到其最近的居所。

绝望彻底抹去每一次的念想，

难以想象心还有灵感的触摸。

苏里说，阿里·本·麦赫迪回信对道：

即便说中国是我最近的居所，

我也是那无法出席的缺席者。

我对你们的赞扬和真诚情谊，

会将及时雨最初的几滴催落。[1]

古时阿拉伯人的对诗对句深受人们喜爱，给予这种即席之作非常高的评价。引文里提到的阿里·本·麦赫迪，就是一位非常风趣尤擅对句联句的诗人，附名基斯莱威·伊斯法罕尼，生卒年月不详，本书作者雅古特提到他在伊历283年被任命为伊斯法罕行政长官。雅古特说他是圣训传述家、哈菲兹（能够背诵《古兰经》全文者）、文学家和学者，此外还特别提到他是一位非常风趣的诗人，尤擅对句联句。雅古特还专门举了一个诗人使用阿拉伯修辞格中的"倒喻"即以指出"缺点"的形式达到叠加优点的效果，完成对句的例子。

一位诗人出句：

你好比一位完人无可挑剔，

缺点只是太多人将你妒忌。

阿里·本·麦赫迪脱口对道：

你好比一场甘霖无可挑剔，

缺点只是水太清雨量充裕。

《歌诗》是阿拉伯文学典籍中的顶级作品之一，自古民间

1　雅古特著：《文学家辞典》，黎巴嫩思想印书局，1980年版，第15卷第90页。

流传有"没读过《歌诗》，算不上文人"一说。作者伊斯法哈尼（897—967）在这部约合中文七八百万字的巨著中记述了许多有关中国的文字。其中有一句诗是说中国之远的：

伊本·马扎勒有个侄子特别招人讨厌，巴士拉人皆避之唯恐不速。一日他见到这个侄子，便吟道：

假如命中注定有侄子来此世间，

我宁可遁入驶往中国的长形船。

即便是偶然一次瞥见你的面孔，

心头的郁闷天长日久无法消散。[1]

古代阿拉伯人不仅知道中国是一个极其遥远的国度，而且对中国的方位也十分清楚——东方。在他们为阿拉伯帝国开疆拓土而自豪，乃至陶醉于帝国横跨世界东西的版图之大时，中国成为极东的坐标。从本书前文述及的有关中国最早记载的大诗人法拉兹达格所言"安曼直到中国边，皆已皈依在正路"，到下面的例子都可证明这一点，并逐渐形成一种套话模式。套话是形象学中描述异国异族形象的一个术语，是形象的一种特殊而又大量的存在，因而也是形象研究中最基本最有效的部分。

伊斯法哈尼在《歌诗》里的记载：

1 伊斯法哈尼著：《歌诗》，黎巴嫩文化印书馆，1990 年版，第 13 卷第 259 页。

伊本·拉敏去朝觐，带多名歌姬侍女同行。当时穆罕默德·本·苏莱曼也在汉志，并从他那里以 10 万银币买去名姬赛拉美·扎珥珈。于是伊本·阿马尔吟道：

> 作为主人你令情人惊恐万状，
>
> 这惊恐想必也引发你的悲伤。
>
> 从名城库法直到辽远的中国，
>
> 再无人与你驱离者一模一样。[1]

而伊斯法哈尼在接下来的记述中再次引录这段诗时，"从名城库法直到辽远的中国"变成了"在罗马与中国的条条道路之间"。

伊本·艾西尔（1160—1234）在《历史大全》里记载：

> 马立克沙生于（伊历）447 年。他相貌英俊、心地善良，被认为是表里如一的好人。从沙姆尽头到中国边疆，从北方伊斯兰国家的最远端到也门的最顶端，人们在做宗教演讲时都会提到他。[2]

阿拉伯著名史学家伊本·阿马德（Ibn al-'Amād，1623—1679）在其编年体代表作《古人记述中的金屑》（Shadharāt al-

---

1 伊斯法哈尼著：《歌诗》，黎巴嫩文化印书馆，1990 年版，第 11 卷第 347 页。
2 伊本·艾西尔著：《历史大全》，贝鲁特阿拉伯书籍出版社，1999 年版，第 8
  卷第 360 页。

Dhahab fi 'Akhbār Man Dhahaba）里记载：

伊本·奈加尔说：

"各国素丹皆臣服于纳赛尔，原先与他为敌的人无不变得俯首帖耳，自命不凡的暴君们纷纷归顺，狂妄自大的君主也都在他的利剑下甘拜下风。他征服了许多国家，占领了他之前的素丹、哈里发和国王们从未占领的城郡。从安达卢西亚到中国，人们在做宗教演说时都要提到他的名字。"[1]

从"安曼直到中国边""从名城库法直到辽远的中国""从沙姆尽头到中国边疆""从安达卢西亚到中国"等套话中，我们不难发现，在他们说到阿拉伯帝国东西跨度之大时，西方的符号经常变化，东方的符号总是中国。遥远东方的大国，遥远东方的强国——这抑或就是阿拉伯文化中"中国"的最初形象构建。

阿拉伯古籍中将中国作为极远之地记载里比较有趣的，是努威里《文苑观止》里的一段文字。词条的名目为"玫瑰"，其中有一小节题为"关于玫瑰的散文"，并列举出若干范文。下面的引文摘自一篇很长的散文，标题是"水仙与玫瑰争艳"。

---

1 伊本·阿马德著：《古人记述中的金屑》，贝鲁特学术书籍出版社，1998 年版，第 5 卷第 191 页。

古代阿拉伯人所谓散文是针对诗歌而言，其中包括我们今天所说的韵文。这种韵文在其文学作品中占有极为重要的地位，同时也是文人"炫才"的一种方式。有时几千字一韵到底，有时句句转韵。作者选录的关于玫瑰的散文，实际上全部为韵文。

莫非你不曾看到：我挺起黄玉（Zabarjad）之矛，并穿上最好的白衣，去保卫花园的领地，还在中国讲坛前演说，模仿香草把芬芳散播？[1]

文中"讲坛"，原文为 al-Minbar，也可译作"讲台"等。我国穆斯林多采用音译——敏白尔，指设在清真寺礼拜大殿内的宣讲台。抑或本书校勘者也觉得这段文字很有意思，遂对"中国讲坛"专门加了注释：

大概水仙是想用这个词组表示自己非常出名，以至声名远播至世界上最远的国家——中国。其实阿拉伯古籍中提到中国，大多是想表达距离遥远和对旅行者来说的路途艰险，否则无法解释我们查阅了大量资料后并未发现水仙与中国之间有什么特殊联系。

校勘者所言比较客观地道出古代阿拉伯人对中国的主体认

---

1 努威里著：《文苑观止》，埃及著作、翻译、印刷、出版总局和埃及图书总局古籍校勘中心，1929—1992 年版，第 11 卷第 210 页。

知——大多数情况下就是一个字：远。而他认真考证水仙与中国之间特殊关系的态度，多少也感染了笔者，尽管我们一看便知引文中拟人化的水仙不过是以中国作为极远之地打个比方而已。众所周知，中国漳州水仙闻名天下，想必历史也相当悠久，而漳州与其邻城泉州一样，历史上曾是十分繁荣的开放口岸，大食商人到过那里的不在少数。早年就有欧洲著名东方学家将古代阿拉伯文献中的"宰通"（刺桐）考证为漳州，尽管后来这一看法被更具说服力的考证结果所否定，但水仙之乡漳州至今尚存诸多与伊斯兰教有关的文物遗迹也是不争的事实。漳州虽非刺桐——泉州，但我们在阿拉伯古籍中见到的、尚未破解的很多地名中，有一个便是漳州，亦未可知。因此，那枝修辞家笔下用黄玉之矛指代花心、用白色衣衫指代花瓣，欲与玫瑰争艳媲美的水仙花，古时未必不曾来过中国。"水仙是传入中世纪中国的罗马植物，但是它的汉文名叫'捺祗'，这个名字很像希腊名'narkissos'，很可能是从波斯名称'nargis'翻译过来的。"[1] 也许正是这位水仙使者从罗马去了大食，也许之后又从大食来到中国，也许她的第一个落脚点就是漳州。

1　谢弗著，吴玉贵译：《唐代的外来文明》，中国社会科学出版社，1995年版，第278页。

此外，《文苑观止》下一小节讲到一种花卉，花名：Nasrīn。北大版《阿拉伯语汉语词典》中文注解为：长寿花；阿文注解为：一种像水仙的植物。《文苑观止》校勘者再次加注云："它是一种像白玫瑰一样的花，树干、花朵皆与玫瑰同。阿拉伯人也把它叫作'中国玫瑰'（Ward Sīnī）。离水愈远，花香愈浓。"巧合的是美国学者劳费尔《中国伊朗编》中也曾提到古时阿拉伯人所说的中国玫瑰，尽管笔者尚未在阿拉伯古籍中直接见到"中国玫瑰"的记载。

第二节
中国之路与丝绸之路

陆路和海路两条丝绸之路，是中国和阿拉伯两大民族相互交往的最主要交通路线，但"'丝绸之路'的提法，最早是外国人的发明，后来又被中国学者认同和采纳，现已成为一个国际通用学术名词，远远地超越了'路'的地理学范畴。最早提出'丝绸之路'的是普鲁士舆地学和地质学家、近代地貌学的创始人、旅行家和东方学家李希托芬（Ferdinand von Richthofen，1833—1905）。他于1860年曾随德国经济代表团访问过包括中国在内的远东地区。在他死后才陆续出完的5卷本巨著《中国亲程旅行记》（1877—1912）中当他谈到中国经西域与希腊–罗马社会的交通路线时，首次称之为'丝绸之路'。

'丝绸之路'一名便在世界范围内逐渐流传开了。"[1] 由此可见，丝绸之路虽早已存在，但其提法却是近百年才出现的，因此在阿拉伯古籍中见不到"丝绸之路"以及现代学者用来表示海上丝路的"香料之路"或"瓷器之路"等提法，也就不足为奇。

古代阿拉伯人虽然没有丝绸之路的提法，但他们有更为明确的提法，这就是"中国之路"（Tarīq al-Sīn）。其所指即丝绸之路无疑。这一提法或称谓对于自古以友好交往、和睦相处为主旋律的中阿两大民族来说，具有非同一般的意义和亲切感。

努威里在《文苑观止》中有记载如下：

凯胡斯洛命一员大将从紧邻中国的地区发动进攻，并为其调集 3 万兵士，从可萨突厥方向驰援另一员大将朱兹鲁兹。他命令他们从朱兹鲁兹所行之路和取道中国之路的另一队伍之间的一条道路前进。朱兹鲁兹从呼罗珊方向发动进攻，遇到盖伊兰（Qayrān），两军交战，杀得天昏地暗。朱兹鲁兹先是杀死盖伊兰的一个兄弟，接着又在战斗中将盖伊兰杀死。[2]

这段引文中提到的"紧邻中国的地区""可萨突厥""呼

---

1 布尔努瓦著，耿昇译序：《丝绸之路》，山东画报出版社，2001 年版，第 1—2 页。
2 努威里著：《文苑观止》，埃及著作、翻译、印刷、出版总局和埃及图书总局古籍校勘中心，1929—1992 年版，第 15 卷第 155 页。

罗珊"等地名，说明在所谓西域有一条道路名为"中国之路"，也就是后来人们所说的陆上丝绸之路。根据阿拉伯文献原文拼写出来的"凯胡斯洛"，即为历史上大名鼎鼎的波斯萨珊王朝最伟大的国王科斯鲁一世（531—579 年在位）。这说明"中国之路"一名出现的时间相当久远。

阿拉伯文献中关于陆上丝路的记载少于海上丝路的记载，篇幅较长的记载有 10 世纪艾布·杜莱夫所著《诸国珍异记》即《艾布·杜莱夫游记》。其在中文版《阿拉伯波斯突厥人东方文献辑注》一书中有较为完整的译文。陆上丝路比海上丝路更为艰辛且无法贩运大量货物，是显而易见的。麦斯欧迪在《黄金草原与珠玑宝藏》里的一段具体记载颇能反映行走于陆上丝路的艰难辛苦：

中国有一些很大的河流，就像底格里斯河与幼发拉底河那么长那么宽。那里有一些富含努沙代尔（Nūshādar，即氯化铵）的大矿山。如果是在夏天，人们从百里之外的地方都能看到这些山上冒出的火光；白天，由于太阳的光照格外强烈，故而看到的只是升腾起的滚滚浓烟。人们就是从那里挖采走努沙代尔矿石。如果是在初冬，当有人想从呼罗珊到中国去而必须穿过大山间一个长约 40 或 50 古里（Mīl）的峡谷时，他要到居住在谷口一带的居民那里，以非常高的脚钱雇他们当脚夫。于是这些脚夫将过路客的行李货物背在肩上穿过峡谷。一路上由于担心过路客因疲乏劳累停脚歇息、从而倒毙在散发毒气的恐怖峡谷中，脚夫们会一边走一边用自己的手杖击打过路客的两肋，好让他坚持走到峡谷出口。途中有一些树林和水潭，脚夫们会纵身跃入冰冷的潭水，以便让因中努沙代尔之毒而使体内出现的燥热得以缓解。没有任何一种牲口可以穿过这个峡谷。夏天，由于气候的炎热和努沙代尔喷出的毒火，任何活物都休想穿越它；冬天，由于当地雪和露水多起来，努沙代尔的毒火会熄灭，人便乘此时机穿越峡谷，但牲口仍不能忍受我们前面讲到过的那种产生于体内的毒热。至于说从中国方向来的人，若不同样遭被击打两肋那份罪，要想过这条峡谷根本不可能。从呼罗珊经此地到中国的路程大约是 40 天，途中既要路过有人区也要路过无人区，还要穿过黝黑的深沟和沙地。若是绕开此路走另一条牲口可以通过的路，则需时 4 个月。[1]

　　同时，麦斯欧迪在其著作中也为我们留下了另一条"中国之路"的珍贵记载。当然，不排除他是引录前人所记：

---

[1]　麦斯欧迪著：《黄金草原与珠玑宝藏》，贝鲁特时代书局，1988 年版，第 1 卷第 155 页。

相传，有个呼罗珊国撒马尔罕城的商人，带了很多货物外出经商，行至伊拉克又进了不少货，然后向下（即向南）走来到巴士拉。他上船从海路前往阿曼，然后再到开莱（Kalah，旧译箇罗）。这里差不多正是中国之路的一半。时下，来自西拉夫和阿曼等伊斯兰地区的船只即将此地作为终点站，商人们在这里与乘船由中国而来的人相会交易。但早先并非如此，那时中国船可直接来到阿曼、西拉夫、法尔斯海岸、巴林海岸、俄波拉和巴士拉。[1]

麦斯欧迪的记载包含了很多信息。撒马尔罕本是著名的陆上丝绸之路上的重要城市，但这位商人却舍近求远绕道伊拉克到中国进行贸易，说明自从阿拉伯至中国的海上航线开通后，陆上丝路有逐渐让位给海上丝路之势。箇罗是海上丝路重要地点，汉籍亦称古罗国等，一般考证为今马来半岛西岸吉打州一带，从阿拉伯半岛东南角算起大致为位于麦斯欧迪所说的"中国之路的一半"位置。当时大食商人以此地为终点，与中国来的商贾在此互市，而以前中国商船是直达阿拉伯地区的。相对应的是阿拉伯船只也是可以直达中国的，尽管麦斯欧迪没有明

1　麦斯欧迪著：《黄金草原与珠玑宝藏》，贝鲁特时代书局，1988 年版，第 1 卷第 140 页。

说。有学者认为这是由阿拉伯文献中记载的黄巢之乱引起的。实际上不排除中阿商人各走一半路的方式是一种主观行为，我们知道海上丝路之所以又被称为香料之路，是因为古代中阿双方贸易中香料占很大比重，而各自文献中记载的那些香料相当大部分原产地就在所谓马来半岛尤其是爪哇一带。

古代阿拉伯史地典籍中对通往中国的海上交通路线的记述非常之多也非常之细，这些记载除文献意义外，也是当年来华阿拉伯人的航行指南，曾起过十分重要的作用。"不能否认，海上丝绸之路贸易的发达最早是由阿拉伯大食帝国与中国隋唐时代的亚欧陆路经济文化关系奠定的。中国的文明（包括物质文明）远播于非洲、欧洲、西亚、南亚的各个地区，阿拉伯人有不可磨灭的功绩。"[1]

中国的古籍中将那些出海到今东南亚和阿拉伯等地进行贸易的商人称为"海商"。无独有偶，阿拉伯古籍中也将这类商人称为"海商"（Tujjār al-Bahr）。有一个阿拉伯海商讲述的故事在他们的古籍中不止一次出现——

一位海商讲述说：

有一次我们备好货物准备从乌布莱出发去中国，当时船队

---

1 李明伟主编：《丝绸之路贸易史》，甘肃人民出版社，1997年版，第383页。

已经集结了 10 艘船。大家都知道，去这样一个地方，一是不愿意有老弱乘客来搭船，二是不愿意捎带别人的货物。正当我料理完自己的事情，冷不丁来了一位长者站到我面前。我们相互打了招呼。他说：

"我有件事想办，可求了其他商人半天，他们都不帮我办。"

"什么事儿呀？"我问。

"你得保证帮我办，我才说。"老人道。

见我答应了，他给我搬来一块差不多有100麦那（约为2磅）重的铅，并对我说：

"你一定得把这块铅带上，等你们到了那个叫'险海'（Lujjah）的地方，你就把它扔到海里。"

"这叫什么事儿呀，我一辈子没干过。"我说。

"你可是答应过我的。"他说。

事已如此我也只好应承下来，并把此事写在自己的日记上。等我们到了老人说的那个地方，果然有狂风暴雨袭来，将我们吹打得晕头转向。我们忘记了自己，忘记了所带的东西，忘记了一切。我也把铅块的事忘得一干二净。最后我们终于驶出那个险海，来到中国的一个地方。我把自己带的货都卖出去了。这时有个男人过来问我：

"有铅卖吗？"

"没有。"我回答。

"等等，主人。"我的小伙计说，"咱们有铅啊。"

"我根本没带铅来。"我说。

"您忘了，那老先生不是交给您一块吗？"小伙计提醒我。

"对了，是有这么回事儿。"我总算想起来了。"哎，咱们没按他老人家说的去做，现在到了这儿，也只好把它卖掉，说不定他更高兴呢。"于是我吩咐伙计，"你去把它搬来吧。"

经过和买主的一番讨价还价后，我把它卖了130金币，又用这笔钱替老人家购进了中国的各种珍奇货品。之后我们返航回到出发的城市。我把这批珍奇货品以700金币的价格售出。我照老人家给我留的地址到巴士拉去找他。我敲了他家的门，问他在不在，人们说他已经去世了。我问他是否有后人接受遗产，他们说只知道他有个侄子在海外某个地方，还说他的房产现在已是由法官助手亲自管理的"永远产业"。我听后不知如何是好，只得带着这笔钱回到乌布莱。

有一天，正当我闲坐着的时候，一个人径直走到我面前，问道：

"你是某某某吗？"

"是的。"我回答。

"你曾经出海去过中国，是吧？"

"是的。"

"你在那里卖给过一个人铅，是吧？"

"是的。"

"你还认识这个人吗？"

我端详他一阵后，认出了他：

"原来那人就是你啊。"

"是啊。"他说，"我买下那块铅后，想从面上切下一块自己用，没想到它是空心的，里面装了12000金币。我把钱带来了，拿去吧，它是属于你的。愿真主保佑你。"

"你这讨厌的家伙。"我对他说，"以真主发誓，那钱根本不是我的。其实是……"我把事情的经过给他讲了一遍。他听后微微一笑，说：

"你知道那位老人是谁吗？"

"不知道。"我回答。

"他是我的伯父，我呢，是他的侄子。他除了我以外没有任何继承人。他不想让我得到这笔钱，17年前就把我从巴士拉赶走了。不过不管他怎么想，真主让你看见了现在发生的一切。"

听完他这番话后，我把所有该给他的金币都给了他。他去了巴士拉，并在那里安居乐业。[1]

引录的这个故事出自阿拉伯著名文学家和史学家阿比（al-'Ābī，？—1030）的代表作《散珠集》（Nathr al-durar），是阿拉伯文学中典型的劝诫类作品，在阿拉伯传说故事中当属老生常谈。但作者无意中也为我们留下了当年在阿拉伯被称为海商者的某些具体情况，诸如他们从何地出发、船队集结到多大规模便可以起程、与中国进行直接贸易的丰厚利润等等。海上丝路，险象环生，驱动他们频繁往来其间的，毫无疑问主要是对利润的追求，但他们勇于冒险的精神不得不令人佩服，客观上他们为中阿两大民族在商货交易、人员交往和文化交流等方面做出的贡献，也是值得人们纪念的。鉴于阿拉伯古籍中涉及海上丝路的记述大多着墨于云山雾罩的地域、稀奇古怪的物产和真假难辨的传闻，本书作者不经意间记写下的这段文字，倒因其平实、自然，而更显得真切、可信。

1　阿比著：《散珠集》，埃及图书总局古籍校勘中心，1985—1990 年版，第 7 卷第 411—412 页。

第三节
阿拉伯人家门口的中国海

阿拉伯古籍中关于"中国海"（Bahr al-Sīn）的记载非常之多也非常之早，绝大多数都延续着七海之说，即从阿拉伯到中国要经过七个海，最后一个靠近中国的海叫中国海。下面以亚古比的《亚古比历史》中的记载为例：

中国是个幅员辽阔的国度。凡是想到中国去的人必须要过七个海。每个海的颜色和鱼类以及大风和小风都与相邻的海截然不同。

第一海是波斯海，人们从那里的西拉夫上船，它的尽头是朱木哈角（Ra's al-Jumhah）[1]，那里是潜水采珍珠的地点。

1　其他阿拉伯古籍中有时亦作骷髅角（Ra's al-Jumjumah），据当代阿拉伯学者考证此地即为今阿联酋境内的哈伊马角（Ra's al-Khaimah）。

第二海从朱木哈角开始，叫作拉尔威（Lārwī，旧译啰啰海），它是个非常大的海，其中有瓦格瓦格（al-Waqwāq）人和僧祇人居住的群岛。这些岛屿上都有国王。在这个海上，只能根据星座位置航行。海中有巨大的鱼，以及各种各样的奇珍异宝，那里的事情简直无法描述。

第三海被称作海尔坎德（Harkand，一译哈尔干），其中有赛兰迪布岛（Sarandīb，旧译细轮叠）。此海盛产各种宝石特别是一种透明的硬宝石。各岛均有小王，归一大王统辖。这个海的岛屿上还生长藤本植物和白茅一类的植物。

第四海被叫作开莱巴尔（Kalāhbār，旧译筒罗海），是个水很少的海。海中有巨蟒，它可能是乘风而来的，常将过往船只打断。此海中有些岛屿生长着樟树。

第五海人称赛拉希特（Salāhit）[1]，是一个非常大的海，有很多奇珍异宝。

第六海人称开尔丹吉（Kardanj，旧译军突弄海），是个多雨的海。

第七海人称桑吉海（Sanjī，旧译涨海），也有人称作坎吉利（Kanjlī）。这是中国海。只有刮南风时船只才能航行，一

1　中国学者考译为：勐海。

直到达淡海[1]，两岸有兵营和其他建筑，最终到达汉府（Khānfū，通指广州）。[2]

阿拉伯古籍中关于中国海的记载中不乏奇闻逸事，努威里在《文苑观止》中"关于螃蟹"一节中说：

艾布·欧白德·巴克利在其著作《道路与王国》中说："中国海里有很多种螃蟹，有1腕尺（约58.8厘米）长的，也有一拃（约22.5厘米）长的。只要一上陆地，它们就会变成石头一样的东西，而不再有动物属性了。医生们从螃蟹上提取一些物质做眼药，用于医治白内障。"[3]

历史学家萨夫利（al-Safūrī，？—1489），在《聚谈拾趣与珍闻掇英》（Nuzhah al-Majālis Wa Muntakhab al-Nafā'is）一书中说——

拜伊海基讲述过：

"从前有一个人把水掺在奶里出售，赚足钱后漂洋过海外出做生意，走时带了一只猴。半路上这只猴将主人的钱袋偷走，里面装的是那人掺水卖奶挣来的钱。猴子爬到船的最高处，然

---

1 淡海（Bahr 'Adhb），直译为甜海。此处似指海与河交接的河口一带。阿拉伯人所说的"甜水"，即为区别于海水的淡水。

2 亚古比著：《亚古比历史》，贝鲁特萨迪尔书局，1992年版，第1卷第182页。

3 努威里著：《文苑观止》，埃及著作、翻译、印刷、出版总局和埃及图书总局古籍校勘中心，1929—1992年版，第10卷第321页。

后开始一个一个地扔钱：丢一个金币在海里，丢一个金币在船上。猴子的主人在下面束手无策，眼睁睁地看着自己的钱最后只剩下一半。"

关于生物的奇谈中，有记载说在中国海的一个岛上有一种猴子，个头像水牛一般大，通身颜色是白的。

努威里在《文苑观止》中说：

母牛一旦产崽当天就有奶。它要怀胎 9 个月，第 10 个月生产，早产的牛犊无法存活。一般一胎产一只，生两只的时候极少，人们认为牛生双胞胎是非常不吉利的事。它的孩子如果死掉或被屠宰，它会不停地叫，同时也就没有奶了。因此牧养者这时就把小牛的皮剥下来，然后披在自己身上好让它下奶。黄牛喜欢洁净的水，这与马和骆驼截然不同。乌萨麦·本·蒙基兹在其著作中说，在一些国家有一种鬃毛非常像马的牛。这大概是指有特殊骨节的那种牛，这种骨节长在尾部和肩部。据说大骨节牛（'Abqār al-Barājim）是从中国海中出来的，因此叫做"海骨节"。[1]

麦斯欧迪的《黄金草原与珠玑宝藏》有关中国海的记载就

---

[1] 努威里著：《文苑观止》，埃及著作、翻译、印刷、出版总局和埃及图书总局古籍校勘中心，1929—1992 年版，第 10 卷第 121—122 页。

更多了，其中一段如下：

　　还有一个传闻说：那个负责监管海洋的天神，如果将自己的脚后跟踩在中国海最远之处，海水便因此涌起，于是发生涨潮。而当他把脚抬起，海水便会复原回归海底，于是发生落潮。人们为此举例说：一个装了一半水的容器，当人把手或脚放入其中，水就会满溢；当他抽出手或脚，水便回到原先的位置。他们当中也有人说，那个天神仅把右手大拇指放在海中就会出现涨潮，抬起它便会出现落潮。[1]

　　然而，中世纪两位大师级人物的记载，让人们对"中国海"有了新的认识，因为它的位置就在阿拉伯人的家门口。雅古特在《地名辞典》中"苏哈尔"条下记载：

　　拜沙利说："苏哈尔是阿曼的首都，在中国海中没有比它更宏伟的城市。它是中国的走廊，东方和伊拉克的仓库，也门的救援站。"[2]

　　努威里在《文苑观止》中记载说：

　　还有古雷姆·本·萨姆的儿子胡赞（Khūzān），他繁衍下来的是胡齐人（al-Khūz，即今伊朗胡齐斯坦人）。他们的居住

1　麦斯欧迪著：《黄金草原与珠玑宝藏》，贝鲁特时代书局，1988年版，第1卷第123页。

2　雅古特著：《地名辞典》，贝鲁特萨迪尔书局，1995年版，第3卷第393页。

地是与中国海相接的阿瓦士国。[1]

　　引文中的阿瓦士国，其范围应该就是后来人们所说的胡齐斯坦，阿瓦士则随之成为该地首府的称谓。而不论是阿瓦士国还是胡齐斯坦，与其相连的海，只能是我们今天称之为波斯湾或阿拉伯湾的海域。而雅古特所说的苏哈尔更是古代阿拉伯与东方贸易的重要港口。笔者不认为两位大师的记载是一种讹误或者笔误，相反他们的记载极有可能证明历史上阿拉伯人曾经一度将今天的波斯湾乃至与其相连的阿曼湾一带海域，笼统地称为中国海。虽然个中缘由和渊源尚待考证，但即便他们使用此称只是想表达这是"通往中国的海"，也足以证明历史上阿拉伯人——确切说应是包括波斯人在内的大食人——与中国人之间贸易往来和人员交流之频繁，海上丝路之兴盛，进而证明中国对于他们来说，已从感叹中的遥不可及转到向往中的远而可至。

1　努威里著：《文苑观止》，埃及著作、翻译、印刷、出版总局和埃及图书总局古籍校勘中心，1929—1992 年版，第 2 卷第 121—291 页。

第四节

关于中国帝都的记载

阿拉伯古籍中关于中国京城的记载数量较多，但由于对音相去甚远，内容不乏虚构和夸饰等因素，而使人无法与中国史籍所载对上号。以下是阿拉伯古籍中记载的三个中国帝都：

1. 胡姆丹（Humdān）。

麦斯欧迪在《黄金草原与珠玑宝藏》"关于中国的记述"条下云：

那是在（伊历）330 年，我在巴士拉见到了艾布·宰德·哈桑·本·叶齐德·西拉菲，当时他已离开西拉夫移居此地。这位艾布·宰德，与伊本·欧迈尔·本·宰德·本·穆罕默德·本·麦兹德·本·萨希亚德·西拉菲是同一个人。哈桑·本·叶齐德是一位讲究"言必得有出处，事必得有根据"的人。他在巴士拉告诉我说，他曾向这个古莱什部落的伊本·海巴尔询问过他所描绘的、中国国王所在的胡姆丹城；伊本·海巴尔在给他介绍了该城面积如何大和人口如何多后，还讲述了以下情况：

"这个城市分为两部分，中间由一条又长又宽的大街分开。国王、宰相、大法官、士兵和太监们以及主要官府，都在靠东的右半部，任何平民百姓不得在此居住。这里没有任何市场，一条条的河在他们的居所间穿插流淌，一棵棵树在河岸两旁整齐排列，一座座院落都非常的宽敞。靠西的左半部，是百姓和商人生活、活动的场所，粮仓和集市也都在这边。天一亮，我便看到国王的管家们带着侍童以及各位大臣和下属官员的侍童们，或骑马或步行，来到百姓和商人的那半边。他们在这里采购各种各样的商品和日常用品，然后打道回府，他们中的任何人不到第二天都不会再到这半边来。这是个绿树成荫、河渠如网、景色秀丽的城市，只是见不到椰枣树，他们那里是没有这种树的。"

麦斯欧迪此处所说他在巴士拉见到的这个人，后世学者几乎一致认为就是《中国印度见闻录》第二部分的"作者"——

艾布·赛义德·哈桑。接着麦斯欧迪还讲了一个阿拉伯古籍中多次出现的、看似精彩实为杜撰的故事，故事发生地就在中国帝都胡姆丹。故事很长，开头是这样的：

关于中国国王们的记述中还有这样一个趣闻：

有个古莱什部落的人，是海巴尔·本·艾斯沃德的后裔，他受当年在巴士拉非常著名的黑人首领的委派，从西拉夫出发了。此公乃一既有远见卓识，家境又十分富有的人，一直过着优哉游哉的生活。他从那里先是上了印度国的一条船，然后不断换乘船只，走过一国又一国，穿越印度的很多王国后，终于来到中国。他先是到了汉古瓦城，但他一直有个想法，就是要到中国国王宫殿去看看。当时的都城是胡姆丹。那是他们最大、最好的城市。他在王宫门外住了很长时间，不断地向宫里呈递折子，说自己是阿拉伯先知家族的亲属。经过一段时日后，国王终于同意先把他安置在宫内的一间房内住下，并命人帮他解决所有困难，满足他的所有需求。同时国王写信给自己驻汉古瓦的总督，命他调查此人并向商人们询问此人自称阿拉伯先知亲属一事是否属实。汉古瓦总督回信禀告此人所说谱系是真的。于是国王允许他进见，还赏赐给他很多钱，最后送他回了伊拉克。

接下来这个阿拉伯人回忆的自己和中国国王见面的情景，恕不一一道来，因为实在难以令人置信。比如他说中国国王问他天下之王如何排位，他说不知。中国国王便说："我告诉你：阿拉伯国王排第一乃众王之王，我排第二乃平民之王。"难怪麦斯欧迪也说这是个"趣闻"，只能当笑话听听罢了。

努威里在《文苑观止》中关于大地 7 区一节中记载：

第 1 区从中国大地东部始，至其视为门户的诸多城市。那里有一些河流，从海上来的船只经过这些河流进入大城市，比如汉古（Khānqū）、汉福尔（Khānfūr）。

第 2 区由中国开始，经过印度沿海的一些城市。

第 3 区由中国大地东部开始，其中有该王国京城哈姆丹（Hamdān）。[1]

阿拉伯古代著作家在拼写中国地名时，讹误颇多。此处汉古应是汉府（Khānfū）之误。中国也有翻译者将汉府（通指广州）直接译作广府，也有译者根据对音直接译作黄埔的。至于汉福尔，在阿拉伯地理类古籍中出现次数较多，有时写作"哈尔福尔"（Khālfūr），确切所指有待考证。

1　努威里著：《文苑观止》，埃及著作、翻译、印刷、出版总局和埃及图书总局古籍校勘中心，1929—1992 年版，第 1 卷第 209 页。

阿拉伯古籍中记载的胡姆丹、哈姆丹，有时亦作海姆丹，应是指同一地方。因阿拉伯人多将其指为中国京城，故很多中外学者考证为西安或曰西安府，并将流经此城的大河称为西安府江。原因之一恐怕是人们在阿拉伯历史文献中始终未发现与长安、洛阳、开封等中国古代都城对音相似或相近的地名。阿拉伯古代著作家笔下的胡姆丹时而在中国北方，时而在中国南方沿海地区，时而在其他地方，所以其确指何处还有待进一步考证。

2. 安姆瓦（'Anmwā）。

它作为中国京城的名称在阿拉伯古籍中频繁出现，而且最早的明显属于毫无史实依据的传说。譬如麦斯欧迪在《黄金草原与珠玑宝藏》"关于中国的记述"一节中说：

阿布尔后裔中大部分人沿海岸行进，一直走到中国海岸的尽头。于是他们在那里分散居住下来，并建立了国家和大大小小的城市村镇。他们的京都是一座非常大的城市，人们称它为安姆瓦，它与阿比西尼亚海也就是中国海之间相隔3个月路程，其间有众多城市和村镇相连。在该地也就是安姆瓦，统治他们的第一个国王叫奈斯泰尔塔斯·本·巴欧尔·本·麦德太吉·本·阿布尔·本·雅菲思·本·努哈，在位300余年。他命令自己的属民分散在全国各地，开河挖渠，灭杀野兽，植树造林，培育果树。后来他就死了。

麦斯欧迪在"关于波斯早期国王的记述"一节中还说：

凯胡斯洛向前进发，踏平诸多王国，最终抵达中国。他在那里建了一座大城，起名金克迪尔（Kinkdir）。后来不少中国国王定都此城，就像他们定都安姆瓦一样。也有人说金克迪尔就是安姆瓦。[1]

安姆瓦（'Anmwā）这个地名曾引起中外学者广泛讨论。在其他阿拉伯古籍中，它有时也写作 'Ansū，于是不少学者认为此乃 Yansū 之讹误，而 Yansū 即指扬州。这一观点虽非定论，但在人们遇到一个"稀奇古怪"的地名时，提出一种看法显然有助于以此为基点的进一步探讨。

3. 汗八里（Khān Bāliq）。

阿拉伯古籍里有关汗八里的记载颇多，尤其是在《伊本·白图泰游记》问世之后。《文牍撰修指南》的作者盖勒盖珊迪（1355—1418），与伊本·白图泰几乎是同时代人，他关于汗八里的记载虽与《伊本·白图泰游记》中的近似，但他自称另

1　麦斯欧迪著：《黄金草原与珠玑宝藏》，贝鲁特时代书局，1988 年版，第 1 卷第 233 页。

有信息来源。

撒马尔罕人谢里夫·塔吉丁·哈桑·本·贾拉勒是一位旅行家，游历世界各地，他到过中国，并走遍了那里每个地方。《各国道里》的作者引录他的话说："中国有1000个城市，其中很多我都去过。整个中国由一个个城镇和一个个村庄的建筑连接起来。这个王国的京城是汗八里。"伊本·赛义德说："它是位于契丹最东部的一个城市，也是契丹人和商人们最津津乐道的城市。其规模之大远远超出人们的想象。"《各国道里》的作者引录谢里夫的话说："汗八里城分为两城，即新城和老城。新城名叫大都（Daydū），该城由最近的一个名叫大都的国王所建，因此得名。大汗居于该城正中一座规模巨大的宫殿里，这个宫殿叫库克塔格（Kūk Tāq）宫。其蒙古语的意思是绿宫，因为在他们那里库克的意思是宫殿，塔格的意思是绿色。王公大臣的居所在宫殿周围。这是个非常美好的城市，食物繁多，价格低廉。冬天，水会结成像雪一样的冰。人们将冰一直保存到夏天，好用它来使水变凉，就像用雪让水变凉一样。有一条河穿过我们所说的大都。那里有多种水果，只是葡萄很少，没有可以用来做糖的橙子、柠檬和橄榄。农作物很多，还有数也数不清的各种驼马牛羊。"[1]

总之，仅在笔者作为原文资料的五六十种阿拉伯历史与文学典籍里，中国都城的名称至少在 10 个以上。说明阿拉伯人在当时的条件下对中国实际情况的了解受到一定限制，正如雅古特在《地名辞典》"中国"条下最后所言：

那是一个幅员辽阔的国度，我们未曾见过深入其地的人。商人们去过的只是其边缘地区，至于中央王国，我们没有见到真正去过那里的人。[2]

1　盖勒盖珊迪著：《文牍撰修指南》，埃及图书总局，1985 年版，第 4 卷第 479 页。
2　雅古特著：《地名辞典》，贝鲁特萨迪尔书局，1995 年版，第 3 卷第 448 页。

第五节

中国山脉和中国之门等记载

伊本·豪盖勒（Ibn Hawqal，？—977），是中世纪阿拉伯最著名的旅行家和地理学家之一。曾周游当时整个伊斯兰世界，在研究前人史地著作基础上，写出地理学名著《道里邦国志》一书，传于后世。虽然阿拉伯古籍中与此同名的著作多达几十种，但伊本·豪盖勒的《道里邦国志》是公认的其中最为著名最为权威的 4 种之一。努威里在《文苑观止》关于山脉一节下记云：

伊本·豪盖勒说："世界上所有山脉，都是中国那座山向外延伸的支脉，自东向西呈一条直线绵延至黑人地区（Bilād

al-Sūdān）。"[1]

伊本·豪盖勒所说的"中国那座山"确指不详，但很容易让人联想到喜马拉雅山脉。其他阿拉伯古籍中关于中国的记载里，也有提到克什米尔山脉的。至于"黑人地区"，原文直译也可作"黑人国"或"苏丹国"，后者显然不甚合适。阿拉伯古籍里"黑人地区"出现频率较高，不知是指努比亚地区还是今埃塞俄比亚或非洲其他地区，乃至马来半岛等地区。

伊本·焦济在《历代民族与帝王史通纪》"山脉之记述"条下，有关阿拉伯古籍里鲜见的中国山脉（Jibāl al-Sīn）的记述，比较耐人寻味。

赛兰迪布群山，同样是高耸入云。其中包括阿丹（'Ādam）从天堂下来的那座山。此山叫瓦什（Wāsh），也有人说叫瓦希姆（Wāshim）。人们说山上有阿丹的脚印。这是一座在离它有几天路程的海船上都能看到的高山。据说有人丈量过阿丹的脚印，足有70腕尺。人们说，在这座山上有一种类似闪电的东西，无论冬夏长年不断。山的四周有五颜六色的宝石，山谷中还有钻石。这种钻石可用来划断玻璃和石头，钻透珍珠，或

1　努威里著：《文苑观止》，埃及著作、翻译、印刷、出版总局和埃及图书总局古籍校勘中心，1929—1992年版，第1卷第219页。

做其他的事情。这座山上出产沉香、胡椒和各种食用香料，山上还有灵猫和一些产麝香的动物。然后山就直着延伸到中国山脉（Jibāl al-Sīn），那里有各种各样的植物、熏用香料和很多其他有用的东西。[1]

阿拉伯古籍中的赛兰迪布（Sarandīb），汉籍中亦作细轮叠，通指锡兰，即今斯里兰卡。中国古代曾经称其为狮子国、师子国、僧伽罗。阿丹为《古兰经》中记载的人类始祖，《圣经》中的亚当。因为译自阿拉伯古籍，故译文中用前者。此处关于亚当脚印的记载十分准确，亚当山今天仍是斯里兰卡最著名旅游景点之一。关键是接下来说此山直着向"中国山脉"延伸而去，由于当时阿拉伯人肯定知道锡兰是一岛屿，因此这里所谓中国山脉不可能是距离遥远位于中国境内的山脉，而是位于锡兰本岛叫做"中国"的山脉。那么谁给它起的这个名字，为什么起这个名字，就需要人们去考证了。笔者唯一能想到的是，与锡兰隔海相望、基本位于同一纬度、同为海上丝路必经之地的亚齐（Achin），其在阿拉伯古籍中的称谓是阿隋尼（آصين, Āsīn）。这会不会是最早从海路前来中国的阿拉伯人，经过漫

---

1 伊本·焦济著：《历代民族与帝王史通纪》，贝鲁特学术书籍出版社，1993 年版，第 1 卷第 139 页。

长艰险的海上航行到达亚齐时，以为到达了中国而发出的"啊中国"之感叹呢？他们会不会在前往中国途中，由于某种原因给所经之地的山川河流乃至海域起名"中国"呢？

阿拉伯古籍中涉及"中国之门"的记载比较多，通常指两个地方，一个在涨海即中国海中，一个在今中亚某个地方。前者也被学者译为"中国海岸门户"，后者译为"中国大陆门户"。两者无疑皆在丝绸之路上，应是古人认为即将进入中国的标志。雅古特曾有记载云：

关于古木丹和也门诸王，迪阿比勒·本·阿里·胡扎依有诗赞曰：

他们横扫千军无往而不胜，

每过一村必写下占领协定。

从中国之门转战木鹿之门，

再到印度之门和粟特名城——

诸王皆被迫签署城下之盟。[1]

古木丹（Ghumdān），又译雾木丹、乌木丹、霍姆丹。萨那城郊古宫，被称为世界上第一座摩天大楼。古代与金字塔和亚历山大灯塔齐名。建于公元前 1 世纪。据说毁于公元 6 世纪。

1　雅古特著：《地名辞典》，贝鲁特萨迪尔书局，1995 年版，第 4 卷第 210 页。

引文所记为后人赞美也门古代国王传说中东征的功绩之作。此处中国之门应在西域，确切位置不详。

海上的中国之门值得关注，应为从阿拉伯方向而来靠近中国的一个海峡或者是两侧为岛屿的一个通道，形似门户。西迪·阿里·赛赖比有记载云：

从坎布萨到占婆，从占婆到交趾湾，或者还是从占婆出发到阿伊纳姆港，从阿伊纳姆港一直到中国门。从中国门出发，海岸线向着东南方向一直向前延伸。[1]

之所以说值得关注，是因为在已见的阿拉伯古籍中未发现关于海南岛的任何记载，如此"庞然大物"阿拉伯人视而不见几乎不可能。也许在他们的古代文献中存在一些对音未破解的地名或者其他表述形式，是指海南岛的。

泰伯里在《历代民族与帝王史》中提到"中国草原"（Marj al-Sīn）：

泰里马赫吟道：

那些人将古太白残忍地杀害，

马队也愤然飞踏起漫天尘埃。

1　费琅编，耿昇、穆根来译：《阿拉伯波斯突厥人东方文献辑注》，中华书局，2001 年版，第 565 页。

在那称为中国草原的草原上，

有件事情阿拉伯人终于明白——

谁是北方先民最尊贵的将才。[1]

"中国草原"确切位置不详。雅古特在《地名辞典》中没有提到这个地名。古太白被部下杀死在呼罗珊，但他"建功立业"之地是所谓河外地区。"中国草原"应在该地区一带。

成吉思汗西征，重创阿拉伯帝国，阿拉伯著作家耿耿于怀，他们的古籍中相关记述很多。几乎提到成吉思汗都要提到"中国沙漠"，应是指中国北方沙漠，即成吉思汗出生地漠北。

1 泰伯里著:《历代民族与帝王史》, 黎巴嫩遗产书局, 1967年版, 第6卷第521页。

第六节
与中国相关的动物

古代阿拉伯人知道位于遥远东方的中国幅员辽阔，物产丰富，在他们的文献中有大量的记载，最多的是有关沉香、麝香等各种香料的。这里笔者仅将阅读过的阿拉伯历史与文学典籍中提到的动物罗列如下：

中国鸭（al-Batt al-Sīnī）。

努威里在《文苑观止》"关于鸭子"一节中说：

鸭子有很多种，分野生和家养的。野生的有长颈飞鸭。家养的有中国鸭。它下的小鸭是自己啄破蛋壳出来的。

《文牍撰修指南》有记载云：

某国王收到的礼物中，包括中国鹅和中国鸭。

雅古特在《地名辞典》里有这样的记载：

埃及有个岛叫提尼斯，了解它的人说："在提尼斯，有个季节，来的鸟禽种类比任何其他地方都多，据说达130余种，其中有中国鸭。"

贾希兹在《动物书》"狗的主人谈小鸡"一节中说：

人们说："公鸡和母鸡比其他动物更荣耀的是，小鸡是自己破壳而出的，然后自谋生路，自学知识。这一切打它从蛋里一出来就开始了。"逻辑学家会说："那蜘蛛的孩子一出生就会编织呢。"蜘蛛的工作是件艰苦、有趣、细致的工作，别说小鸡干不了，就是小鸡的爸爸也干不了。但人们称赞小鸡是因为它是自己从蛋里出来找食吃的。其他动物也有这种情况，比如小鹧鸪、小松鸡和小中国鸭。

贾希兹还在同一书"无巢的飞禽"一节中说：

关于无巢的飞禽，人们说：身体重的飞禽一般都没有给自己的蛋准备巢，因为这类飞禽不能很好地掌握飞行技巧，它们站起来都很困难，更说不上在空中盘旋。像松鸡和鹧鸪就是把蛋产在土里。此类飞禽的雏儿，比如鸡雏、中国鸭雏，都是自己从蛋里出来，而且马上就会自己找食，自己照顾自己。

古代阿拉伯人不仅多次记载中国鸭，而且看得出来他们对中国鸭自己破壳而出、自食其力的本事非常在意。

中国狗（al-Kalb al-Sīnī）。

贾希兹在《动物书》里记载云：

狞獛是比中国狗略高的一种动物，像豹一样捕获猎物，食肉，属于猛兽。

一般的中文词典中查不到关于狞獛这种动物的解释，只有《汉语大词典》提到獛——似狸，狼属，大如狗。

贾希兹《动物书》还提到一种中国狗：

中国齐尼狗（al-Kalb al-Zīnī al-Sīnī），即使夜里在它头上放一盏油灯，它也可以很长很长时间一动不动。有名的达拜部落的人有一条中国齐尼狗，他们在它头上放了一盏油灯，狗纹丝不动，他们叫它的名字，拿肉逗它，它也不为所动，头连晃都不晃一下，油灯一直是稳稳当当的。直到人们自己将灯拿走，狗知道头上没有东西了，才跳过去把肉吃了。这狗机灵懂事，教它什么它都能学会。人们在它脖子上挂一个小草包，里面放个小条儿，它就跑到卖菜的那儿，然后把需要的东西带回来。

贾希兹笔下这种与中国有关的、可爱的狗，是迄今我们在阿拉伯古籍中见到的对其最详细的描述。一些著名辞典和古籍提到它时，一般都是在辩证它究竟是叫"齐尼"或"齐俄尼"

（al-Zī'nī），还是叫"隋尼依"（中国的）。贾希兹大概是第一个写出它的"全名"的人。"齐尼"的基本意思应是"装饰的"，也许是一个部落的名字。本书校勘者加注释说："这是一种身材短小，非常聪明的狗。"这种狗与其他古籍中提到的"中国狗"是否为同一种动物，尚不得而知。但下文将提到它与黄鼠狼的模样差不多。

萨夫利在《聚谈拾趣与珍闻掇英》"黄鼠狼"一节中说：

黄鼠狼的样子像中国狗，是最讨厌的专放臭屁的动物。它对着鳄蜥的洞穴放出臭气，鳄蜥被熏得受不了便会爬出来，于是就被它逮住吃了。它也被叫作"驱散快乐者"，因为只要它一放臭屁，其他动物便四下逃散，免得受其所害。于是乎"黄鼠狼在他们中间放了屁"，就成了一个形容人们四散离去的谚语。

中国鹅。

伊斯法哈尼在《歌诗》中记述了两段诗，第一段是诗人伊本·阿马尔为朋友的侍女们吟诵的一首长诗中的两句，第二段摘自记写帝都巴格达名姬扎珥珈的专章。两段诗大同小异，都用与中国有关的鹅来比喻人的步履蹒跚状。有道是：

我们的脚开始变得时深时浅，

恰如她们正把重负拔出泥潭。

走路的腿像因瘫症渐渐蜷曲，

好似来自中国的鹅步履蹒跚。

我们的腿仿佛陷入深深的泥沼，

欲向她走去却抬不动沉重的脚。

我们步履艰难腿变得一瘸一拐，

好似那来自中国的鹅东摆西摇。

两段诗的作者并非同一人，说明这一比喻当时相当普遍。最重要的一点是两位诗人使用的都不是定语形式"中国的鹅"，而是"来自中国的鹅"，尽管后者按照语言习惯，也可以理解为或翻译为"中国的鹅"。由于我们实在想不出中国的鹅和其他国家的鹅，在行走姿势上究竟有何不同，也难以想象阿拉伯人的好奇心会驱使他们去观察比较各国鹅的走姿异同，所以诗中的"中国"只能把我们带回本章的原点，即此处的"中国"依然是阿拉伯人心目中的初始形象——极远之地。很多文学批评家都诟病阿拉伯古代诗歌缺乏想象力。现在，一只鹅不远万里历尽艰辛沿着丝绸之路从遥远的中国走到了阿拉伯，你说他们的观点还能成立吗？

第四章
以工艺精良闻名于世的民族

　　在古代阿拉伯人对中国的各种赞誉中，最为集中、评价最高的是手工艺制品。所谓"上天将智慧赋予大地上人的三种器官，即希腊人的脑、中国人的手和阿拉伯人的舌"[1]的套语，在阿拉伯古籍中屡见不鲜，几乎到了家喻户晓的程度。自古以来中国便以精湛的手工艺制作技巧闻名于世，包括丝制品、瓷器、漆器、珠宝等在内各种工艺品很早就输送到阿拉伯地区继而传入欧洲等地，以至于"10至11世纪穆斯林学者撒阿利比（al-Tha'ālibī，961—1038）说：阿拉伯人习惯于把一切精美的或制作奇巧的器皿，不管真正的原产地为何地，都称为'中国的'（sīnīya）。直到今天，驰名的一些形制的盘碟仍然被叫作'中国'。在制作珍品异物方面，今天和过去一样，中国以心灵手

1　伊本·赫里康著：《名人列传》，贝鲁特萨迪尔书局，1994年版，第5卷第325页。

巧、技艺精湛著称"[1]。

古代阿拉伯人对来自中国的精湛工艺品的普遍赞美，证明中阿两大民族间的经济贸易往来历史悠久，也证明丝绸之路在世界各民族间的物质文明交流中起到的重要作用。阿拉伯古籍中关于中国古代工艺的记载，既可以使我们认识不同文化背景下、不同时空维度中、不同阿拉伯著作家笔下的"中国形象"，也可以使我们透过一个他者的视角反观惠及世界的中华文明。这里我们仅从几十部著名阿拉伯历史与文学典籍中择取若干相关例证，希望能够以此丰富阿拉伯文化中的中国形象研究的史料来源。

1　张广达著：《西域史地丛稿初编》，上海古籍出版社，1995年版，第437—438页。

第一节

位列世界之首的中国工艺

在卷帙浩繁的阿拉伯文献典籍中，但凡提及中国工艺，我们看到的都是著作家们的交口称誉，几无负面评价。他们对中国工艺和创造这一工艺的中国人的赞美是发自内心的，而且往往是一种最高级别的赞美，反映出的是阿拉伯社会的一种集体意识和阿拉伯文化中的中国形象构成的一个重要侧面。

麦斯欧迪是公认的中世纪阿拉伯最权威的历史学家和地理学家，他在《黄金草原与珠玑宝藏》中写道：

至于说中国人，那他们就是真主造就出来的、各种技艺最为娴熟的人，雕刻以及手工制作技能可谓炉火纯青，在任何一种工艺上其他民族的人都难以望其项背。他们中的男人一旦亲手造出其他人无法造出的绝世物件，便会来到王宫门前献宝，希望以自己创造的有趣玩意儿得到国王的赏赐。于是国王命人将此物从即日起摆放在宫门前整整一年，倘若无人能挑出它的任何瑕疵，国王便重赏这位制作者，并让他成为自己的御用工匠之一。相反，倘若有人发现它有缺陷，国王便不予接受，当然也不会给制作者任何奖赏。

有个人曾在一块丝绸上绘了一幅《麦穗落雀图》，几可乱真，以至于观赏者觉得就像一只真的雀鸟落在一枝真的麦穗上。这幅丝画摆放了一段时日，一天有个罗锅儿从那里经过，一眼看出了破绽。国王遂召他进宫，同时将绘画者也召了来。大家问罗锅儿画有什么毛病。他说："天下无人不晓，如果一只雀鸟落在麦穗上，那麦穗一定会被它压弯。而这位画师却将麦穗画成笔直的，一点弯曲的痕迹都没有，鸟儿竟然直挺挺地立在麦穗的顶梢——这就是他的错误所在。"罗锅儿说的当然在理，那个画师没有从国王那里得到任何东西。他们诸如此类的做法，是要提醒从事这些工作的人必须精心计算和设计，以使他们在制作过程中认真思考，对每一件亲手制作的东西都要格外小心。[1]

1　麦斯欧迪著：《黄金草原与珠玑宝藏》，贝鲁特时代书局，1988 年版，第 1 卷第 146 页。

麦斯欧迪的这段记载实际上引自时间更早的《历史的锁链》（即中译本《苏莱曼东游记》和《中国印度见闻录》）中的内容。我国学者似乎比较偏爱麦斯欧迪，所以愿意相信他曾与《历史的锁链》作者会面而获得几乎相同信息的传闻，尽管在西方学者看来，"阿拉伯地理学家们的相互抄袭是最常见的现象"[1]，但麦斯欧迪同时也是大旅行家，且自称与《历史的锁链》作者见过面，所以也不排除他有获得同样信息的来源。至于他第二段里讲述的出神入化的小故事，我们无法知其真假，或可视为阿拉伯人在中国形象构成过程中带有理想化色彩和乌托邦意识的一种二次创作。

相对于此，中世纪阿拉伯另一位顶级大师贾希兹（al-Jāhīz，约775—868）的见解也许更加客观真实。他在同一篇文章中一连五次提及精通工艺的中国人，可见这一点给他留下极深印象。他说：

倘若他们的国度里有先知，他们的土地上有哲人，这些观念进入了他们的心里和耳中，那么你就会忘记世上还有巴士拉人的文学、希腊人的智慧和中国人的工艺。

1　费琅编，耿昇、穆根来译：《阿拉伯波斯突厥人东方文献辑注》，中华书局，2001年版，第20页。

……

凡是沉湎于情爱、心无主见、人云亦云的人，不具备做好这些事情的条件和资质，更不能娴熟地掌握其中任何一件，无法像精通工艺的中国人、精通哲学和文学的希腊人、精通人们常有提及之事的我等这些阿拉伯人、精通治国之道的萨珊人和精通战术的突厥人那样，将事情做到极致。

……

至于中国居民，则是以下诸方面的能工巧匠：铸造、熔化和旋磨各种金属，使用奇异的染料，纺织，雕刻，绘画，书法。总之对于任何一件要做的东西，他们的手都游刃有余。一件物品的质地不同，制作工艺水平不同，价格自然也不同。

……

当他们能够做到那样的时候，他们在战争中，便如同希腊人在哲学中、中国人在各种工艺制作中、阿拉伯人在我们已经多次谈到的事情中、萨珊人在治国与统率之道中。

……

当然，并非每个突厥人都像我们形容的那样，就像并非每个希腊人都是哲学家，每个中国人都是工艺制作的顶尖高手，每个阿拉伯人都是一流的诗人。只不过这些事情在他们那里更普遍，更多见，更典型，更显明。[1]

贾希兹在《动物书》里还说：

在这方面人们说过："难道你没看到中国人是各种工艺制造的能工巧匠吗？他们勤于学习，技能高超，领悟力强，思路开阔，喜欢追根寻源以使技能精益求精。"[2]

中世纪阿拉伯最著名的百科全书家努威里在《文苑观止》中，对中国的工艺品特别是手工绘画艺术有专门记述：

中国人专门从事精巧有趣的工艺品制作，以及雕塑人像、镂刻和绘画创作。他们的绘画家画人时，除了灵魂画不出来，其他方面皆能淋漓尽致地表现于笔端。但他们并不满足于此，而一定要让自己的画像，能够分出得意者的笑和羞涩者的笑、平静者的笑和惊叹者的笑、高兴者的笑和讥讽者的笑。他们还会绘制组画（将一幅画和另一幅画组合起来）。[3]

拉吉布·伊斯法哈尼（？—1108），则在其代表作《文人聚谈》中，不仅将中国人的手工艺门类更加细化，而且还提到了他们的实干精神。他在该书"关于中国的知识"一节中说：

1　贾希兹著：《贾希兹文论集》，贝鲁特新月书局，1995年版，第1卷第60、67、69、71、73页。
2　贾希兹著：《动物书》，黎巴嫩吉勒书局，1988年版，第5卷第36页。
3　努威里著：《文苑观止》，埃及著作、翻译、印刷、出版总局和埃及图书总局古籍校勘中心，1929—1992年版，第1卷366页。

中国人是能工巧匠，擅长铸造、锻造、熔炼，使用各种奇特染料，旋制工艺，雕刻，绘画，书法，纺织，以及将所有能拿到的东西搞得适合在掌中把玩。他们一心劳作，不知疲倦，因为他们是实干家；希腊人了解事物的起因，不直接从事劳作，因为他们是哲学家。[1]

麦格迪西在《肇始与历史》一书中记述云：

他们有礼教和道德，在组装有趣好玩的物件和制作奇特工艺品方面技艺高超。他们所具有的、在其他民族中不曾见到的、有口皆碑的礼教是：小孩子不能在父亲面前坐下，不能和父亲一同进餐，也不能在父亲面前走动；他们见到父亲要跪拜；同样，所有晚辈见到长辈，为表示尊重都要跪拜。[2]

大名鼎鼎的伊本·赫勒敦（Ibn al-Khaldūn，1332—1406），作为"人类历史哲学和社会学奠基人"，不仅将中国排在全世界擅长工艺制作的各民族之首，还从其擅长的社会学角度进行了一番对比研究。他在著名的《绪论》(al-Muqaddimah) 之"关于阿拉伯人最不善制作"一节里分析说：

其原因是阿拉伯人有着最为悠久的游牧历史，同时距离城

1　拉吉布·伊斯法哈尼著：《文人聚谈》，黎巴嫩学术书籍出版社，1988年版，第66页。

2　麦格迪西著：《肇始与历史》，黎巴嫩萨迪尔书局，1988年版，第4卷第19页。

市文明和所谓制作品等最远。东方各国人民和罗马海（即地中海）对岸的基督教诸民族，其制作能力是最强的，因为他们的城市文明最悠久，同时距离游牧及游牧文明最远。以至曾经帮助阿拉伯人战胜沙漠的荒凉并使之坚持游牧毫不动摇的骆驼，在他们那里总体上已然绝迹，连适合它生存的牧场和沙漠也没有了。因此，我们发现阿拉伯国家以及被其以伊斯兰教征服的地区，总体上没有什么制作品，样样都需从其他国家输入。你再去看看外国，比如中国、印度和基督教各民族，他们的制作品如此丰富，其他各个民族的人都要从他们那里输入。[1]

努威里在《文苑观止》"关于国性与人种"一节里还引录了一个"表"，以证明工艺对中国人来说是一种"天分"：

据说阿卜杜拉·本·阿巴斯讲过，真主将——

吉祥分为 10 份，9 份给古莱什人，1 份给其他人。

慷慨分为 10 份，9 份给阿拉伯人，1 份给其他人。

热情分为 10 份，9 份给库尔德人，1 份给其他人。

狡猾分为 10 份，9 份给科卜特人，1 份给其他人。

冷漠分为 10 份，9 份给柏柏尔人，1 份给其他人。

优越分为 10 份，9 份给罗马人，1 份给其他人。

---

1 伊本·赫勒敦著：《绪论》，贝鲁特学术书籍出版社，1992 年版，第 430 页。

工艺分为 10 份，9 份给中国人，1 份给其他人。

工作分为 10 份，9 份给众先知，1 份给其他人。

嫉妒分为 10 份，9 份给犹太人，1 份给其他人。[1]

伊本·焦济在《历代民族与帝王史通纪》里记述的这个"段子"，在阿拉伯古籍中出现多次——

当我们坐下后，伊本·穆加法问我们：

"你们说哪个民族的人最为睿智？"

我们面面相觑，悄声道："他大概想让我们说他的祖籍波斯。"于是我们便对他说，"波斯。"

"他们算不上。"他说，"他们确实占领了大片土地，战胜了很多敌人，王权威震天下，长期占据上风，但他们既没有用自己的头脑创造任何东西，也没有用自己的心灵悟出任何哲理。"

"那罗马人呢？"我们问。

"长于设计者。"他说。

"中国人呢？"

"精于工艺者。"

"印度人呢？"

---

1 努威里著：《文苑观止》，埃及著作、翻译、印刷、出版总局和埃及图书总局古籍校勘中心，1929—1992 年版，第 1 卷第 293 页。

"精通哲学者。"

……

于是我们问："那你说呢？"

他回答："阿拉伯人。"

我们听后全笑了。他说：

"我不指望你们赞成我的看法。不过，假如我命中注定没有选择祖籍的运气，那我绝不会错失选择知识和睿智的机会。阿拉伯人的聪明才智可谓无与伦比。他们既是驼和羊的主人，又是毛和皮的居民（指游牧民族）。他们以慷慨大方闻名于世，会将自己的口粮布施。他们将勤劳作为一种美德，无论甘苦同样执着。他们用头脑描述什么，那描述就是经典；他们用肢体做些什么，那做法就是经验。他们想让某种东西成为美的，那东西便会更优美；想让某种东西成为丑的，那东西便会更丑陋。"[1]

伊本·穆加法（约 724—759）是世界文学名著《卡里来和笛木乃》的编译者，生于波斯祖尔城的一个乡村。阿拉伯帝国兴起后，阿拉伯统治者不仅沿用了相当多的波斯裔官员，在学

---

[1]　伊本·焦济著：《历代民族与帝王史通纪》，贝鲁特学术书籍出版社，1993 年版，第 8 卷第 54 页。

术界、文学界等各个领域，祖籍波斯者中也涌现出大量杰出人物。

他们学富五车满腹经纶，但时时被当作"二等公民"，处处受到歧视和压制。因此引文中当祖籍波斯的伊本·穆加法说阿拉伯人是最睿智的民族时，在场者认为是违心之论，遂引起哄堂大笑。

不过，阿拉伯古籍中的这段记载，充分说明当提到中国人时，阿拉伯人的第一反应即是精于工艺。易言之，投射于阿拉伯人心目中的中国人之"他者"形象，首先是以工艺精湛著称的民族。

第二节

中国瓷器

　　中国是瓷器的发明地，最早可追溯到商周时期，至于陶器的发明就更早了，可追溯到新石器时期。中国瓷器的外销一般认为是通过丝绸之路进行的。中国瓷器的发明是对世界文明的伟大贡献，它的外传也是中国与世界各民族文化文明交流的最好见证之一。阿拉伯地区作为丝绸之路上最重要的地区，很早就知道并且见证了精致的中国瓷器，在他们的历史文献中留下相当多的记载。

　　我们多次提到过的中世纪阿拉伯顶级学术大师贾希兹的代表作之一《动物书》，顾名思义原本是记述有关动物各种知识的，但阿拉伯古代著作家的写作风格尤其是撰写鸿篇巨制时，往往是纵横恣肆，天马行空。阿拉伯古代翻译理论的精辟和重要的阐释，就出自贾希兹的《动物书》。我们也知道，阿拉伯另一位顶级学术大师伊本·赫勒敦在撰写简称为《殷鉴》的编年体史学著作时，一提笔便文思泉涌犹如脱缰野马，洋洋洒洒挥就史上最长前言一篇，就是赫赫有名的人类社会学开山之作、翻译成中文近百万字的《绪论》。因此，我们看到贾希兹关于中国瓷器的精辟言辞出自《动物书》，便也不以为奇。他说：

如果世上没有出自中国的瓷器，你们根本不知道瓷器。但是你们表面上仿造的东西，比起正宗的中国瓷器来是有很多缺陷的。[1]

贾希兹的话很短，但我们至少由此认识到阿拉伯人很早就清楚地知道瓷器的故乡是中国，认识到至迟在贾希兹生活的时代即公元 8—9 世纪，阿拉伯地区就有了具备相当规模的中国瓷器仿制业，认识到当年阿拉伯的有识之士对中国瓷器有一定的鉴别和鉴赏水平，并根据仿制品的质量给予其"差评"。

可以想见，古时阿拉伯地区真正来自中国的正宗瓷器是十分珍贵的。伊斯法哈尼在《歌诗》里的一段记载或可印证这一点：

---

1 贾希兹著：《动物书》，黎巴嫩吉勒书局，1988 年版，第 1 卷第 83 页。

　　有一次，艾布·希卜勒买了一只公绵羊准备宰牲节用。他加紧喂它让它上膘长肉。一天，他为了给灯添油，将灯台和一瓶油放在羊面前。不料羊把两样东西全都顶倒，灯台碎了，油也洒在他的衣服、书和床上。目见此状，他在宰牲节之前便把羊杀了。他对失去灯台感到十分悲伤，有悼诗为证：

　　　　眼睛啊为失去灯台流泪痛哭，

　　　　它曾是给我带来光明的支柱。

　　　　当晚夕用黑色衣服将我裹罩，

　　　　它用火开道将黑暗送上归路。

　　　　这精美绝伦来自中国的瓷器，

　　　　更有巧夺天工者描绘的画图。

　　　　刚刚还是件旷世难觅的珍宝，

　　　　转眼便成羊犄角下几片碎物。[1]

　　这个小故事和诗中关于中国瓷器一句，曾作为中外文化交流的佐证，被我国学者在论著中反复引录，比如周一良主编的《中外文化交流史》和沈福伟的《中西文化交流史》等。由此可见阿拉伯古籍中有关中国的记载，在学术研究领域的重要性。需要指出的是，以上翻译的只是这首共有 51 句的长诗中的开

1　伊斯法哈尼著：《歌诗》，黎巴嫩文化印书馆，1990 年版，第 14 卷第 195 页。

头几句。此诗不仅可以使我们深刻了解到古时阿拉伯人对于中国瓷器的珍视程度，而且可以使我们切身体会到他们在诗歌创作上题材之广泛、语汇之丰富、比喻之生动乃至热情之高涨，以至于他们为失去一盏中国瓷制灯台，也要含泪吟咏一首悼亡诗。

早期传到阿拉伯的中国瓷器由于制作精美数量稀少，必然首先为阿拉伯帝国哈里发和王公贵族所拥有。努威里在《文苑观止》中有如下记述——

有关哈里发们使用的名为佳丽雅的香料，艾哈迈德·本·艾布·亚古布说：

"取稀有吐蕃麝香 100 米斯加勒 [1]，磨成粉后用中国细绸（al-Harīr al-Sīnī al-Safīq）筛之，然后再磨再筛反复多次，直到呈尘埃状。之后将其放入中国瓷碗（Zibdiyyah Sīnī）内，添加上等稀有肉豆蔻少许，并切入蓝色多脂的希赫尔（al-Shihr）龙涎香 50 米斯加勒。将瓷碗置于文火上，所用之炭须无烟无味，以免有损本味，同时用金勺或银勺轻轻搅拌，以利龙涎香熔化。然后离火，温度不冷不热时将麝香等取出，用手小心拍打使之成为一体。之后存入一个金瓶或银瓶，瓶颈越细越好，或者是

1　1 米斯加勒约等于 4.68 克。

一干净的玻璃瓶，再用裹着棉花的中国丝绸瓶塞将瓶口塞紧，以免气味挥发。这是所有佳丽雅香料中最好的。"[1]

佳丽雅（Ghāliyah），原意为"昂贵的"，为阿拉伯古代非常有名的高级混合型熏用香料。名称来历是：有一次，伍麦叶王朝首任哈里发穆阿维叶（？—680）遇到阿卜杜拉·本·加法尔（穆罕默德门弟子，？—700），后者身上散发出的一种特殊的非常好闻的香味引起他的注意，遂问："你熏的什么香呀？"阿卜杜拉答道："麝香和龙涎香混合在一起，外加肉豆蔻油。"穆阿维叶听后说："够昂贵的！"这种香料从此得名。

阿拉伯历史学家伊本·沙基尔·库图比（Ibn Shākir al-Kutubī，1282—1363）的代表作《名人列传补遗》（Fawāt al-Wafiyyāt），是中世纪阿拉伯纪传体史籍中的经典之作。他在该书中记述的涉及宫廷内斗的小故事中，也可见到中国瓷器——

据说几个重要的亲王商量好要在宰相拜哈丁不在场的情况下进见国王扎西尔，他们想来想去最后决定派伊本·拜莱凯汗向国王通报。国王同意了。次日一大早他们就来见国王，孰料

1　努威里著：《文苑观止》，埃及著作、翻译、印刷、出版总局和埃及图书总局古籍校勘中心，1929—1992 年版，第 12 卷第 53 页。

国王称自己腹痛不能上朝，于是他们在那里坐等了多半天，直到大总管出来说：

"你们可以进去了。"

他们见到国王，发现他一副很难受的样子，便先坐了一会儿。这时来了一个仆人，禀报说：

"国王陛下，刚才有位大人交给我一个中国瓷杯，里边盛着南瓜做的甜食，他说让我替他送给一位正人君子，还说这东西能治很多病。"

国王一听立刻让他拿过来。他只吃了一点点，便称肚子一点也不疼了。亲王们见状非常高兴。国王问：

"你们知道这甜食是谁送的吗？"

众人回说不知。国王道：

"是拜哈丁送的。"

众人一听全都不吱声了。出宫后其中一位亲王对同伴说：

"如果他认为拜哈丁送的食物能治病，那咱们还能说什么呢。"[1]

泰伯里在《历代民族与帝王史》中的一段记载，虽不是发

---

[1] 库图比著：《名人列传补遗》，贝鲁特萨迪尔书局，1973年版，第3卷第77—78页。

生在阿拉伯地区，但与阿拉伯有关，他说：

这一年（伊历 14 年），艾布·达乌德攻打渴石 (Kass) 人，杀死其王艾赫里德。后者本已归顺，此前曾献出巴勒赫。艾布·达乌德在杀死国王及其属下时，得到许多他从未见过的镶刻黄金的中国瓷器，以及全部用锦缎所做的中国马鞍，还有大量中国的奇珍异宝。[1]

雅古特在《地名辞典》里也有如下记载：

某国王遗留的大批金银财宝和稀世珍品中有 14 箱中国瓷器和精致豪华的玻璃器皿。[2]

雅古特在他的另一名作《文学家辞典》中还记载道：

一大早他们来到艾哈迈德·本·优素福的宅院，他已完全做好了准备。阿卜杜拉的儿子见到眼前精美的靠枕、坐垫、围屏，以及男女仆人，大为惊奇。艾哈迈德摆了 300 张餐桌，300 名女仆各就各位，每张桌子上的各式金银盘碟和中国瓷碗里有 300 种菜肴。[3]

及至明清时代，中国开始大量输出瓷器，特别是其中相当大部分是专门销往阿拉伯地区的，阿拉伯人拥有、使用中国

1　泰伯里著：《历代民族与帝王史》，黎巴嫩遗产书局，1967 年版，第 7 卷第 464 页。
2　雅古特著：《地名辞典》，贝鲁特萨迪尔书局，1995 年版，第 2 卷第 482 页。
3　雅古特著：《文学家辞典》，黎巴嫩思想印书局，1980 年版，第 5 卷第 166 页。

瓷器的数量自然也大量增加。虽不知"旧时王谢堂前燕"，是否能够"飞入寻常百姓家"，但根据他们的史料记载，瓷器的普及度已然大大提高。埃及著名史学家杰拜里提（al-Jabaritī，1754—1822）在《史迹奇观》（'Ajā'ib al-'Āthār Fi al-Tarājim Wa al-'Akhbār）的几段文字或可加以印证：

他们一连几日在穆罕默德·阿加·巴鲁迪家中制作那种东西。他还买来很多瓶瓶罐罐和中国瓷罐——艾斯基马丁，并在里面装上用精糖做的各种饮料。[1]

这一年（伊历 1228 年）7 月末，我们前面提到过的古胡吉帕夏带着很多礼服和短刀，外出旅行。此前他赏给下人们好几口袋钱。帕夏给国王和其他达官贵人带去非常多的礼物，计有：纯金币 4 万枚，半金币 60 万枚，咖啡 500 袋，两次提炼的精糖 100 肯塔尔，一次提炼的精糖 200 肯塔尔，人们叫作艾斯基马丁的中国瓷罐 100 个，里面装满各种果酱和加入麝香等香料配制的各种饮品，配有镶嵌珠宝马鞍的骏马 50 匹，珍珠珊瑚 50 驮……以及沉香和龙涎香等其他东西。[2]

第二天又有一伙人来到萨达特的家，他们撕开封条，让他

1　杰拜里提著：《史迹奇观》，贝鲁特学术书籍出版社，1997 年版，第 2 卷第 59 页。
2　杰拜里提著：《史迹奇观》，贝鲁特学术书籍出版社，1997 年版，第 3 卷第 285 页。

交出赛加姆。他们把后者带走，严刑拷打，让他说出藏东西的地点。然后他们返回那所房子，打开原先堵住的暗室，发现里边有天鹅绒扶手椅、铜、棉花和中国瓷制器皿。他们暂时没动这些东西，离开了那里，只留下几个士兵在宅子里过夜。[1]

一伙士兵将糖铺的门砸开，拿走他们能找到的钱和他们喜欢的各种糖，然后又是吃又是装，并把带不走的统统糟蹋掉，把那些东西扔到大街上用脚乱踩一气。他们把铺内的糖果瓶和果酱罐全都打碎，其中有中国瓷罐。[2]

后来他冒出个念头要改变一下家里的格局和陈设，于是将大厅和走廊之间的隔断打掉了。人们给这个大厅起的名字是"欢乐之母"，由著名的专业建筑大师所建。它是整个宅院中最大的厅，所有的墙上都摆满黄金雕刻和中国瓷器，厅内还有各种造型的喷泉，装饰材料都是彩色大理石和彩色透明石膏。[3]

这段引文说明中国瓷器大量外销阿拉伯地区后，如同今日的高端奢侈品一般风靡该地区，引领时尚潮流。与此同时，正如杰拜里提上面提到的"礼物"所记，精美昂贵的中国瓷器也成为上层社会十分贵重的礼品。库图比在《名人列传补遗》

1　杰拜里提著：《史迹奇观》，贝鲁特学术书籍出版社，1997年版，第3卷第307页。
2　杰拜里提著：《史迹奇观》，贝鲁特学术书籍出版社，1997年版，第3卷第339页。
3　杰拜里提著：《史迹奇观》，贝鲁特学术书籍出版社，1997年版，第3卷第300页。

里说：

国王穆艾耶德·希兹比尔丁酷爱读书，库中藏书达10万卷。他乐善好施，喜交君子学士。伊赞丁·库莱米曾带中国瓷器、麝香和丝绸等礼物去拜见他，并因此得到赏金30万银币。[1]

中国瓷器同样出现在阿拉伯王室联姻的聘礼中。萨法迪在《名人全传》中记载：

当艾米尔赛夫丁·萨基的女儿与素丹的儿子阿努克大婚之际，我正在开罗，看到了从他家向城堡走去的送礼队伍。脚夫的数量是：扛绣花锦缎扶手椅的40个，圆形椅的16个，长椅的4个，乌木和包银长椅长凳的162个，其他贵重椅子的16个，银器的29个，沙姆等地各种铜器的65个，中国瓷器的33个，镏金玻璃器皿的12个，餐桌和大铜盘的29个，什物大箱子的6个，以及99匹驮着被褥毯子和珠宝箱的骡子。[2]

说到送礼，库图比《名人列传补遗》的记载比较有意思，因为明显是一种变相送礼：

每逢礼拜二凯里姆丁·凯比尔都到法赫尔丁家去，与他共进午餐。每次去时他都要带两整套美味佳肴，而放菜的中国瓷

1　库图比著：《名人列传补遗》，贝鲁特萨迪尔书局，1973年版，第1卷第428页。
2　萨法迪著：《名人全传》，德国东方学家协会，1962—1992年版，第10卷第197页。

盘他从不带回去。[1]

与中国瓷器相关的阿拉伯古代文献记载中，麦斯欧迪在《黄金草原与珠玑宝藏》中的一个故事是最具文学性的。这个故事在阿拉伯古代文学史上乃至"情痴史"上也常被提及。阿拉伯人喜欢为痴情人树碑立传，无论他们是为情而疯还是为情而死。以下是麦斯欧迪在"关于哈里发麦赫迪的记述"一节中的记述——

艾布·阿塔希叶在元旦那天送给麦赫迪一个中国瓷罐，里面放有一块用麝香熏过的布，上写两句诗：

我的心为世上某位佳人所牵挂，

麦赫迪具有足够的权力左右她。

本来我对心上人已经彻底绝望，

但你的大度让我重燃爱的火花。

麦赫迪看后有点动心，想把王后的侍女欧特白赏给他。欧特白对他说：

"信民的领袖，以我的地位和权力，加上我在宫中服侍主人多年，您怎么能把我赏给一个会诌几句诗的卖水罐儿的呢？"

于是麦赫迪派人送信给艾布·阿塔希叶：

1　库图比著：《名人列传补遗》，贝鲁特萨迪尔书局，1973年版，第2卷第379页。

"你无论如何是得不到欧特白了。不仅如此，以后你要送我瓷罐就得把它装满钱。"

过后欧特白出来，正碰上艾布·阿塔希叶在看那封信，只听他嘴中说道：

"他命令我在罐子里装上金币。"

一旁的人们说：

"银币也行啊。"

欧特白不屑地说：

"我要是欧特白的情人，才不会装什么零金碎银呢。"[1]

艾布·阿塔希叶（'Abū al-'Atāhiyah，748—825），是阿拔斯王朝最著名的诗人之一，出身贫寒但本人后来十分富有，大部分作品的主题为劝诫人们修行和放弃尘世享乐，但他本人却嗜财如命。同时擅为统治者作赞美诗，因此得宠于朝廷，且为麦赫迪、哈迪和拉希德三位哈里发所赏识，在拉希德时期其地位达到顶峰。他之所以被人称为艾布·阿塔希叶，是因为他曾热恋王后一个叫欧特白的侍女，遭禁绝后，痴心不移，仍写诗追求。"阿塔希叶"原意是：缺少理性者。引申为：傻子、

---

1 麦斯欧迪著：《黄金草原与珠玑宝藏》，贝鲁特时代书局，1988年版，第3卷第326页。

狂人和痴迷者等。

顺带一提，麦斯欧迪的《黄金草原与珠玑宝藏》，阿拉伯语原版一般为四卷，前两卷总体围绕世界史，后两卷为纪事本末体的阿拉伯历史。国内出版的《黄金草原》译本，只译出前两卷，后两卷未译出。

第三节
中国丝绸

传说中中国丝绸发展的起源可以追溯到 5000 年前的新石器时代。古代中国输出的商品以丝绸最具代表性，我们知道张骞开辟的中国通往西方世界的重要通道，就被后世学者命名为丝绸之路。阿拉伯地区是丝绸之路上最重要的地区之一，且中介性质明显，阿拉伯人对世界文化的传播与交流做出了重大贡献，中国古代四大发明都是经阿拉伯人传入欧洲的。

阿拉伯古籍中对丝绸的记载非常多，但因笔者对部分阿拉伯历史与文学典籍进行翻译时的关键词为"中国"，所以只有"中国丝绸"会进入视野，相对数量要少很多。其中最有趣的记载，是贾希兹的一段文字，不仅提到中国丝绸，还提到它在阿拉伯地区不为我们所知的特殊用途。他在《动物书》"跳蚤的花招"一节中写道：

> 我们的朋友被跳蚤折腾得够呛。那些跳蚤还会给人带来一种灾难，就是你要不经过一番苦战将其杀死，它会搅得你一整夜睡不安生。人们把它抓住，从床上扔到地下，然后会发现摔死20只后，再摔死第21只就容易多了。人只要抓过1只跳蚤，他的手便会有臭味儿。这些人虽说都是一地之王，但也免不了受这般折磨。他们费多少力气也摆脱不了跳蚤的袭扰，直到他们穿上了中国丝绸（al-Harīr al-Sīnī）做的、不仅袖子很长而且能罩住整个身体的内衣，才终于可以睡上踏实觉了。[1]

贾希兹在他的另一部作品《国王道德的皇冠》(al-Tāj Fi 'Akhlāq al-Mulūk) 一书中还写道：

> 他们那里关于送礼的规矩是，如果此人属达官贵人，须赠他自己喜欢的东西。如果他喜欢麝香就送他麝香，而不是别的。如果他喜欢龙涎香，就送他龙涎香。如果他喜欢穿戴，就送他衣服和布料。如果他是猛士和骑士，就送他马匹或矛枪或宝剑。如果他是射手，就送他箭矢。如果他是富豪，按规矩就直接送他金子和银子。如果他是国王的臣僚，那么要按照去年的钱数

---

1 贾希兹著：《动物书》，黎巴嫩吉勒书局，1988年版，第5卷第373页。

凑起来，买下中国丝绸、银锭、绢丝、琥珀印章，然后送过去。

伊本·阿卜德莱比在《罕世璎珞》中记述云：

哈里发哈伦·拉希德对一位宫廷诗人说：

"前代诗人的话语，可比作贵妇马鞍上的珍贵锦缎，为祖先增色不少；你的话语若加以藻饰修辞装点，那就是描金的中国丝绸，将永为传述者所乐道。"[1]

努威里在《文苑观止》"关于各地特色产品"一节里说：

各国纺织品的特色产品有：也门的斗篷，萨那的彩绣，埃及的金银线，罗马的锦缎，胡齐斯坦苏斯的绢丝，中国的丝绸，法尔斯的成衣，伊斯法罕的套服，巴格达的缠头巾，亚美尼亚的腰带，赖伊至内沙布尔之间的达姆甘的手帕，加兹温的袜子。[2]

盖勒盖珊迪在《文牍撰修指南》中提到的埃及马穆鲁克王朝素丹使用的来自中国的衣料十之八九也是指的丝绸：

素丹比戴利，有纺织制衣局，织工裁缝共计 4000 人，用各种布料制作礼服和平时穿的各类衣服，同时也使用从中国、伊拉克和亚历山大运来的衣料。[3]

1　伊本·阿卜德莱比著：《罕世璎珞》，黎巴嫩现代出版社，1998 年版，第 6 卷第 144 页。

2　努威里著：《文苑观止》，埃及著作、翻译、印刷、出版总局和埃及图书总局古籍校勘中心，1929—1992 年版，第 1 卷第 369 页。

3　盖勒盖珊迪著：《文牍撰修指南》，埃及图书总局，1985 年版，第 5 卷第 84 页。

　　此外，前文还提到制作哈里发使用的香料时用到的"中国细绸"。阿拉伯流传至今的谚语"满足于在过去的*丝绸上睡大觉*"，其含义与我们说的"躺在过去的功劳簿上睡大觉"异曲同工。

第四节
中国纸和中国书法

关于中国造纸术西传，一般认为是自怛逻斯之战开始。但也有不少包括阿拉伯学者在内的中外学者并不认同，他们认为造纸术传入阿拉伯地区的时间要早于此。比如近年来有乌兹别克斯坦学者认为，比怛逻斯之战稍早，造纸术就以和平的方式通过拔汗那首府浩罕，传至撒马尔罕。虽说只是一家之言，但这个问题的确值得探讨。虽然伊本·胡尔达兹比赫在《道里邦国志》中告诉人们纸是由俘虏自中国引入撒马尔罕的，但这也是一家之言，并不一定是定论。

盖勒盖珊迪在《文牍撰修指南》"关于古代各民族的书写用具"一节中明确提到中国的造纸术，他说：

中国人在一种他们用干草（al-Hashīsh）和青草（al-Kala'）制造的纸上写字，人们从他们那里学到造纸术。印度人在白绸上写字，波斯人在鞣制过的牛羊和野兽的皮子上写字。他们也在一种叫鲁哈夫的白石板、铜铁、无叶的椰枣树枝、骆驼和羊的肩胛骨上写字。[1]

在后世研究造纸术的著述中，也有说在中亚撒马尔罕仍保留着 8 世纪从中国传来的桑枝造纸术，也有说用的是苎麻，即所谓麻纸。贾希兹说过：

为何这样穷原竟委，这是怎样一种灾难？为何这样对问题的模糊之处根究真相，对讨厌之事的细节刨根问底？为何要深入令我头脑发木的每一种东西？为何要把我遭到的每次贬低高高提起？为何我的书，你统统都用中国纸（al-Waraq al-Sīnī）和呼罗珊麻纸（al-Kāghad al-Khurāsānī）？你可以对我说："为什么你要用皮子装饰自己的书册，为什么你敦促我用真皮做书的封皮，而你是知道的，皮子体积大、分量重，沾水就会损坏，受潮就会变质？"[2]

这是作者写给扎亚特信中的一句话。扎亚特（？—847）

1　盖勒盖珊迪著：《文牍撰修指南》，埃及图书总局，1985 年版，第 2 卷第 485 页。
2　贾希兹著：《贾希兹文论集》，开罗汉吉社，1979 年版，第 1 卷第 252 页。

是阿拔斯王朝著名诗人和文学家，也是穆阿泰西姆和瓦西格两位哈里发的宰相。考虑到贾希兹这封信以及他的《动物书》都是献给这位宰相并各得到 5000 金币"奖金"，他们之间的关系应该是很好的，作者曾受到这位宰相诸多关照。因此关于"中国纸"的反问句，实际上是在赞扬中国纸的质量。至于"呼罗珊麻纸"，大概就是中国造纸术西传后而闻名于世的"撒马尔罕纸"。

同时作者在本文中分别使用了"纸"和"麻纸"。阿拉伯语的 Waraq 和由波斯语引入的 Kāghad，过去人们一般都译作"纸"。但贾希兹的用法提醒我们两词之间存在区别。不过我国涉及造纸术西传的著作一般都认为当时中国输出的造纸技术主要是制造麻纸，丝绸之路上考古发现的也大多为麻纸。所以也不能排除两个词指的是同一种纸，只是词语"搭配"上的习惯用法而已。值得一提的是，埃及当代著名历史学家沙基尔·穆斯塔法在《阿拉伯史学史》一书中谈到"纸"的问题时，认为 Kāghad 原为汉语，先传入波斯，后引入阿拉伯语。

此外，贾希兹在《动物书》中提到的"孩子旗"即我们所说的风筝很是有趣。他在这段记述中再次明确区分了中国纸和麻纸——

他对他们说:

"很久以前,在一个风高月黑的夜里,天神曾到我这儿来,带翅膀的天使也飞来了。天神来时不仅伴有沙沙声和噼噼啪啪声,同时还有一个声音用民谣的调式在说:'谁在外面,赶快回家。谁要看到,眼会变瞎。'"

后来,他做了一个孩子旗。这种旗子是用中国纸(al-Waraq al-Sīnī)做的,也有用麻纸(al-Kāghad)做的,做好后安上尾巴和翅膀,再在中间挂上几个小铃铛,有风的日子用结实的长线拴上在空中放,于是人们就仰望天空,盼望天神降临。后来起风了,而且越来越大,他便把做好的旗子放了出去。人们不仅看不见线绳,而且黑漆漆的夜使他们也看不清上面的白纸和麻纸。于是他们以为那个天神来了,便大喊大叫起来:"谁看到谁变瞎,保平安快回家!"这之后,人们都成了他的支持者和保护者。为此他曾吟过这样一句诗:

一个玻璃球,外加孩子旗,

似鸟空中飞,事情全顺利。[1]

而雅古特在《文学家辞典》中提到的名为"中国白"的高级纸,也十分重要。

1　贾希兹著:《动物书》,黎巴嫩吉勒书局,1988年版,第4卷第373~374页。

阿里·本·希拉勒说：

当年我在设拉子（Shīrāz）的时候，可以到拜哈·道莱的书库内随心所欲地翻看各种书籍。有一天，我看见有一堆书散乱地放在那里，仔细翻过，原来是一套30卷的、由艾布·阿里·本·穆格莱亲笔抄写的《古兰经》。我感到非常惊奇，便单独拿出来一卷一卷地翻阅，最后发现只有29卷。我又费了很多工夫在书库里找来找去，最终也没能找到缺失的那一卷。于是我知道这部《古兰经》并非全本。我带着它去见拜哈·道莱，对他说：

"主公，现在有个人想求大臣艾布·阿里·穆法格帮忙，解决他和一个仇人之间的争端。他送来一件非常珍贵的礼物，我看它最适合归您所有。"

"这是件什么东西？"

"一部艾布·阿里亲笔抄写的《古兰经》。"

"那你得给我拿来，他怎么能在我之前得到它呢。"

我把书递上去，他拿起一卷看了看说：

"我记得书库里有一套这样的书，后来找不着了。"

"这本来就是您的《古兰经》。"我说，"但艾布·阿里誊写的《古兰经》怎么能就这样残缺不全地随便乱放呢？"

"那你就给我把它补全了。"他说。

"遵命。可我有个条件，就是如果您到时看不出哪卷是修补过的，您得赏我一身官袍和 100 金币。"

"好吧，我答应你。"

于是我从他面前将书拿回到自己的住处。之后我把书库里留存的、与那部《古兰经》所用纸张相似的老纸翻了一个遍，其中有各种撒马尔罕和中国麻纸（al-Kāghid al-Samarqandī wa al-Sīnī）。这些老纸都十分别致、奇特。我挑了一些自己认为合适的纸，抄写了一卷，描上金，再把描过的金做旧，然后从其他每一卷上割下一小块皮子，再把这些皮子粘缝在一起做成封面，最后把封面也做得像旧的一样。拜哈·道莱把此事忘在脑后约莫有一年时间，直到有一天又提到艾布·阿里时，他才问我：

"那书你抄好了没有？"

"早已抄好。"我回答。

"那你还不给我拿来？"

我把全套《古兰经》给他拿来，他一卷接一卷地仔细翻检，看我抄写的那一卷时并没有停下来。之后他问我：

"哪卷是你亲笔抄写的？"

"您过目之后如果看不出来，这就是一部由艾布·阿里亲笔抄写的全套《古兰经》了。我们保守这个秘密怎么样？"我问他。

"我看可以。"他答道。

过后他把它放在睡觉时离头很近的地方，没有再放回书库。我要求赏我官袍和金币，他一直拖延着，说给又没给。有一天我对他说：

"主公，书库里有一些放了很久的'中国白'（Bayād Sīnī），还能用。您就赏一些给我，算顶了官袍和金币吧。"

"那好，你自己去拿吧。"

于是我将书库里的所有这种纸全都拿走，一直用了好几年。[1]

引文中提到的阿里·本·希拉勒，雅古特介绍说，他是一位著名书法家，技艺超绝的"描金"大师。拜哈·道莱（Bahā' al-Dawlah，意为：国家的光辉。卒于 1002 年），布韦希王朝（945—1055）素丹。布韦希人属于伊朗高原北部山区戴伊莱姆部族，又称"山居人"。他们崛起后建立了自己的王朝，取代突厥人成为当时阿拔斯王朝的真正主宰，开始了波斯人第

1　雅古特著：《文学家辞典》，黎巴嫩思想印书局，1980 年版，第 15 卷第 122—124 页。

二次当权的时代，使阿拉伯帝国出现了"国中之国"的局面。此处提到的撒马尔罕麻纸，应该是用中国唐代造纸技术制成的。751 年怛逻斯战役后，在撒马尔罕出现了由中国人指导的造纸厂，造出的纸开始可能叫"中国麻纸"，而后由于规模扩大，质量提高，名气也越来越大，本文中"撒马尔罕麻纸"虽与"中国麻纸"并列但已排名在前，随着时间的推移，"撒马尔罕麻纸"反倒成为享誉世界的"名牌"，以至"869 年朱海斯（Juhith）说：'西方有埃及莎草片，东方有撒马尔罕纸。'"[1]

名为"中国白"的纸张，当是一种产自中国的高级用纸，为阿拉伯王室书库所藏的"御用纸"，且叙述者要用其顶替"官袍和金币"，其珍贵程度不言而喻。

阿拉伯古籍中出现"中国白"特指一种中国的纸，截至目前只见此一次。以往我们所见的"中国麻纸"和"中国纸"，不论二者在古代阿拉伯人的表述中有无区别，都是笼统地说"纸"，而且人们无法分清阿拉伯人在提到它们时，究竟是指从中国"进口"的纸还是引进中国技术在当地造的纸。而"中国白"依其珍贵程度，原产地为中国应无疑问。

巴格达迪在《巴格达志》中的以下记载也可印证"中国纸"

1　潘吉星著：《中国造纸史话》，山东教育出版社，1991 年版，第 108 页。

的级别和价值之高：

当哈拉吉落入哈米德手中，他以炯炯的目光激励着自己的朋友们。同时落入哈米德手中的还有海达尔、赛姆利、盖纳伊和哈希米，伊本·哈马德虽然躲藏起来，但家被查抄。盖纳伊的家也未能幸免。从二人家中抄出很多用中国纸誊写的书卷，其中一部分是用金墨写的，以缎子和丝绸做裱褙，装订用的是上等皮革。[1]

引文中提及的哈拉吉（Hallāj，？—922），本名侯赛因·本·曼苏尔。伊斯兰历史上著名苏菲派哲学家。独自修行多年，后周游各地宣传其遁世苦行的主张。曾被指控犯有伪信罪而在巴格达入狱 8 年。虽备受折磨，但不改初衷，最终确立了苏菲派中的一种学说。人们对他褒贬不一，将其奉若神明的有之，将其看作异教徒的亦有之。他因经常论及人们心中的秘密，并为他们指点迷津，因而被称为"解密者"。至于金墨（Mā' al-Dhahab），直译应为金水。北大版《阿拉伯语汉语词典》注解为：贴金胶水，金箔下之涂料，液体黄金。在《一千零一夜》中人们经常看到这样的情节——哈里发在听到一个有趣的故事

1　巴格达迪著：《巴格达志》，贝鲁特学术书籍出版社，1989 年版，第 8 卷第135 页。

后，对其书记官说："这个故事很好，你用金水写下来，存入王室书库。"此物应是用纯金粉末与水调和、当年阿拉伯人认为最高级的一种"墨水"。

《文苑观止》的作者在"关于撒马尔罕及其特产"一节里提到麻纸时，将撒马尔罕与中国并列。他说：

> 撒马尔罕的特产有麻纸（Kawāghid），它淘汰了埃及纸（Qarātīs）和前人用以写字的皮子，因为它最好最细最柔最薄。这种纸只有此地和中国有。[1]

麦斯欧迪在《黄金草原与珠玑宝藏》"关于萨珊国王的记述"中也提到中国纸。

> 印度国王的信用红金写在一种叫作"卡济"（al-Kādhī）树的树皮上。这种树生长在印度和中国，是一种颜色好看、气味芳香的植物，树皮比中国纸还要细薄。中国国王和印度国王之间的往来信函都是用这种树皮。[2]

关于中国书法，仅看到两段记载。一段出自拉吉布·伊斯法哈尼的《文人聚谈》，一段出自伊本·纳迪姆（？—约

---

1 努威里著：《文苑观止》，埃及著作、翻译、印刷、出版总局和埃及图书总局古籍校勘中心，1929—1992 年版，第 1 卷第 367 页。
2 麦斯欧迪著：《黄金草原与珠玑宝藏》，贝鲁特时代书局，1988 年版，第 1 卷第 256 页。

1047）的《索引书》。《文人聚谈》里的记载是转引自阿拉伯著名历史学家和谱系学家伊本·凯勒比的话：

> 各民族的书写分为两种：一种是从右写，比如阿拉伯语和希伯来语；一种是从左写，比如希腊语和罗马语。凡是从左写的，都是分开的。中国的书写方法是一种形象雕刻。据说罗马国王说过："没有什么比阿拉伯人的书法更让人嫉妒的了。"

所谓"形象雕刻"（Nuqūsh Tasawwur），属于直译，也有中译者将其他阿拉伯古籍中类似说法译作"汉文书法像一种图画"，这与大家知道的"汉字起源于图画记事"基本吻合。

伊本·纳迪姆的《索引书》，是文学、历史、传记和各种艺术、学术的宝库，是阿拉伯古籍中的一流作品，是很多古今研究者所依据的阿拉伯文化的一个重要来源。伊本·纳迪姆是一位具有广博文化素养的作家，一位学问渊博的大师，一位知识领域的执牛耳者。他关于中国书法的记述如下——

> 中国书法写起来如同雕刻，精于此道者书写时也会感到疲劳，据说即便是书法高手每天也只能写两三页纸。他们把宗教和学术书籍写在扇面上。中国有一种被称为组合字的书法，也就是每个词由3个或更多字符组成一个图像，每句很长的话便是一个可以表达多种意思的由诸多字符组成的图形。人们如果

要写一百页纸，用这种书法写一页即可。

穆罕默德·本·扎卡利亚·拉齐说：

"有个中国人曾来到我这里，在我家住了差不多一年。他用 5 个月时间学习阿拉伯语的说话和写字，竟然成为一个口才甚好、书写神速的人。他在要回国的前一个月对我说：'我要走了，想找人为我口授 16 卷本的盖伦著作，我好把它写下来。'我说时间太紧了，剩下的时间就是抄写其中一小部分也来不及。小伙子说：'我请求您在剩下的时间里助我一臂之力，您只要用最快的速度向我口授就行，我肯定能够写完。'于是我找来一个弟子一起做这件事。我们以最快的速度口授，有时没等我们读完他就写完了。只在他把所有写的东西都拿出来核对时，我们才相信了他。我问他是如何做到的，他说：'我们有一种组合书法，就是你们看到的这个。如果我们想在短时间内写很多东西，便采用这种书法，然后如果我们需要，就再把它还原成通行的文字。就算是领悟力极高的聪明人，没有 20 年的工夫，是不可能掌握这种书法的。'"

中国有一种用混合物质做的墨，有点像中国油膏。我见过其中一些呈条块状的，上面盖印着国王头像，即使不停地写，一块也能用很长时间。[1]

　　伊本·纳迪姆的这段记载非常有名，常被研究中阿文化交流史的著述者引用。尤其是他转述的"中文速记法"，令人称奇，其中还没读完就写完了的表述，也让人感觉更像是一种传说。他在最后一段提到的"中国油膏"（al-Duhn al-Sīnī），在其他阿拉伯古籍中也出现过，似乎是一种堪称神药的"中国药膏"。伊本·希杰（Ibn Hijjah，1366—1433）在他的著作《纸叶的果实》（Thamarāt al-'Awrāq）中记述了这个奇谈，一并翻译如下：

　　我从苏勒旺·穆塔的奇谈中选出的是：

　　人们说，当萨布尔·本·霍尔木兹决意进入罗马国微服私访时，他的臣属幕僚为防不测，纷纷劝他不要这样做。他用棍子打了他们一顿。据说他总爱提拔一些以前的国王和喜欢娈童的长者当大臣。

　　萨布尔前往罗马国，陪同他的是一位两朝元老，不仅是他的大臣也是他父亲的大臣。此公足智多谋，果断干练，了解各种宗教，掌握各国语言，对各种知识更是烂熟于心。两人先往沙姆方向走。大臣乔装打扮穿了一身修道士的衣服，一路上讲着当地人的语言。他曾专攻外科医术并做过医生，随身带着中

1　伊本·纳迪姆著：《索引书》，贝鲁特学术书籍出版社，2002年版，第28—29页。

国药膏。这种药膏涂抹于外伤能使创口迅速愈合。在去往罗马国途中，这位大臣一直为人们治疗外伤，除了别的药外，每次都用一点点这种药膏，屡见奇效。如果遇到某个患有先天皮肤病症的人，他也如法炮制，而且很快就能治好。虽然这要用去不少药膏，但他同样分文不取。一时间他的名声传遍罗马国。

伊本·纳迪姆的这部名著，在阿拉伯古籍中篇幅不算是长的，但时间相对较早以及内容与 11 世纪前许多书籍名目相关，使后世学者对其极为看重，引用率非常之高。与中国关联的记载中，除了上述中国书法外，作者提到古代阿拉伯有一本书名为《印度和中国的文学》或《印度和中国的礼仪》，因为阿拉伯语"文学"和"礼仪"可以是一个词，可惜该书早已失传。

第五节
其他工艺制品

阿拉伯古籍中关于中国的工艺制品的记载不少，翻译成汉语的著述中多有提及，以下所译试为补充：

中国镜子。

贾希兹在《动物书》"阉人被阉前后的状况"一节中写道：

此节是讲阉人的，但对与植物打交道的庄稼人和种植枣椰树的人也是有益的。因为你看到的阉人，他表面上像明晃晃的宝剑，像中国镜子（Mir'āt Siniyah），像白花花的银块，像枣椰树湿润的木髓，像镶金的银杖，甚至他的脸颊像是玫瑰，但这只是昙花一现，转瞬间就会一去不返，尽管先前他是非常富有的，是很少从事体力劳动的，生活是优哉游哉的。[1]

贾希兹的中国镜子形容的是太监，伊斯法哈尼《歌诗》中的中国镜子形容的则是美少年：

法拉兹达格在 70 岁高龄时前去麦加朝觐。在环绕天房行走的人群中，他看到阿里·本·侯赛因，遂问："这个美如冠玉，宛若一面妙龄处女照赏花容的中国镜子般的年轻后生是谁啊？"众人告知是阿里，于是他吟出一首赞美诗。[2]

中国盾牌。

《黄金草原与珠玑宝藏》中有这样的记载：

大象只在僧祇和印度一带产崽生育，而信德象和印度象的象牙也长不到僧祇象的那样大。僧祇人用象皮做盾牌，印度人也如此。但这种盾牌在坚固性上，远远比不上中国盾牌(al-Daraq al-Sīnī)，以及其他各种用奶水浸泡过的兽皮盾牌。[3]

中国铁。

《风趣万种》一书中记载的"中国铁"（Hadīd Sīnī），属于直译，真正属于何种物质，阙疑，因为我们知道阿拉伯古

1　贾希兹著：《动物书》，黎巴嫩吉勒书局，1988 年版，第 1 卷第 107 页。
2　伊斯法哈尼著：《歌诗》，黎巴嫩文化印书馆，1990 年版，第 21 卷第 401 页。
3　麦斯欧迪著：《黄金草原与珠玑宝藏》，贝鲁特时代书局，1988 年版，第 21 卷第 401 页。

籍中的"中国雪"是火药，"中国木"是肉桂或桂皮。

艾布·努瓦斯有两枚戒指，一枚是玛瑙的，上写一句诗：

　　主啊，我的过错确实很大，

　　但您的宽恕比它更为宏大。

另一枚是中国铁的，上写：万物非主，唯有真主。

他临死前嘱咐说把戒指上镶嵌的宝石洗干净，等他死后放入他的嘴中。

人们说戒指有四种表示，宝石的表示干渴，绿松石的表示金钱，玛瑙的表示律法，中国铁的表示戒备——也有人说表示恐惧。

而贾希兹在《贸易指南》（al-Tabsirah Bi al-Tijārah）一书中也提到一些中国物件，罗列如下供参考：

最好的黑貂是中国黑貂。最好的羊毛毡子（al-Lubūd）是中国的羊毛毡子。从中国输出的有：宝剑、丝绸、瓷器、麻纸、墨汁、孔雀、灵巧但能驮重物的牲口、马鞍、桂皮和纯大黄（al-Rāwand）。

第五章
外交与政治

中国学者普遍认为，中阿之间的正式通交是在 7 世纪中叶，根据是"唐高宗永徽二年（651），大食王噉密莫末腻[1]遣使中国，'自云有国已三十四年，历三主矣'"[2]。自此即 651 年至 798 年的 148 年中，见于中国史籍的大食人遣使来华记载达 40 次。更有学者专门为此列出明细表[3]，详记时间、内容与资料来源。这些记载中，"遣使朝贡""请献方物""进宝马""来朝"等字眼比比皆是。客观地说，其中不能排除古代中国史家烘托渲染"万邦朝贡"的主观因素，其中大食方面的献宝者是否为当时阿拉伯哈里发中央政权所派官方使者也值得怀疑。阿拉伯史籍中关于中阿之间可以提升至外交层面比如"中国使团"正

---

1 哈里发徽号，意为：信民的领袖。

2 江淳、郭应德著：《中阿关系史》，经济日报出版社，2001 年版，第 29 页。

3 参见《中阿关系史》，同上，第 30—33 页。转引自张俊彦编著：《古代中国与西亚非洲的海上往来》，海洋出版社，1986 年版，第 39 页。

式到访的记载非常少，因此这一鳞半爪的史料就显得十分重要，尤其是在中国载籍中出使记载远远少于来使记载的情况下。它是中阿之间官方互有往来的证明，也符合中国人"礼尚往来"的传统道德观念。

第一节

外交往来记载

被誉为中世纪伊斯兰学界泰斗的伊本·焦济，撰写了一部历史巨著，名为《历代民族与帝王史通纪》。作者在"伊历44年"条下写道：

阿卜杜·麦利克·本·欧麦依尔说："我在穆阿维叶的公牍局（Dīwān al-'Inshā'）中见过一封中国国王的信。上写：拥有一千只大象的、王宫用金砖银砖建造的、由千王之女服侍的、有两条河浇灌国土的中国国王，致穆阿维叶。"[1]

伊本·焦济此段记述最早可见于贾希兹代表作之一《动

---

[1] 伊本·焦济著：《历代民族与帝王史通纪》，贝鲁特学术书籍出版社，1993年版，第5卷第209页。

物书》，后者除写为"穆阿维叶死后，我在他的公牍局中见过一封中国国王的信"[1]外，其他内容相同。穆阿维叶（Muʿāwiyah，？—680）是阿拉伯历史上非常重要的人物，伍麦叶王朝创建者，661年在叙利亚和埃及阿拉伯贵族支持下，自称哈里发，建立伍麦叶王朝，定都大马士革。穆阿维叶被世界史学家称为"伊斯兰帝国的卓越政治家和军事家"，680年在大马士革病逝。

伊本·焦济和贾希兹各自的记述，在时间概念上稍有不同。前者记述的是"伊历44年"发生的事件，按《回历纲要》换算为公元664年[2]，应是穆阿维叶在位（661—680）期间；后者则说是在穆阿维叶死后，应理解为死后不久。二者时间上的差异，或许并不重要，因为其对应的都在"唐初"的概念之内。而这一记述最大的关注点，在于它是唐高宗永徽二年即651年阿拉伯方面遣使中国后，中国方面外交回应的一个证明。尽管中国史籍中未见此时期出使阿拉伯国家的记载，但一个国家君主的"信"通常要有专门使节送达，委托第三方转交的可能性不大。《旧唐书·大食传》中虽已明文记载中阿于651年开始

1　贾希兹著：《动物书》，黎巴嫩吉勒书局，1988年版，第7卷第113页。

2　马坚编译：《回历纲要》，北京大学东方语文学系，1951年版，第21页。

通交，但中阿历史记载的有关双方外交活动的双重证明，仍具有十分重要的意义。

令人感到遗憾的是，来自"中国国王"的这封信，阿拉伯人仅记载了一个"抬头"，其他内容阙如。若在以前，当我们看到有些阿拉伯古籍中提及中国国王时，常将其与大象联系在一起，会产生虚无缥缈之感。但现在，当我们知道考古工作者在三星堆遗址发掘出几乎令人难以置信的大量象牙时，则会觉得阿拉伯人的记载也未必是空穴来风。

麦斯欧迪在《黄金草原与珠玑宝藏》中也提到一封来自"中国国王"的、其抬头与上文伊本·焦济和贾希兹所记非常相似的信函，但"收信人"不同。他在"关于萨珊国王的记述"一节说：

中国国王写信给艾努希尔旺，信的开头是："真珠宝石宫殿之君主，宫中有两条河流浇灌沉香树和气味可飘至2波斯里的樟脑树之君主，由一千个国王的公主服侍之君主，驻地有一千头白象之君主——中国国王法格福尔[1]，致其兄弟科斯鲁艾努希尔旺。"

1　法格福尔（Faghfūr），阿拉伯古籍中也常写作 Baghfūr、Baghbūr、Ya'būr 等等。学者们一般均考证为古代波斯人对中国皇帝的专门称谓，意思是：天子。

中国国王赠送他一匹全身由真珠编串成的稀世宝马，骑士和马的双眼为红宝石，剑柄为祖母绿并嵌有其他宝石。他还送了一块镶金中国丝绸，上有坐在宫殿中的国王画像，国王头戴王冠，周身珠光宝气，他的头顶上画着几个仆人，他们手中拿着蝇拂。画像全部用金丝编制而成，由天青石做衬底。这块丝绸放在一个纯金匣子里，由一位被长长秀发所遮掩的绝色美女献上。此外，他还送了很多中国大地所特有的、国王们认为只能赠予配用者的奇珍异宝。[1]

波斯萨珊王朝（226—651），是古代伊朗人在阿尔达希一世（226—241 年在位）率领下，推翻安息王朝创建的一个帝国。其领土向西迄达两河流域广大地区。该王朝在政治和文学等方面对之后的阿拉伯帝国影响很大。艾努希尔旺（'Anūshirwān），萨珊王朝国王，即科斯鲁一世（531—579 年在位）。科斯鲁（Kasrā）为古代波斯国王徽号。麦斯欧迪所记载的这封信是否真实有待考证，但中国在隋朝之前的东魏（534—550）和北齐（550—577）时期与萨珊王朝有所交往是完全可能的。此信所谓开头部分中的"沉香树""樟脑树"和"白象"等，令人

1　麦斯欧迪著：《黄金草原与珠玑宝藏》，贝鲁特时代书局，1988 年版，第 1 卷第 265—266 页。

联想到印度或今东南亚一带；后一段中也未提及献宝物的那位
"被长长秀发所遮掩的绝色美女"是否为中国人。

阿拉伯古籍中偶尔也会提到哈里发向中国派遣使者，但目
的并非像中国古籍中记载的那样是前来进贡的，而是要求中国
"归顺"的。诸如此类，恐怕也只能看作是双方史家的各自表
述了。譬如《亚古比历史》中便有如下记载：

哈里发麦赫迪派使者去见各地国王，要他们归顺。他们大
多数都表示归顺。其中有：喀布尔国王沙赫（Shāh）人称罕海
勒（Hanhal），泰伯里斯坦国王伊斯拜赫拜兹（'Isbahbadh），
粟特国王伊赫希德 (al-'Ikhshīd)，吐火罗斯坦国王沙尔温
（Sharwayn），拔汗那国王法兰朗（Faranrān），艾斯鲁沙
那国王艾夫欣（'Afshīn），葛逻禄（al-Kharlukhiyyah）国王
吉古亚（Jīghūyah），锡吉斯坦国王鲁泰比勒 (Rutabīl)，信
德国王拉伊 (al-Ra'y)，中国国王拜格布尔（Baghbūr），印度
国王伊拉赫（Yīrāh），九姓乌古斯（al-Tughuzghuz）国王汗
甘（Khānqān）。[1]

作者此处提到的应是各地国王的称谓，而不是某国王的名
字。其中"拜格布尔"，学者们考证为波斯语，意思是"天子"，

1　亚古比著:《亚古比历史》，贝鲁特萨迪尔书局，1992年版，第2卷第397—398页。

专指中国国王。中国史籍中从未见有所谓"归顺"之记载。

阿拉伯古籍中有关中国国王向阿拉伯帝国纳贡或献礼的传说，主要集中于伍麦叶王朝著名军事将领古太白·本·穆斯林（Qutaybah Ben Muslim，670—715）征服中亚地区的记载中。治史较严谨的阿拉伯历史学家一般只提伊历96年（约公元715年）一次（详见本书第八章"唐王向阿拉伯人纳贡之真伪"一节），但也有史家提到伊历93年（约公元712）还有一次。比如，伊本·凯西尔（Ibn Kathīr，1302—1373）在其代表作《始末录》（al-Bidāyah Wa al-Nihāyah）中说：

> 至于古太白，则征服了突厥地区，杀敌获物甚多，一直打到中国边界。他派人出使到中国国王处，要他归顺。中国国王非常害怕他，于是派人给他献上很多金银财宝和珍奇物件，尽管他势力强大、兵多将广，但还是派使者前来求和。[1]

阿拉伯史籍中每每提及的关于"中国国王纳贡"的传说，却得不到中国历史记载印证的因由可能有三个。一是当年阿拉伯人在大规模对外扩张过程中始终未能征服中国，因此将一些没有史实根据的民间传说载入史书，以在精神上自慰。二是中国史籍只记载对方遣使来华的活动，并将这类活动基本定性为

1　伊本·凯西尔著：《始末录》，贝鲁特知识书店，1990年版，第9卷第87页。

朝贡，而不记载或很少记载出使对方的情况，尤其是一些为求和等目的而进献礼物的情况，唯恐有损"天朝"形象。三是现代阿拉伯语中"国王"（al-malik）一词在古代记述中除了一国之王外，也有一地之王乃至一城之王的意思，实际上表达的是一定范围内掌握权力的行政长官。比如有些阿拉伯古籍中出现的 Malik Khāmfū（直译为"汉府之王"），中译者便译为"广州总督"。再如麦斯欧迪也使用过"中国的国王们"（Mulūk al-Sīn）[1] 的复数形式，其所指当为郡王、诸侯一类。此外阿拉伯古籍中的中国国王，也可能是指当时隶属中国势力范围的"藩王"一类，后者由于种种原因曾有向阿拉伯人献礼、进贡之举，是可以肯定的。阿拉伯人难以分清各种中国"王"的性质或者有意夸大为"国家元首"，各路中国藩王自称"中国国王"以达威慑对方之目的，诸如此类的原因都有造成中国国王向阿拉伯人进贡一说被载入阿拉伯史籍之可能。

古代各国间互派使节出访时送上一些礼物表示善意，应被视作一种常理和常例，将此"送礼"行为一概定义为"朝贡"，恐是出于某种妄自尊大心态。以下一条阿拉伯史籍中的记载，

1　麦斯欧迪著：《黄金草原与珠玑宝藏》，贝鲁特时代书局，1988 年版，第 1 卷第 141 页。

如果出现于中国史籍，很有可能变为某年某国来使朝贡的"套话"。埃及著名史学家麦格里齐，在《了解各地国王的途径》中"伊历741年"条下有这样的记载：

纳赛尔素丹收到马格里布、印度、中国、阿比西尼亚、努比亚、泰克鲁尔（Takrūr）[1]、突厥、罗马、法兰克（Farank，今法兰西一带）等地国王送来的礼物。[2]

1　根据雅古特《地名辞典》第2卷第38页所述，泰克鲁尔位于马格里布南端靠近苏丹一带。

2　麦格里齐著：《了解各地国王的途径》，埃及著作翻译与发行委员会，1956年版，第2部第2卷第533页。

第二节

关于唐杨良瑶出使黑衣大食

自从张骞凿空西域，中阿两大民族间的交往渐次频繁，及至唐朝达到高潮。据中国史籍载，仅黑衣大食遣使来唐即达 20 余次。黑衣大食即阿拉伯历史上的黄金时期阿拔斯王朝（750—1258），因其旗帜尚黑，故中国史籍称其为"黑衣大食"。相对于来华"朝贡"次数的详细记载，中国史籍中对大唐是否曾经礼尚往来遣使阿拉伯的记载却付之阙如。

1984 年 4 月，我国文物工作者在陕西省咸阳市泾阳县从事田野调查时，在大、小户杨村附近发现了一个晚唐石碑，即《唐故杨府君神道之碑》或曰《杨良瑶神道碑》。2001 年，在新编《泾阳县志》（陕西人民出版社，2001）中第一次公布了该碑碑文。

主要内容如下：

贞元初，既靖寇难，天下□安，四海无波，九州人觏者使绝域，西汉难其选；今通区外，□□皇上思其人。比才类能，非功莫可。以贞元元年四月，赐绯鱼袋，充聘国使于黑衣大食，备判官、内傔，受国信、诏书。奉命遄行，不畏乎远。届乎南海，舍陆登舟。遐迩无惮险之容，凛然有必济之色。义激左右，忠感鬼神。公于是剪发祭波，指日誓众。遂得阳侯敛浪，屏翳调风。挂帆凌汗漫之空，举棹乘灏淼之气。黑夜则神灯表路，白昼乃仙兽前驱。星霜再周，经过万国。播皇风于异谷，被声教于无垠。德返如期，成命不坠。斯又我公仗忠信之明效也。四年六月，转中大夫。七月，封弘农县开男，食邑三百户。

碑文中的关键词应为"贞元初"——对应公历为785年，"充聘国使"——大唐官方使节，"黑衣大食"——阿拉伯帝国阿拔斯王朝。《杨良瑶神道碑》碑文一经公布，便在中国史学界引起不小轰动，因为杨良瑶率官方使团下西洋的时间比郑和早了620年，是唐朝唯一一次向大食国正式派遣使节，意义非凡，堪称壮举。同时学界也存在质疑之声，即无论中国还是阿拉伯的史料中均无任何记载。实际上中世纪阿拉伯最著名的历史学家之一麦斯欧迪在《黄金草原与珠玑宝藏》中的一段记载，虽然只有一句话，但应引起我们的注意：

我们已在本书中提到过关于中国使团的人进见麦赫迪时，对他说"猴子让他们的国王在吃饭时受益匪浅"的事情。[1]

麦斯欧迪这句话中的关键无疑是"中国使团"和"麦赫迪"。麦赫迪是阿拔斯王朝即黑衣大食第三任哈里发，公元 775—785 年在位。在位期间大事修建公路，改善邮政设施，贸易一片繁荣，文学、艺术和哲学也取得长足发展。他执政的末年即 785 年，与《杨良瑶神道碑》中所记载的出使黑衣大食的时间"贞元"即 785 年，高度吻合，使我们有理由相信他接见的中国使团，极有可能就是杨良瑶率领的中国使团。

从上述碑文可知，杨良瑶没有选择陆上丝绸之路而是选择海上丝绸之路，从广州出发前往黑衣大食帝都巴格达。说明当时海上丝路已相当兴达，人们对路线、船只和季风等条件的掌握也已相当成熟。据后世学者考证，当年经海上丝路从广州到巴格达所需时间为 2 至 6 个月，因此杨良瑶的中国使团 785 年初启程，同年到达目的地巴格达的可能性是完全存在的。这是唐朝对外关系史和中阿交往史上里程碑式的重大事件，除却双

1　麦斯欧迪著：《黄金草原与珠玑宝藏》，贝鲁特时代书局，1988 年版，第 1 卷第 196 页。

方政治经济关系得以加强之外，对体现秉承来而不往非礼也之理念的文明大国——中国的形象，具有十分重要的意义。无论从学术研究角度还是传续民间友好角度，进一步发掘相关史料，深入研究唐杨良瑶出使黑衣大食的历史背景、出使目的、经行路线，尤其是出使成果和影响，都是十分必要的。

译自法文的《黄金草原》中译本，1998 年即已出版面世。研究者们在该书包罗万象的巨量信息中，未能留意到哈里发麦赫迪的 785 年和唐使杨良瑶的 785 年之间可能存在某种关联，在所难免。麦斯欧迪是在记述"盖卜赫山和其他民族"一节中提及上述记载的。盖卜赫（al-Qabkh）山即指高加索山。在其他版本中也有写作法塔赫山的。本段文字前后记述的是各地的猴子，作者所言"在本书中提到过"有关中国使团和猴子的这件事，查前文未见。有的版本写作"将在下文中提到"，查下文亦未见。这种现象在古代阿拉伯大师的著作中并不鲜见，因为他们的著作太多，记忆有误是可以理解的。同时这也说明阿拉伯古籍中相同内容经常重复的现象较为普遍。实际上作者在这句话前刚刚讲过其他地方有一种猴子非常聪明，国王们为防止有人下毒，进餐前先让猴子去试——猴子吃了他便放心地去吃，猴子不吃他便知道食物有毒。至于麦斯欧迪此处所说猴子让中国国王受益是否也是指此类事情，不得而知也无关紧要。他记载下的"中国使团"和"麦赫迪"，使我们知道阿拉伯古籍中存在可能与唐杨良瑶出使黑衣大食相关的重要史料参证，已经是很大的贡献了。

第三节

"关防文书"与最早的"签证"

麦格里齐是埃及马穆鲁克王朝著名历史学家，被后世学者尊为"埃及史学家之王"。他在其代表作《了解各地国王的途径》"伊历 687 年"条下写道：

> 这一年，为了那些希望前来埃及和沙姆的人，由法塔赫丁·本·阿卜杜扎希尔执笔，给信德、印度、中国和也门的王公贵族们誊写了关防文书（صورة أمان，sūrah 'amān），并派人送去原件。[1]

伊历 687 年约为公历 1288 年，此时埃及与沙姆地区已是

1　麦格里齐著：《了解各地国王的途径》，埃及著作、翻译与发行委员会，1956 年版，第 1 部第 3 卷第 742 页。

马穆鲁克王朝（1250—1517）的天下。该王朝在阿拉伯伊斯兰历史上具有非常重要的地位和影响，被史学家称为中世纪最后一个"闪烁着伊斯兰文明余晖"的国家。其统治者们不仅取得了包括抗击蒙古人西征和十字军东征在内的政治军事上的伟大胜利，而且在经济贸易领域也取得了迅速的发展。"埃及开罗、亚历山大港、大马士革商业发达，店铺林立，商贾云集，东西交通大开，同东、西方国家进行转口贸易，从中收取巨额关税，用以支付行政、军事和城市建筑费用。"[1]1288年，王朝军队刚刚收复被蒙古人占领的叙利亚失地不久，并继续展开抗击十字军的战争，此时由官方机要部门向东方各大国送发"关防文书"，显然是当时统治者"远交近攻"政策的一个重要步骤，同时也不排除具有"国际招商"的意图。

值得一提的是，引文提到的法塔赫丁·本·阿卜杜扎希尔（1241—1292）是埃及马穆鲁克王朝历史上"第一个被称为'机要书记官'（kātib al-sirr）并担任公牍局长官的人"[2]。机要书记官在哈里发政权朝廷中地位非同寻常，权力有时在一般大臣之上，可对应汉籍中的"枢密使"；公牍局长官可对应"枢长"

1　宛耀宾总主编:《中国伊斯兰百科全书》，四川辞书出版社，1994年版，第343页。

2　海依尔丁·齐里克利著:《名人词典》，贝鲁特大众知识出版社，1998年版，第6卷第234页。

（枢密院长官）。由这样一位朝廷重臣"执笔"发往外国的文件，无疑是一种重要的正式外交文书。

此处关防文书 sūrah 'amān，为意译。其中 sūrah 的意思是：图，画，肖像，文件抄本等；'amān 的意思是：安全，太平，宽恕等。其发放目的，无疑是为保证外国使节、皇亲国戚（引文中说发给王公贵族）和巨商等重要人物的往来顺畅，要求各地边防关卡见此文书立即放行。这种文书显然具有当今"签证"的某种性质，其在中阿关系史中的意义，自不言而喻。

1288 年正值元世祖忽必烈至元年间（1264—1294），蒙古西征大军在 1281 年霍姆斯战役和 1303 年苏法尔草原战役大败于埃及马穆鲁克王朝军队后，再也无力发动侵埃战争。"1323年，蒙古汗使节访问埃及，赠给纳绥尔丁素丹 700 匹丝绸，标志着中埃关系进入和平友好时期。"[1] 元世祖非常重视发展海外贸易，行之有效的外贸政策和措施，促进了中国和阿拉伯的经济交流。在这一过程中，埃及商人在扩大中国商品市场方面起了重要作用，他们除了直接到中国贩运外，还从事中国货物的转口贸易。中国方面，从泉州起航的中国商船，也经常到波斯湾、红海沿岸各阿拉伯国家做生意。在中阿关系更

1　江淳、郭应德著：《中阿关系史》，经济日报出版社，2001 年版，第 84—85 页。

加紧密、往来更加频繁的元朝，如果中国官方确实收到了埃及马穆鲁克王朝正式发出的"关防文书"，那么这将成为双方共促友好关系不断发展的又一有力证明。

另也很值得一提的是，1301 年（元大德五年），中国一位时年 19 岁、名叫杨枢的杰出青年航海家，曾以"官本船"浮海至西洋，1307 年又远航到波斯湾的霍尔木兹。专家普遍认为，杨枢船队很有可能还和沿途的阿拉伯国家做过生意。在当年的类似远航过程中，中国人是否得到过阿拉伯方面的"关防文书"，是值得今后继续探讨的问题。

如果说"关防文书"所具有的签证性质尚欠明确，那么阿拉伯另一重要古籍《文牍撰修指南》中的一段记载将使签证概念更加清晰。埃及著名历史学家和文学家盖勒盖珊迪在该书中记道：

这一形式的"入境保证函"（نسخة الأمان, nuskhah al-'amān），是由一位名叫穆罕默德·本·穆卡莱姆的人，在其著作《聪明人传记》（Tadhkirah al-Labīb）中存录下来的。他是曼苏尔王朝公牍局的一位书记官。他以曼苏尔的名义、专门为要求前来埃及的中国、印度、信德、也门、伊拉克和罗马等地的商人，撰写此函。函中明示：允许来自伊拉克、波斯、罗马、希贾兹、印度和中国，以及未提到的其他地区的巨商与有关重要人士，从他们希望的任何一个口岸入境。[1]

凡得到此函的，居住在也门、印度、中国、信德等地之商人，即可准备动身前来埃及。他将看到我们做的比说的更多，他将发现他遇到的忠诚善行比这些保证更多，他将来到一个生命和财产安全都能得到充分保障的国度。[2]

这里提到的穆罕默德·本·穆卡莱姆，当指中世纪最著名的阿拉伯语言学家之一伊本·曼祖尔（Ibn Manzūr，1232—1311）。其编纂的《阿拉伯语大辞典》（Lisān al-'Arab）蜚声古今阿拉伯世界。据《名人词典》载："穆罕默德·本·穆卡莱姆（号伊本·曼祖尔），出生于埃及，在开罗公牍局做过书记官，曾到的黎波里做过一段时间法官，后返回埃及，卒于埃及。"[3] 这与引文所提及名字、时间和职业等均相吻合。"曼苏尔王朝"，应是指马穆鲁克王朝第七任（一说第八任）素丹曼苏尔·努尔丁统治时期，此处"曼苏尔"当视为其取意"胜利之王"的徽号而不是名字。因此他在阿拉伯历史上以盖拉温

1　盖勒盖珊迪著：《文牍撰修指南》，埃及图书总局，1985 年版，第 13 卷第 339—340 页。

2　同上，第 341 页。

3　海依尔丁·齐里克利著：《名人词典》，贝鲁特大众知识出版社，1998 年版，第 7 卷第 108 页。

（Qalāwūn，1279—1290 年在位）之名为人所知，更因 1281 年作为埃及统帅在霍姆斯战役中大败蒙古军队而名扬天下。

今人所说的签证，是指一个国家国内或驻外机构的主管机关，在别国公民所持护照或其他有效旅行证件上盖印、签注，表示允许持护照人入境、出境或经过该国国境的一种许可证明。中世纪各国公民自然没有所谓护照，13 世纪马穆鲁克王朝政府向中国等国公民发出的"签证"只能是一种信函的形式，但其具有现代概念中签证的基本性质——入境许可，是可以置信的。

总之，埃及马穆鲁克王朝发出的"关防文书"和"入境许可函"，其性质基本相同，即保证持有者顺利通关入境。根据已见资料，这当是中阿之间外交活动中最早出现的一种"签证"。由于其强调送达对象为巨商和其他重要人物，亦可认为是给予特殊公民的一种"礼遇签证"。这种"签证"的出现，在中阿关系和中外关系历史上的意义与重要性不可小觑。

第四节

伊嗣俟求唐救援的记载

伊嗣俟（？—651）求唐救援一事是中外关系史上的重要事件。伊嗣俟的名字在《旧唐书·波斯传》中作伊嗣侯。其名在阿拉伯文献中作 Yazdajird，即中国学者所称叶兹底格德三世（632—651 年在位）。伊嗣俟是波斯萨珊王朝末代国君，在位期间国势已衰，无力抵御风头正劲的阿拉伯大军入侵。波斯军队 633 年曾一度取胜，但在 635 年著名的卡迪西亚战役中惨败，642 年再败于尼哈温德，至此萨珊王朝已名存实亡。651 年伊嗣俟仅偕少数侍从逃往木鹿，后死于该地，死因众说不一。有说在逃亡途中被一磨坊主图财害死，中国史籍称其被阿拉伯人所杀，阿拉伯人则说其死于自己侍卫手下。伊嗣俟生前与中国

多有交往且关系很好，危难之际首先想到向中国求助自在情理
之中。这一点可以在麦格迪西的《肇始与历史》中得到印证：

　　伊嗣俟取道锡吉斯坦到达木鹿沙赫疆，他想由此转奔中国。
事前他已将自己的辎重和金钱运往那里。[1]

　　伊嗣俟在位 20 年，其间王国动荡不安，处于分崩离析的
边缘。他被杀之后，他的侍仆、随从等一干人四处溃散：将领
们投奔巴勒赫，歌手们跑到赫拉特（Harāt，今阿富汗境内），
仆人们逃往木鹿。马赫威（Māhwī）将伊嗣俟的金银财宝交给
了阿卜杜拉·本·阿米尔。至于伊嗣俟事先运到中国的那些东西，
则落入中国人手中。[2]

　　需要说明的是，木鹿在阿拉伯地理文献记载中分为两个地
方，一曰木鹿鲁兹（Marw al-Rūdh），一曰木鹿沙赫疆（Marw
al-Shāhjān）。雅古特在《地名辞典》"木鹿鲁兹"条下说："鲁
兹为波斯语，意思是河。它是离木鹿沙赫疆很近的一个城市，
两城之间有 5 日路程。因坐落在一条大河旁，故得名。它比木
鹿沙赫疆规模要小。"[3]

　　伊嗣俟求唐救援看似一涉及中国与伊朗关系的外交事件，

1　麦格迪西著：《肇始与历史》，贝鲁特萨迪尔书局，1988 年版，第 5 卷第 195 页。
2　同上。第 197 页。
3　雅古特著：《地名辞典》，贝鲁特萨迪尔书局，1995 年版，第 5 卷第 112 页。

但其背景与阿拉伯方面有着密切关系，特别是在阿拉伯哈里发政权初露锋芒取得对外扩张重大胜利之时。这一胜利直接导致世界历史上辉煌一时的著名王朝彻底崩溃。阿拉伯史家对此感到十分自豪，因而留下许多文字记载。其中泰伯里在《历代民族与帝王史》中的记述时间较早，成为他之后历代史家取材的源头。以下四段即是泰伯里关于此事并涉及中国的记载：

当时（伊历 22 年）正在木鹿鲁兹的伊嗣俟致函突厥可汗求援，也修书给粟特国王求援。于是他的两个使者前往这两个王国。同时他还发信给中国国王，请求援助。[1]

在木鹿，伊嗣俟将手中掌控的金银财宝聚集在一起后，急于把它们运出去。他想带着这些财宝去投奔可汗。由于这些财宝对于波斯人来说也至关重要，所以周围的人问他："你究竟要做什么？"他说："我想去追赶可汗，和他在一起，或者到中国去。"他们说："且慢。这是个非常糟糕的主意。你这样做，只能是到他们的王国去做臣民，而不再拥有自己的国土和臣民。这样你还不如把我们带回到那些人（指攻打他们的阿拉伯人）那里，我们去和他们讲和。我们宁可让他们统治我们的国家，

1　泰伯里著：《历代民族与帝王史》，黎巴嫩遗产书局，1967 年版，第 4 卷第 167 页。

因为他们是信守诺言的人，而且有宗教信仰。与其让没有宗教、而我们又不知其是否信守诺言的人，在他们的王国统治我们，不如让敌人在我们自己的国家统治我们。"他和他们各执己见，谁也不能说服对方。[1]

他们说：可汗过河时，科斯鲁王室（指萨珊王朝王室）的侍从们，或跟随王室前往巴勒赫的人，遇到了伊嗣俟先前派往中国国王那里去的使者。使者带有中国国王的回信和赏赐的礼物。他们问他此行的结果，他说："当我见到他时，我呈上信件，献上礼物，他赏赐给我你们现在所见的。"使者让众人看中国国王赏赐的礼物，然后说中国国王给伊嗣俟写了一封回信。写信前，中国国王曾对他说：

"我知道，当国王们受到攻击时，其他国王们理应出兵援救。你再给我描述一下那些把你们赶出家园的人的品行。我听你提到他们人少，你们人多，可我从未听说在数量悬殊如此之大的情况下，人少的他们能连战连胜、人多的你们却节节败退的情况。"

使者说："那您想问什么就问吧。"

国王问："他们是信守诺言的吗？"

---

1 同上，第170—171页。

使者答："是的。"

问："在进攻你们之前，他们对你们说了什么？"

答："他们让我们在 3 件事情里选择 1 件：要么信奉他们的宗教——如果我们答应，他们就对我们一视同仁；要么缴纳人丁税甘当顺民；要么宣战。"

问："他们对自己的首领是如何表示尊服的？"

答："他们是最尊服自己引导者的民族。"

问："他们允许什么，禁止什么？"

使者告诉他后，他问："他们是否禁止你们做他们能做的事，或允许你们做他们禁止做的事？"

使者答说没有。于是国王说："这些人，直到他们使禁戒成为合法、使合法成为禁戒之前，是永远不会灭亡的。"

停了一下，国王又说："给我讲讲他们的衣着。"

使者告诉了他。他又问他们骑乘的动物。使者说有纯种阿拉伯马并描述得很仔细。国王说："这才是真正的好马啊！"使者又给他描述了骆驼，以及它如何卧下、如何用驮子驮起很重的物品。国王说："这正是有长脖子的牲口的特点。"

中国国王在写给伊嗣俟的信中说：

"我清楚地知道我应尽的义务，本可派出一支先头部队在

木鹿、后续部队在中国的大军。然而，你的使者为我描述的那
些人，倘若要攻克群山，他们能将其夷为平地；倘若他们一路
无阻，那连我也抵挡不住——如果他们像所描述的那样。所以，
你还是与他们讲和为上，委曲求全让他们满意好了，只要他们
不惹恼你，你也不要去激怒他们。"[1]

有人说：（伊历 31 年）伊嗣俟决定在呼罗珊暂时落脚，
然后聚集了一些人马，带领他们去和占领他王国的人交战。他
和跟随他的人前往木鹿，同行的有作为人质的一些部落酋长的
儿子们，还有他们的一个首领法鲁海扎兹。到达木鹿后，他给
各地国王写信求救，同时也写信给中国君主、拔汗那国王、喀
布尔国王和海宰尔（史称可萨突厥）国王求援。[2]

关于伊嗣俟求唐救援，唐王不肯出兵的原因，范文澜说：
"633 年，大食侵波斯，波斯战败，国王伊嗣俟逃亡。647 年，
伊嗣俟遣使来朝，请求援助。因道路遥远，唐太宗不允出兵。
伊嗣俟死，子卑路斯逃亡到吐火罗，又遣使来求救，唐高宗仍
因路远不允出兵。"[3] 而阿拉伯史家笔下却把不肯出兵驰援的原

1　泰伯里著：《历代民族与帝王史》，黎巴嫩遗产书局，1967 年版，第 4 卷第
　　172—173 页。
2　同上，第 295 页。
3　范文澜著：《中国通史简编》修订本，人民出版社，1965 年版，第 3 编第 1 册
　　第 295 页。

因归结为中国国王被阿拉伯人所震慑，并添加了明显的演绎成分，而这正是他们的惯用技法——凡是记写阿拉伯与外国尤其著名大国交往的，大多以夸张、吹嘘的口吻大谈本国之强大。泰伯里是阿拉伯史学家中较为审慎严谨者，一般都会在此类传说前写明"他们说"或"人们说"等，自己则不做真伪判断和评论。至于中国国王给伊嗣俟回信的内容，更有杜撰虚构之嫌。评介这一类阿拉伯史料记载，目的是有助于了解阿拉伯人对某一事件是如何记述的，尽可能从中发现一点可资利用的信息。

第五节

中国国王与亚历山大大帝媾和之传说

　　阿拉伯史籍特别是较大部头的著作，一般都要对人类早期历史及各大民族间的征战作一番追记与描述，内容大同小异。其中很多信息资料来自古代罗马、希腊和波斯等文明古国历史记载与传说。对于世界征服者中的突出人物，马其顿国王亚历山大大帝（前356—前323），阿拉伯史家通常着墨较多，尤其是中国国王曾与亚历山大大帝媾和的传说频频出现于他们的著作中。这个传说在阿拉伯地区流传甚广，大英博物馆收藏的中世纪阿拉伯艺术珍品中甚至有一幅若干古代将士在一艘船上奋力划桨的绘画，文字说明是亚历山大大帝在进攻中国途中。同时我们也注意到，单就与中国国王相关的传说而言，阿拉伯史家更多的是在记述古代各国睿智的国王们的章节中提及，实际上是在证明中国国王的智慧与谋略，从而构成阿拉伯人哲学视野中贤明智慧的中国君主总体形象的一部分。

很多阿拉伯史学著作中都记述了亚历山大大帝曾经远征到中国的传说，但治学谨严的史家对此多有质疑。著名历史学家和地理学家雅古特曾说：

> 以前的传记作家们说："亚历山大·本·菲利福斯·罗米（即亚历山大大帝），战胜并杀死了很多国王。他征服并踏上各国领土，直到中国最远的地方，并修建了雅朱者和马朱者壁垒。他做了许许多多的事情，而死时仅32岁零7个月。"如果以上说法是正确的，那么看来他活着时，一刻也不曾休息。这是十分奇怪和不符合常理的事情，学者们没有很好地计算他的在位时间。带领庞大军队及辎重进行如同周游世界般的远征，需要非常长的时间，更何况每到一地征集军需粮草和对付那些占有坚固城堡的对手也需大量时间。即便他像传说中的那样有勇有谋、意志坚强、善于用兵，但仅凭他的年轻气盛就想对抗那些伟大的国王是不可能的。[1]

1　雅古特著：《地名辞典》，贝鲁特萨迪尔书局，1995年版，第1卷第182页。

　　古代阿拉伯著作家中较早提及亚历山大大帝远征中国的，是《卡里来和笛木乃》的作者伊本·穆加法。他在此书中只提及中国两次，其中一次是这样的：

　　之所以为印度国王戴布舍利姆（Dabshalīm）撰写《卡里来和笛木乃》一书，是因为双角王亚历山大在完成对西方诸王的征服后，开始向东方挺进，意图征服波斯等地的东方诸王。一路上他打败抗争者，战胜抵御者。他对波斯各地王公区别对待，凡归顺者安之抚之，凡拒降者战之灭之。那些负隅顽抗的人最终被打得东奔西窜，落荒而逃。然后他率兵向中国进发，中途他想先去印度，以期让印度国王归顺于他，改变他的信仰，听从他的调遣。当时的印度国王名叫福尔（Fūr），是位权隆势重、勇猛刚毅之王。他听说双角王大兵压境，便开始厉兵秣马，准备迎战。[1]

　　亚历山大大帝是西方人，他的远征是针对东方的。历史上西方学者或许曾对此事有所渲染，但当代西方学者对这次远征的认识已趋客观和清晰：亚历山大大帝没有到过中国。公元前334年春，亚历山大大帝统帅30000步兵和5000骑兵出征，最初目的是夺回两个世纪前被强大的波斯帝国占领的

1　伊本·穆加法著：《卡里来和笛木乃》，贝鲁特文化出版社，1988年版，第6页。

位于小亚细亚的希腊城邦。远征军所向披靡，占领巴比伦前已被宣布为"亚洲之王"。

公元前330年3月他又去追击大流士，但发现大流士已被随从杀死。尽管部下思乡心切，亚历山大却决意奋勇前进，一直打到世界东边的尽头，他认为这一尽头就在印度河东不远的地方。他在东方国家中转战3年，公元前327年夏到达印度。在希达斯皮斯河（今杰卢姆河）打败国王色鲁斯骑着战象的军队，然后继续向东进军。由于部下一齐驻马，他只得收兵回军。公元前323年亚历山大抵达巴比伦后死于此地。

由此观之，阿拉伯史籍中关于中国国王与亚历山大大帝媾和的传说缺少确凿的历史根据，但"他在东方国家中转战3年"也给人留下想象空间。中国研究阿拉伯历史的学者比较推崇三位大家，即《历代民族与帝王史》作者泰伯里、《黄金草原与珠玑宝藏》作者麦斯欧迪和《历史大全》作者伊本·艾西尔。关于此事泰伯里只有寥寥数语，麦斯欧迪未提及，伊本·艾西尔的记述最长也最生动。泰伯里说：

亚历山大一往无前，来到印度，杀死了当地的国王，征服了他的城市，然后他进入中国。在那里的做法与在印度的如出一辙。自此两地百姓皆臣服于他。[1]

伊本·艾西尔的记述如下：

亚历山大从印度向中国进发。到达那里时，他的侍从在夜里向他通报：中国国王使者到。他召见了使者。使者向他致意，并要求与他单独晤谈。于是众侍从对其进行搜查，未发现任何可疑之物。原先和亚历山大在一起的人统统退下。这时，使者说道：

"我就是中国国王。此次前来，是想询问一下你的要求。倘若我能够做到，我就满足你的要求而放弃战争。"

亚历山大对他说："我凭什么答应你？"

他说："我知道你是位睿智和英明的人。你我之间也不存在敌意和仇隙。而你是知道的，即便你将我杀死，那么我的被杀也不能成为将中国民众从我的王权下转交给你的理由。况且这样做，你还会背上不仁不义的名声。"

亚历山大知道他机智过人，便道："我要你立即交出国库中3年的地租，今后每年地租的一半归我所有。"

他说："我可以答应你。但你应该问问我，我的处境将会如何。"

---

1 泰伯里著：《历代民族与帝王史》，黎巴嫩遗产书局，1967年版，第1卷第577页。

"那你说说你的处境将会如何。"

"我将成为士兵杀死的第一人，猛兽吃下的第一餐。"

"那我收你两年地租怎样？"

"我的情况会好些。"

"收你一年的呢？"

"我可以继续执掌王权，但我的享乐将会失去。"

"如果我免收过去的，只要今后每年三分之一的地租，那么你的处境会是什么样呢？"

"这样的话，也就是六分之一归穷人寒士和老弱病残并应付国之所需，六分之一归我本人，三分之一归军队将士，三分之一归你。"

"我看如此甚好。"

他向亚历山大表示感谢后便回去了。兵士们听说此事，都为双方能够讲和感到非常高兴。翌日，中国国王突然率大军出现，将亚历山大的兵士包围。亚历山大立刻上马率部下来到阵前。只见中国国王头戴王冠，坐在一头大象上。亚历山大对他说：

"莫非你背信弃义，反悔了不成？"

"不。"中国国王答道，"但我想让你知道，我顺从于你，不是因为怯懦和无力应战，而是因为我发现上天的吉星正高照于你。我只是想以顺从你来顺从它，以接近你来接近它。"

亚历山大说："像你这样的君主，实在不该被强行收取地租，因为除你之外我从未见过有谁堪称仁君或明主。我免除原来向你要求的一切，马上从你这里撤军。"

"你不会损失什么的。"

中国国王说完，命人送给他比先前准备送给他多一倍的礼物。亚历山大当日便退兵而去。东方和西方两地的人们莫不臣服于他。[1]

伊本·艾西尔为后人演绎的这个精彩历史故事的确非常吸引人，以至本文的校勘者在此段文字结尾处专门加了注释，告诉读者在另一部历史著作《波斯国王史传精要》（Ghurar Akhbār Mulūk al-Furs wa Siyarihim）中，有中国国王送给亚历山大大帝礼物的"清单"。包括"丝绸一千匹，绢帛一千匹，锦缎一千匹，银器一千件，黑貂、狐狸、海豹、松鼠和公兔皮各一千张，龙涎香一千米斯加勒，麝香一千纳非杰[2]，沉香

---

1 伊本·艾西尔：《历史大全》，贝鲁特阿拉伯书籍出版社，1999年版，第1卷第250—251页。
2 专门装麝香的容器。

一千莱特勒[1]，黄金白银一千塔斯[2]，镶嵌黄金宝石的印度短剑一百柄，马鞍一百副，镏金中国马勒一百个，全身精制铠甲一百套。另外每年尚须纳税"[3]。

从古到今世界上有不少城市取名亚历山大，其中有些，特别是早期的显然与亚历山大大帝之间存在渊源，比如埃及的亚历山大城。关于此，阿拉伯著名历史学家迪奈沃利记述说：

亚历山大建造了 12 座城市：埃及的亚历山大城，阿拉伯人土地上的奈季兰（Najrān）城，呼罗珊的木鹿城，伊斯法罕的杰依(Jayy)城，在海岸上建的城市叫赛伊杜达(Saydūdā)，在印度建的叫杰尔威 (Jarwayn)，在中国建的叫盖尔奈英（Qarnayn），其他城市都建在罗马地区。[4]

阿拉伯语"盖尔奈英"是"双角"的意思，阿拉伯古籍中亚历山大大帝也常以"左勒盖尔奈英"之名出现，意思是有两个犄角者。《古兰经》中有关于"左勒盖尔奈英"的记载，但一些伊斯兰教学者认为此"双角人"与双角王亚历山大大帝并非同一人。著名伊斯兰教义学家和教法学家伊本·泰米

---

1 1 莱特勒约等于 2564 克。

2 喝水的器皿：碗或钵。

3 伊本·艾西尔：《历史大全》，贝鲁特阿拉伯书籍出版社，1999 年版，第 1 卷第 250—251 页。

4 迪奈沃利著：《漫长的记事》，埃及知识书局，1988 年版，第 20 页。

叶（Ibn Taymyyah，1263—1328）曾在《教法判例》（Majamū'ah al-Fatāwā）中说：

> 亚里士多德曾做过亚历山大的大臣。基督教徒和犹太教徒在罗马历史中记载了这位比耶稣还要早大约300年的人物。崇拜哲学家的人，认为他就是《古兰经》中提到的双角人（即左勒盖尔奈英）的大臣，希望以此提高他的地位和声望。这是愚昧的。双角人比这要早非常长的一个时期。双角人修建了雅朱者和马朱者壁垒。而这个马其顿人虽然到过波斯，但不曾进入中国，更不用说修建壁垒了。[1]

不论是在中国所建的"双角城"，还是有关中国国王与亚历山大大帝媾和的传说故事，都还没有找到令人信服的历史根据，不能作为严肃的史料看待。试想，亚历山大远征时期正值我国历史上的战国时代，分布在黄河中下游的战国七雄，正在为争建霸业或保全自己而忙于远交近攻、合纵连横，他们当中的国王怎么可能有人代表一个尚未统一的"中国"，长途跋涉，不畏艰险，只身去与亚历山大大帝进行谈判呢？

---

1 伊本·泰米叶著：《教法判例集成》，沙特阿拉伯阿比堪书店，1998年版，第9卷，第181页。书名中"集成"为后人所加。

第六章
军事与战争

"在现代地图上看来，阿拉伯和中国隔着许多崇山峻岭和广阔的海洋，似乎距离相当辽远。但是，在历史上阿拉伯和中国曾经是紧接的近邻，也曾有过密切的友好关系。使节的往来、贸易的频繁、文化的交流，正是当日的实际情况。"[1]

在历史久远的中阿两大民族的接触与交往过程中，友好和睦始终是主旋律，但这并不意味着其中没有偶尔出现的不谐调的插曲。历史上，中阿之间以及中阿各自藩属之间曾经发生军事冲突乃至较大规模战争，是不争的事实。这些看似不利于双方友好交往主旋律的史实，在追溯双方关系史时尤其是在学术研究层面，我们不必回避与粉饰。比如，将751年杜环作为战俘被押解到大食说成"流浪"到那里；又如，将751年打到中

---

1 史学双周刊社编：《中国和亚非各国友好关系史论丛》，三联书店，1957年版，第64页。

国边关的阿拉伯军队由于内讧而突然收兵回军，说成"可能出于对唐朝表示友好"。纵观两千多年的中阿关系史，可以发现这些不谐调音符的出现频率非常少、持续时间也非常短，双方或出于对和谐世界的企盼，或出于各自的战略谋划，或出于自身的国家利益，或出于彼此的相互理解，早已将这些不利因素化于无形，使友好交往、和睦相处的主旋律延续至今。

中世纪阿拉伯史学家对于中阿双方发生的军事冲突与战争有大量记述，特别是当他们以胜利者出现在历史舞台时更加不惜笔墨。在这些记述中，既有客观的实录，有的甚至可以弥补中国史料之不足，也有世代相传的不实传闻，有的甚至到了神乎其神的程度。对此，我们似应首先了解他们是如何记述的，然后才能谈及分析与研究。

第一节

怛逻斯之战

　　公元 751 年，中国唐朝军队与阿拉伯帝国阿拔斯王朝军队之间发生的怛逻斯之战，其意义和影响远远超出中阿关系的范畴。鉴于国内外学者迄今已有相当多关于此次战役的论述，本节的主要任务是原原本本地将阿拉伯人的相关记载译出，同时仅对所译内容略加评述。以往人们所见资料，要么为只言片语的引录，要么为其他语种的转译。

　　我国学者将 715—801 年中阿之间发生的军事冲突归结为五次，即 715、717、751、758、801 年各一次。"以上五次军事冲突，前两次阿文史料均无明确记载，第四次无多大军事意义，第五次语焉不详。只有怛逻斯战役，才是得到中阿史料印证的、规模较大而又影响深远的中阿军事冲突。"[1] 同时中外学者在相当长时期内认为阿拉伯方面的记载，仅出现于伊本·艾西尔的《历史大全》中。其记载是这样的：

"这一年，拔汗那的伊赫希德（'Ikhshīd，拔汗那国王徽号）与沙什（al-Shāsh，石国）国王反目为仇。伊赫希德向中国国王求救。中国国王派出 10 万大军驰援，将沙什国王包围。沙什国王归顺中国国王。他和手下没有受到他（中国国王）的迫害。消息传到艾布·穆斯林（Abū Musilim）[2] 那里，他派齐亚德·本·萨利赫（Ziyād Ben Sālih）[3] 前去交战。两军大战于怛逻斯河。穆斯林们最终战胜他们，消灭近 5 万人，俘获约 2 万人，残部逃回中国。此役发生在（伊历）133 年 12 月。"[4]

伊本·艾西尔的记述与中国史料可以相互得到印证，特别是双方在一些具体数字上如此吻合，在中阿史料中确实较为少见。比如他说中方发兵 10 万、被灭 5 万、被俘 2 万，与我国

---

1 江淳、郭应德著：《中阿关系史》，经济日报出版社，2001 年版，第 47 页。

2 艾布·穆斯林（718—755），中国史称"并波悉林"，阿拔斯王朝开国功臣，呼罗珊总督。

3 齐亚德·本·萨利赫（？—752），《册府元龟》中称"谢多诃密"，与高仙芝直接交战的阿拉伯大将。

4 伊本·艾西尔著：《历史大全》，贝鲁特阿拉伯书籍出版社，1999 年版，第 5 卷第 40 页。

史籍《通典》中"七万众尽没"基本相符，尽管其与《资治通鉴》中的"将蕃汉三万众击大食……所余才数千人"出入较大。他的这段记述本就在（伊历）133 年条下，但他最后还是再次重复年份并写明月份，以示重要。根据马坚《回历纲要》换算，伊历 133 年从公元 750 年 8 月开始，前者的 12 月自然是在唐天宝十载所对应的公元 751 年。

此段记载中值得一提的是怛逻斯之战的起因。关于此，我国史籍中有较为详细的记载，或明或暗地指出是高仙芝擅自用兵和对石国的不义之举招来战事。据史载他将石国国王杀死导致石国王子走大食乞兵，按当代学者的表述，这是一次"因唐朝边疆大吏高仙芝对石国处置失当而引起的中阿军事冲突"[1]。但伊本·艾西尔笔下的唐朝军队俨然一支仁义之师，是应属国请求而出兵相助，还专门指出他们没有对石国国王和他的手下加以迫害。虽属一家之言，但伊本·艾西尔的记载亦可作为战役起因的一个参考。反观中国史籍对此之记载，也未必全部可信，史家通常是站在统治阶级立场撰修历史。大唐朝廷遭怛逻斯如此之败绩，致使"中国国势遂绝迹于西域"，为找一只替罪羊，遂将所有过失都推到败军之将高仙芝身上的可能，似也

1　江淳、郭应德著：《中阿关系史》，经济日报出版社，2001 年版，第 49 页。

不可完全排除。

事实上，在阿拉伯史学著作中，伊本·艾西尔有关怛逻斯之战的记载，既不是唯一的也不是最早的。他的生卒年份是1160—1234，先于他两个多世纪的麦格迪西已将此事"记录在案"，且字数更多，描述更细，理论上信度也更高，因为距离事件发生的时间更近。麦格迪西在《肇始与历史》一书中说：

艾布·阿拔斯掌权3年后（751年）[1]，布哈拉爆发起义，为首的是舒莱克·本·谢赫·菲赫利（Shurayk Ben Shaykh al-Fihrī）。他率3万名阿拉伯人和其他人，对艾布·穆斯林展开报复行动，反抗他的血腥手段和滥杀无辜行为。艾布·穆斯林前去镇压，派齐亚德·本·萨利赫和艾布·达乌德·哈立德·本·伊卜拉欣·祖赫利为先锋。双方交锋，舒莱克被杀。艾布·穆斯林再次征服布哈拉和粟特，并下令构筑撒马尔罕墙，以期在敌人进攻时成为一道防御屏障。他派齐亚德继续挺进，后者征服了河外地区的城镇乡村，一直打到怛逻斯和伊特莱赫（'Itlakh）。于是中国人出动了，发兵10万余人。赛义德·本·侯

---

1 艾布·阿拔斯（Abū al-'Abbās，约702—754），阿拔斯王朝首任哈里发，750—754年在位，中国史称"阿蒲罗拔"。此处所言"掌权"，根据作者前文所述，并非从登基算起。

梅德在怛逻斯城加固城防，艾布·穆斯林则在撒马尔罕军营镇守。大批将领和招募来的兵士聚集在赛义德那里。他们分几次将中国人各个击破，共杀死 4.5 万人，俘获 2.5 万人，其余纷纷败逃。穆斯林们占领了他们的军事要地，进军布哈拉，降服河外地区的国王和首领们，将他们斩首，并掳走他们的子孙，抢去他们的全部财产。他们不止一次地将俘虏 5 万人 5 万人地赶过河去。

艾布·穆斯林决意进攻中国，并为此做好了准备。但接下来发生的一件事使他改变了这一计划——齐亚德向他展示了一封无法证实其真实性的、来自艾布·阿拔斯的信，信上说委任齐亚德为呼罗珊总督。艾布·穆斯林开始施展计谋，最终将齐亚德杀死，并派人把他的首级送到艾布·阿拔斯那里。[1]

麦格迪西关于怛逻斯之战的记载至少有 3 点值得关注：

1. 他在提及与汉籍所载基本相符的出兵、阵亡和战俘数字后，于目前已知中外文献中第一次、也是唯一一次使用"将俘虏 5 万人 5 万人地赶过河去"的表述。此处阿拉伯语之 asīr——俘虏，既包括被俘的 2.5 万军事人员，也包括更大数量的被掳去的非军事人员。顾颉刚在《古人称数》的短文中曾说，在古

1　麦格迪西著：《肇始与历史》，黎巴嫩萨迪尔书局，1988 年版，第 6 卷第 74—75 页。

籍中"凡称数而为一个成数，皆可疑。谚云：'无零不成账。'
此语可用来疑古"[1]。因此，麦格迪西提到的数字只能表示数量
之多而并不一定精确，但也必须指出，就笔者读到的阿拉伯古
籍而言，以 5 万即阿语 50 个千的整数来表达或夸张数量之大
是十分罕见的。由于阿拉伯语中没有比千更大的数词，所以古
代阿拉伯著作家为强调或夸张数量之大时，往往使用 12 与千
搭配的整数形式，即 12 千（1.2 万），120 千（12 万），1200
千（120 万）……阿拉伯人最早记述中国的游记《历史的锁链》
（中译《苏莱曼东游记》或《中国印度见闻录》），称黄巢攻
入广州后杀死 12 万外国人，即为此种整数夸张形式之一例。
麦格迪西未用此俗套，说明他提供的数字，虽仍有夸大可能，
但更接近实际数字。

　　正是麦格迪西笔下这 2.5 万战俘和几十万被掳去的平民，
给怛逻斯之战带来了两个事先任何人都预见不到的"重大意
义"，也就是造纸术西传和杜环写下《经行记》为中国人最早
带回关于阿拉伯人的、比较准确的信息。伯希和曾说："至若
樊淑、刘泚、乐环、吕礼这些人名，或者不重见于他书，大概

1　钱谷融主编：《顾颉刚书话》，浙江人民出版社，1998 年版，第 349 页。

也是751年败后同杜环被俘至苦法的士卒。"[1]人们知道杜环《经行记》为残卷，仅存1511字，这些人名连同他们的职业籍贯，在残存文本中出现显得比较突兀，与前后文不甚谐调，不排除杜环较为细致的专记，有一旦归国能给"失散者家属"提供相关信息的可能。这些记载说明杜环与这些同胞在异国他乡的相遇，可能不是一般的"老乡见老乡"，而是因共同遭际和相互同情乃至受众人之托，而留下的有关恒逻斯之战中方战俘及被掳平民的珍稀文献资料。

2. 有关中国军队出兵原因，麦格迪西所记既不同于《历史大全》，也有异于我国史籍：艾布·穆斯林前去镇压舒莱克起义，杀死起义首领后，继续收复"失地"——布哈拉和粟特，因连战连捷，遂乘胜挺进，一直打到恒逻斯。中国人可能感到自己势力受到威胁，于是发兵，最后被阿拉伯帝国军队击败。我们虽不能肯定麦格迪西所言是否为历史的真实情况，但它至少为人们探讨该战役起因——中方是主动挑战还是被动应战——提供了一个新的说法。

3. 阿拉伯军队在取得恒逻斯之战胜利后，没有一鼓作气攻

---

1 伯希和撰：《黑衣大食都城之汉匠》，见冯承钧译：《西域南海史地考证译丛》，商务印书馆，1962年版，第一卷五编第9页。

击中国而是突然收兵撤退，麦格迪西对此作了明确说明。他的
说明，或许可以消除至少是部分消除一些学者对此感到的"困
惑"。当年艾布·穆斯林在此役大获全胜后未继续进攻中国，
不是"原因不明"，更不是"可能出于对唐朝表示友好"，而
是因为内讧。据阿拉伯史书载，他与齐亚德之间的摩擦已有一
两年时间，逐渐发展到内讧的程度。这无疑成为艾布·穆斯林
最大的后顾之忧，也是他最终打消进攻中国念头的主要原因。

中世纪阿拉伯史籍中，除《肇始与历史》和《历史大全》外，
还有一部著作"可能"记录了怛逻斯之战的情况。《埃及和
开罗国王中的耀眼星辰》作者，伊本·泰格齐·拜尔迪在"伊
历 135 年"条下说：

这一年，中国国王同样有所行动，当时齐亚德·本·萨利
赫掌管撒马尔罕事务。他给艾布·穆斯林写信通报了此事。他
与他们进行了几番争夺和多次战斗，最终中国国王败北。所有
这些都是发生在齐亚德·本·萨利赫不服（艾布·穆斯林）调
遣之前。[1]

之所以说"可能"，是因拜尔迪的记载有三个疑点。一是

---

1 拜尔迪著：《埃及和开罗国王中的耀眼星辰》，黎巴嫩学术书籍出版社，1992
    年版，第 1 卷第 416—417 页。

作者未提及交战地点。二是根据《回历纲要》换算，伊历 135 年当自公元 752 年 7 月始，跨入 753 年，与怛逻斯之战爆发时间不符。三是据其他阿拉伯古籍记载，萨利赫死于 752 年。拜尔迪的记载要么在时间上出现误差，要么说明怛逻斯之战后，仍有中方残部或"代表"中国的藩王在抵抗或攻击阿拉伯军队。

根据以上阿拉伯史学著作中关于怛逻斯之战的记载，这里再作 3 点补充：

1. 怛逻斯之战不仅是中阿关系史上的重大事件，因其直接促成造纸术西传，也是世界文明史和科技史上具有重大影响的事件。同时，它在阿拉伯人自己的历史上更是一件"大事"，否则他们不会直到今天，还要在一些著名辞典和百科全书的历史大事记里写上"751 年，阿拉伯人在怛逻斯战胜中国人"。[1] 对于阿拉伯人足以炫耀的这样一件"大事"，中世纪的泰伯里、麦斯欧迪、伊本·赫勒敦等阿拉伯史学大家，居然在自己的史学著作中只字未提，委实匪夷所思。

2. 怛逻斯，我国史称怛逻私、塔剌斯、塔剌寺、答剌速

1　见《蒙吉德词典》（al-Munjid），黎巴嫩东方书局，1986 年版，后附《百科知识》第 775 页。

等。据考证，当年的怛逻斯城位于怛逻斯河右岸，旧址一说在今哈萨克斯坦江布尔城，一说在该国塔拉兹城（不知是否为同一地点）。另在江布尔城下方不远处，今吉尔吉斯斯坦境内有一城市名塔拉斯（Talas）。值得注意的是上述阿拉伯史籍所用均为：طراز（Tarāz），而《蒙吉德词典》及伯希和等欧洲东方学家使用的是طلاس——Talās，不知出于何处，抑或使用现代地名，亦未可知。雅古特《地名辞典》中没有 Talās 一条，只有应视同为 Tarāz 的 Tirāz，称其为"距突厥边关艾斯比加布（Asbījāb）不远的一个城市"[1]。

3. 既然阿拉伯的一些最新百科全书中还写着"715 年中国国王向阿拉伯人缴纳了人丁税"，"751 年阿拉伯人战胜了中国人"等等，我们也不妨将在这两年里与中国有接触的阿拉伯"使节"与高级将领的"后事"记录在案——历史的巧合让他们都未得善终。据阿拉伯史料载：715 年"逼唐王纳贡"的使团长胡白莱，事后被派去向哈里发报捷，未行多远突然倒毙途中；同年，为帝国扩张立下汗马功劳、非要踩踏中国土地的古太白，在军队哗变中被部下杀死，首级被割下献给新登基的哈里发；怛逻斯之战一年后的 752 年，直接与高仙芝交战

---

1 雅古特著：《地名辞典》，贝鲁特萨迪尔书局，1995 年版，第 4 卷第 27 页。

的萨利赫，在内讧中被艾布·穆斯林处死，并砍下其首级送到
据说要提拔萨利赫的哈里发艾布·阿拔斯手中；755 年，曾决
意攻打中国的呼罗珊总督艾布·穆斯林，因拥兵自重，在新哈
里发曼苏尔专为他设下的"鸿门宴"上，惨死于乱刀之下。

第二节
喀喇汗高昌战争

喀喇汗王朝，是公元 10—12 世纪初回鹘人在今中亚及新疆喀什、和田地区建立的伊斯兰化王朝，亦称"黑汗王朝"。该王朝于 10 世纪中期至 11 世纪初，对于阗佛教王朝发动宗教战争，并于 1001 年杀死于阗王，实现了对于阗及叶尔羌的征服。其后的统治者遥奉阿拔斯王朝为正宗，继续伊斯兰化的传统治理。从这一点看，喀喇汗王朝的阿拉伯伊斯兰背景与色彩明显。喀喇汗王朝与宋王朝一直保持友好关系，往来不绝。同时该王朝又力图保持东方王朝的特色，在诸大汗铸造的钱币上，常有"桃花石·布格拉汗""秦之王""秦与东方之王"等称号。而"桃花石"和"秦"都是当时中亚地区对中国的称谓。"在喀什噶尔人马哈茂德所著《突厥语大词典》及中世纪阿拉伯、波斯文献中，多处把喀什与宋、契丹并列，认为中国是由这三部分组成的。"

11 世纪初，喀喇汗王朝灭亡于阗王朝后，将一直支持后者与穆斯林作战的高昌王国，视为其在新疆地区传播伊斯兰教的主要障碍，遂发动大规模战争并最终打败了高昌王国。喀喇汗高昌战争造成大量人口死亡，使高昌地区佛教文化遭到严重破坏。我国学者认为"喀喇汗朝与高昌回鹘国的关系，缺乏历史资料"[1]。而阿拉伯史学著作中，围绕喀喇汗高昌战争的记载较多，有关喀喇汗于阗战争的相对较少。阿拉伯方面的这些历史记载，有些已成为研究人员引证的重要资料。其中最主要的来源是伊本·艾西尔的《历史大全》。他在"伊历 383 年"（约公元 993 年）条下云：

这一年，人称突厥人布格拉汗（Bughrākhān）的希哈布·道莱（其徽号，意为国家之星）·哈伦·本·苏莱曼·伊力克，统治了布哈拉城。他先前已占有中国边界内的喀什和巴拉沙衮（Balāsāghūn）。[2]

---

1 李进新著：《新疆宗教演变史》，新疆人民出版社，2003 年版，第 209 页。
2 伊本·艾西尔著：《历史大全》，贝鲁特阿拉伯书籍出版社，1999 年版，第 7 卷第 458 页。

布格拉汗（一译波格拉汗），是伊尔汗国或喀喇汗国几位王子的名字，其中最著名的布格拉汗是萨图克（一译沙土克）·阿卜杜·凯里木。据说他是该王族中第一个信奉伊斯兰教的人，致力于在他的国家传播该教。他生平传记中所记载的消息和故事，多带有传奇色彩。巴拉沙衮（旧作八剌沙衮），是中国古代（宋辽时期）突厥、回鹘民族建立的喀喇汗国之首府。位置在唐碎叶故城以东，今吉尔吉斯斯坦托克马克以东。

伊本·艾西尔在"伊历408年"（约公元1017年）条下又云：

关于突厥人从中国出兵和托干汗（Tughān Khān）之死的记述。这一年，超过30万帐各种血统的突厥人从中国出兵，其中包括占据河外地区的契丹人（al-Khitā'iyah），但愿我们在下文中会讲到他们的国王。

他们出兵的原因，是托干汗占领突厥地区后大病一场，很长时间医治不好。因此他们便想乘机进攻他的国家。他们攻占了一些地盘，虏获甚多，一直打到离巴拉沙衮8日路程的地方。身患重病的托干汗得知消息后，祈求真主让他康复，好对异教徒报仇雪恨，把他们从自己的家园赶出去，然后真主要他怎么样都可以。真主回应了他的祈求，让他痊愈了。于是他调集军队，并致信各伊斯兰国家，动员人们加入战斗。结果共有12

万志愿兵应召前来。当突厥人知道他已康复以及征召了大批士兵时，立刻退兵回国。他尾追他们达 3 个月之久，终于追上了以为路途遥远便可高枕无忧的突厥人。他袭击了他们，杀死 20 万人以上，俘虏约 10 万人，并掠获牲畜帐篷无数，以及从未有人见识过或听说过的金银器皿和中国各色制品。他踏上返回巴拉沙衮之路，到达那里后旧病复发，不治而终。[1]

阿拉伯语"契丹"一词，一般写作ﺧﻄﺎ（Khitā），而波斯人则使用ﺧﺘﺎ（Khitā），阿拉伯人有时还使用 Qarah Khitā'ī，指哈喇契丹或黑契丹。不论契丹还是黑契丹，其所指，在 11 世纪以后的阿拉伯文献中，均为中国古代民族契丹族或其在中国北方地区建立的契丹国即辽朝（黑契丹一般指西辽）。但是，阿拉伯人在地理概念上也用契丹泛指中国北方乃至中国，即便在辽灭之后。此外契丹有时甚至会成为中国的"代名词"。比如，有中国学者认为："在 12 世纪以后，中国的火器也传入阿拉伯。据一种阿拉伯文兵书说，那时候阿拉伯有两种火器：一种叫'契丹火枪'，是和敌人交手时用的；另一种叫'契丹火箭'，是用于远射程的。很明显，这种火枪和火箭，必然

---

1 伊本·艾西尔著：《历史大全》，贝鲁特阿拉伯书籍出版社，1999 年版，第 7
   卷第 642 页。

是南宋人所习用的火枪和火箭。书中所说的'契丹'就是中国，并不是契丹和辽。"[1]

埃及著名历史学家拜尔迪在《埃及和开罗国王中的耀眼星辰》中简要地提到这次战争,不过他的记载是在伊历404年条下:

这一年，突厥首领托干（Tughān）与中国国王之间爆发了大规模战争，异教徒在战争中被杀死10万人。战争持续了一些时日，最后以穆斯林——我的意思是指突厥人——的胜利而告终。[2]

此外，阿拉伯史籍中著名的纪传体作品《贤人名士事略》中也提到了喀喇汗高昌战争，其作者扎哈比说:

这一年（伊历403年）里，河外地区首领艾伊莱汗（'Aylah Khān）死了。他在十几年前从萨曼人手中夺取了该地。此人暴虐成性、极其凶恶、令人生畏。他与突厥首领托干之间经常打仗。而伊本·苏布克铁斤（Ibn Subuktikīn）则偏袒他。于是中国军队出动超过10万帐人马与托干作战。托干迎击了他们，真主赐予了他胜利。[3]

1　冯克诚、田晓娜主编:《中国通史全编》，青海人民出版社，1998年版，第1343页。

2　拜尔迪著:《埃及和开罗国王中的耀眼星辰》，贝鲁特学术书籍出版社，1992年版，第4卷第235—236页。

3　扎哈比著:《贤人名士事略》，贝鲁特使命出版社，1998年版，第15卷第133页。

这一年（伊历 404 年）前后，突厥首领托干率领的穆斯林

与中国军队之间爆发了一场大战。战争持续了很多天。异教徒

被杀约 10 万人。[1]

中国和契丹聚集了前所未闻的大量军队对托干发起进攻，

据说有 30 万人。当时他正在生病，说："真主啊，让我痊愈

去抗击他们吧。然后如果你愿意的话，再让我去死。"真主使

他痊愈了。于是他调集兵马，夜袭了他们，杀死他们 20 万人，

俘虏 10 万人。这是一场发生于（伊历）408 年的重大战役。他

将无数战利品带回巴拉沙衮，到达那里不久便一命归天。他是

一位信仰虔诚的教徒，勇猛无比的英雄。[2]

喀喇汗高昌战争的主要原因是争夺政治与经济利益，而宗

教信仰的不同也是重要原因之一。"当时这两个新生的政权都

处在强盛时期，分别接受了当地较为先进的宗教信仰与文化。

因此谁也不可能征服谁，只是消耗了大量的人力物力，使许多

无辜的人死于战祸。同时也造成两个政权和民众之间长期对峙，

彼此仇视和隔阂。这一点，对于两个出自同一族源而且操基本

相同的突厥语民族的融合发展，十分不利。"[3] 我们特别应该注

1　扎哈比著：《贤人名士事略》，贝鲁特使命出版社，1998 年版，第 15 卷第 179 页。

2　同上，第 17 卷第 278—279 页。

3　李进新著：《新疆宗教演变史》，新疆人民出版社，2003 年版，第 211 页。

意到喀喇汗王朝的阿拉伯伊斯兰背景，正是在这个王朝时期，尤其是在喀喇汗于阗战争和喀喇汗高昌战争之后，伊斯兰教在和田、叶尔羌等塔里木盆地西部和南部得以传布，从而改变了新疆地区伊斯兰教和佛教的力量对比，巩固了伊斯兰教在新疆的地位。与此同时，阿拉伯字母也代替了以粟特字母书写的回鹘文字。

第三节

卡特万之战

　　卡特万之战历来被认为是中亚中古史上的一次著名战役，在有关中阿关系史的著述中很少提及。12 世纪 30 年代以后，西辽的兴起以及对西部喀喇汗国征收贡赋，引起塞尔柱王朝的不满。双方于 1141 年 9 月 9 日在撒马尔罕以北的卡特万草原交战，战线长约 1 公里。塞尔柱素丹桑扎尔（一译桑贾儿）率领河中联军 10 万多人参加战役，西辽首领耶律大石分兵三路对战，并自率中军出击。塞尔柱军不敌，溃不成军，联军主帅桑扎尔和喀喇汗王马赫木德仅以身免，逃往铁尔梅兹（《新唐书·大食传》中称怛满或怛没）。桑扎尔妻子和左右翼指挥官均被俘虏。是役后，中亚地区政治力量对比及相互关系发生根本改变。塞尔柱王朝不可挽回地失去了阿姆河以东地区，西辽在中亚的统治地位得以建立。

这次发生在西辽王朝与塞尔柱王朝之间如此重要的战役，究竟与中国和阿拉伯有无关系或者说渊源呢？众所周知，辽朝（907—1125）是契丹族在中国北方地区建立的一个王朝。1124 年金兵灭辽前夕，耶律大石率族属西迁，抵中亚楚河流域，征服突厥各部落后，重建辽国，建号天祐皇帝，仍用辽国号，史称西辽。耶律大石死后，依汉制立庙号德宗。1218 年西辽为蒙古所灭。"在西辽统治机构中，不少官员是汉族，西辽的官方语言基本上也是汉语。汉族在西辽的政治和文化方面都有着重要影响。"[1] 由此可见，西辽具有"中国属性"是毋庸置疑的，否则辽朝便不会出现在中国历代纪元表内，西辽也不会在中国通史中记载。或许正是因此，阿拉伯人将耶律大石称作"中国可汗"。塞尔柱王朝（1055—1157）的"阿拉伯属性"无须赘言，这个名义上臣属于阿拔斯王朝的"小王朝"，不仅从 1055 年就控制了自己的"宗主"，更在 1091 年冬将其政府迁移到巴格达，使哈里发成为名副其实的傀儡。换言之，这一时期塞尔柱王朝已经成为名义上以巴格达哈里发为正宗的

---

1 李进新著：《新疆宗教演变史》，新疆人民出版社，2003 年版，第 261 页。

阿拉伯帝国的"代表"。

这样一次具有"中阿"背景的大战，双方亲自出战的统帅级别之高是空前的。耶律大石此时已经称帝，桑扎尔乃大塞尔柱王朝最后一位素丹，公元 1157 年死后，该王朝即亡（不包括其他小塞尔柱王朝）。对此，阿拉伯方面记述最长最细的是伊本·艾西尔，他在《历史大全》中这样写道：

关于素丹桑扎尔 (Sanjar) 败于契丹突厥人和后者占领河外地区的记述。（此为原文中小标题）有关这次事件，历史学家们众说纷纭。我们将全面叙述它，以免疏漏和失实。我们说：这一年的 1 月，素丹桑扎尔败于突厥异教徒。如前所述，原因是此前他杀了花剌子模沙·艾特西兹·本·穆罕默德的一个儿子。于是花剌子模沙遣派使者到正在河外地区的契丹人那里，极力说服怂恿他们出兵攻打桑扎尔的王国，并以联姻相许。他们出动 30 万骑兵。桑扎尔率兵迎击。两军在河外地区展开厮杀，战斗异常激烈。此战以桑扎尔全军覆没而告终，10 万人被杀，其中 1.1 万名为戴缠头巾者（疑指大食人），还有 4000 个女人，素丹王后亦被俘。桑扎尔败逃铁尔梅兹，后转至巴勒赫。

在此之前的（伊历）522 年，中国独眼（al-'A'war al-

Sīnī）已经率部众到达喀什的边缘地区，其人数之多，只有真主才知道。喀什首领准备迎战，他的名字是汗·艾哈迈德·本·哈桑。他调集军队，率兵出击。双方大战一场。中国独眼败北，众多部下被杀，后来他便死了。中国可汗（Kūkhān al-Sīnī）取代了他的位置。

可（كو，Kū）——在中国语言中是他们最大之王的称谓；汗（خان，khān）——是突厥诸王的称谓，意思也是最大的王。中国可汗的穿戴与那些国王一样，连面罩也不例外。他是摩尼教徒（mānawiyy）。

艾尔赛兰汗（'Arsalān Khān）·穆罕默德·本·苏莱曼，每年都将1万帐的突厥人驱置在本土和中国之间的各条山道上，以阻止任何一个国王穿越他的国家。他批给他们粮饷和封地。有一年他对他们非常不满，便抢走了他们的女人，以免他们繁衍后代。于是他们感到生活压抑，但又茫然不知何去何从。事有凑巧，这时正好有一支载着大量金银财宝的庞大商队从他们那里经过。他们将其扣住，把商人叫来并对他们说："如果你们想要自己的钱财，那就告诉我们一个可以容纳我们和我们的财富的水丰草美、牧场宽阔的国家。"经过合计，商人们一致推荐巴拉沙衮国，并把它好好描述了一番。他们把钱财还给了商人，但将他们的一些代理人作为人质捆绑起来，还抢走了他们的女人。然后他们向巴拉沙衮走去。艾尔赛兰汗经常发动战争，侵扰他们，所以他们对他怕得要命。

日复一日，到了中国可汗出兵时，他们也与他联合起来。于是他们的势力更加强大，人丁也成倍增加。他们每占一城，对当地居民并不强行改变他们什么，只是向城乡每户索取一个第纳尔，至于庄稼牧草等则全留给当地居民。每个归顺他们的国王，腰间都要佩带一个类似银牌的物件——这是归顺者的标记。

桑扎尔出发与突厥人会战。他于（伊历）535 年 12 月过河向河外地区前进。迈哈穆德·本·穆罕默德汗，向他抱怨割禄（al-Qārghuliyah）突厥人的骚扰。于是桑扎尔出兵打击割禄人，致使后者投奔中国可汗。接着桑扎尔在撒马尔罕扎营。可汗修书一封给他，为割禄突厥人说情，要他宽恕他们。桑扎尔没有接受他的调解，回信让他信奉伊斯兰教，并威胁恐吓他：若不改宗，将率大军将其消灭。他说他的士兵不仅人数众多，而且在战斗中能够娴熟使用各种兵器。他甚至夸张地说："他们能用箭将头发射断。"当时他的宰相塔希尔·本·法赫尔穆鲁克·本·尼扎姆穆鲁克认为此信甚为不妥，但他不听劝告，坚持派使者将信送出。当这封信读给可汗听了之后，可汗命人将使者的胡子揪住，并给使者一根针，让他用针扎断自己的一根胡须。使者无论如何做不到。可汗遂道："你用针尚且无法将胡须扎断，你的同伙岂能用箭射断头发？！"

可汗准备开战。他与桑扎尔素丹正式交锋。两支大军在一个叫卡特万的地方杀得难解难分，犹如汹涌碰撞的海浪。可汗渐占上风，将对手逼入一个叫戴尔盖姆（Dargham）的河谷。当时桑扎尔的右翼是盖马吉王子，左翼是锡吉斯坦（Sijstān，一译锡斯坦）国王，辎重在后面。双方交战的时间是（伊历）536年2月。

此日之战，可汗一方作战最为勇猛的是先前在桑扎尔面前落荒而逃的割禄突厥人，而素丹一方作战最为出色的是锡吉斯坦国王。最终穆斯林军队惨遭败绩，被杀者不计其数，仅在戴尔盖姆河谷中死伤即达1万人。素丹桑扎尔败阵而逃，锡吉斯坦国王、盖马吉王子和素丹王后——艾尔赛兰汗的女儿皆被生擒。过后可汗将他们释放了。死者中还有祖籍布哈拉的著名哈奈非派教法学家侯萨姆·欧麦尔·本·阿卜杜阿齐兹·本·马赞。伊斯兰历史上，穆斯林在呼罗珊从未遭到比这更惨重的失败、从未有如此多的人被杀。

　　契丹突厥人在河外地区站稳了脚跟。可汗住到（伊历）537 年 4 月，在这里去世。他相貌英俊，气宇轩昂，衣服只穿中国丝绸制作的。他在属下面前很威严。他从不给任何首领封地，而是由他本人发给俸禄，每个首领手下的骑兵不可超过 100 名，以防他们犯上作乱。他禁止属下横行霸道和酗酒生事，违者严惩。但他不禁止通奸，也不处罚当事人。

　　他死后，他的一个女儿继承父位。未过多久，她也死去，取而代之的是他的妻子和侄女。契丹人占据河外地区，一直到（伊历）612 年阿拉丁·穆罕默德·花剌子模沙从他们手中将其夺回。[1]

　　伊本·艾西尔提到的"中国可汗"系指耶律大石无疑，但他所说的"中国独眼"，不知确指何人。据有关资料载，耶律大石在卡特万之战前的西征，的确是分两条路线进军的，其中一支进攻喀什时，遭到当地首领艾尔赛兰汗的反击，经过激战，这支西征军被击溃，将领被杀。或许"中国独眼"就是这位将领的绰号或是阿拉伯人给他起的外号。至于伊本·艾西尔提到的耶律大石死后继位的女儿、妻子和侄女，虽与汉籍说他死后

1　伊本·艾西尔著：《历史大全》，贝鲁特阿拉伯书籍出版社，1999 年版，第 9 卷第 117—118 页。

由皇后执政 7 年、再传子（仁宗）、子死后其妹摄政之记载有所出入，但有一个准确信息他是捕捉到了的，即继位者为女性。实际上伊本·艾西尔的记载与中国史籍关于此战的记载基本相符，与我国研究者对其描述几乎吻合，不排除这些研究者的资料来源本身就是引录或转录自伊本·艾西尔的记载。《辽史》（卷三十）中是这样记写这次会战的：

> （耶律大石）至寻思干（撒马尔罕），西域诸国举兵十万，号忽儿珊（呼罗珊），来拒战。两军相望二里许。（耶律大石）谕将士曰："彼军虽多而无谋，攻之，则首尾不救，我师必胜。"（中略）三军俱进，忽儿珊大败，僵尸数十里。驻军寻思干凡九十日，国王来降，贡方物。

《伊本·赫勒敦历史》即《殷鉴》中对卡特万之战也有较长记载，但几乎全部照录伊本·艾西尔所记，只是交战地点写为 Qutrān，素丹人名写为 Sinjir。阿拉伯古籍中此类地名人名差异是常见现象，可能抄本不同也可能校勘者见解各异。另一位简单记述这次会战的，是阿拉伯史学家中素以语言精练简洁、记载详尽丰富著称而为后人所重的伊本·阿马德（Ibn al-'Amād，1623—1679）。他在其代表作《古人记述中的金屑》中写道：

这一年（伊历 536 年），素丹桑扎尔与河外地区的突厥人之间展开一场恶战。穆斯林遭重创，桑扎尔仅带很少人得以逃脱，到巴勒赫时只剩 6 人。他的妻子和女儿被俘。军中将士被杀 10 万多。当时突厥人有 30 万骑兵。[1]

这一年（伊历 537 年）去世的人还有：可汗——突厥和契丹的素丹。正是他击败了穆斯林，做了去年做的事情。他占领了撒马尔罕。他于 7 月死去，真主没有延缓他的寿命。他为人为政是公正的，尽管他不信伊斯兰教。他相貌堂堂，一表人才，勇猛无比。他不给将领封地，而是从自己的金库中发给他们俸禄。他说："他们一旦有了封地，就会欺压百姓。"他严惩酗酒闹事者，但不惩罚通奸者，也不认为那是丑行。他死后，他的女儿继位，未过多久女儿死去，由她的母亲继位。这个女人统治了契丹和河外地区。[2]

西辽是我国北方民族契丹在西域建立的政权，有国凡 88 年（1124—1211），历 5 代君主。西辽在西域推行的是中原地区的统治方式、典章制度和文化传统等，是对西域及西方诸国影响很大的一个王朝。它与塞尔柱王朝之间发生的卡特万之战

1　伊本·阿马德著：《古人记述中的金屑》，贝鲁特学术书籍出版社，1998 年版，第 4 卷第 271 页。

2　同上，第 276 页。

是中外关系史上的一个重大事件，这个"外"毫无疑问便是大食。以中国势力为一方、大食势力为另一方的这次战役，在双方争夺中亚地区势力范围过程中具有重要意义。西辽耶律大石取得杀敌 10 万，特别是其中包括 1 万多正宗大食人在内的军事胜利，对西域各国产生了巨大震慑力。其生擒敌方两副帅并俘获素丹妻女后，又将他们释放的举动，也在阿拉伯人尤其是史学家心目中产生深刻影响，以至他们在感叹穆斯林遭遇空前惨祸的同时，仍对"中国可汗"赞不绝口。

卡特万之战，在当代阿拉伯历史研究者的著述中，很少提及，以著名的《蒙吉德词典》为例，它在历史大事记 751 年记明"阿拉伯人战胜了中国人"，但在 1141 年，却绝口不提卡特万之战。而这次战役的结果，被他们自己的史学权威认为是"伊斯兰历史上，穆斯林在呼罗珊从未遭到比这更惨重的失败、从未有如此多的人被杀"的重大事件。

纵观历史上中国和阿拉伯之间发生的战争或军事冲突，都是在特定时期双方为扩大势力范围或争夺政治经济利益而出现的短暂行为，在中阿两大民族友好交往的历史长河中从未形成主流，也从未影响双方官方与民间的频繁往来。被我国研究中阿关系史权威形象地比喻为"军事插曲"[1]的这些战争与冲突，丝毫没有损及两千多年来中阿友好交往的主旋律。

1　郭应德著：《中国阿拉伯关系史》（非正式刊行），（北京）阿拉伯信息中心，2005 年，第 16 页。

第四节
关于黄巢的记载

麦斯欧迪在《黄金草原与珠玑宝藏》一书中有关黄巢起义的记载，历来为中外学者所重视，因为在中国史籍中未有其在广州"作乱"的记述。虽然更早的《中国印度见闻录》中也提到了黄巢，但没有麦斯欧迪的记载长，尽管麦斯欧迪是依据前人的记载转述并有所夸张，其所述很多为没有史实依据的传闻，无法与历史真相符合。我们认为黄巢组织的是一次反抗统治阶级的农民起义，麦斯欧迪等阿拉伯著作家则认为他是"叛贼"，扰乱了社会秩序，影响到阿拉伯人来华的安全和双方的贸易。鉴于这段阿拉伯方面的史料较为重要，有必要从阿语原文全部译出，以供学者参考。

由于统治者像其历代先王一样公正地治理国家，因此中国的情形一直是十分稳定的，直到（伊历）264 年，这种情形才出现了变化。这一年，中国发生了一个导致国家秩序、条令和法律均荡然无存的重大事件。具体情况是这样的：

在中国某座城市里，出了一个非王族出身的、很有本事的人，名叫黄巢。他是个品性恶劣的人。他想组织叛乱，于是各路流氓地痞聚集在他周围。起初国王和各级官吏忽视了他，因为他原本无声无臭，根本不值得关注。孰料他日渐坐大，声名大噪，更有各地乌合之众远道前来投奔于他，而他本人也变得愈发骄横。他组织一支大军，从起事之地出发，一路破城拔寨，直至打到汉古瓦（通指广州）。

这是一座非常大的城市，位于一条比底格里斯河还要大、最终注入中国海的大河岸边。该城与大海之间有六七日路程。来自巴士拉、西拉夫、阿曼、印度诸城、扎比吉各岛和散夫等国家和地区的商船，皆由此河上溯至汉古瓦城。城中居住着各色人等，除中国人外尚有穆斯林、基督教徒、犹太教徒和拜火教徒。

这个叛贼兵临城下，将其包围，国王发兵驰援也被他打败，同时他的军队更加壮大。最终他以武力强行攻入汉古瓦城，踩躏了城中的一切，被他屠杀的当地居民多到无法计数。但有人统计出，死亡的穆斯林、基督教徒、犹太教徒和拜火教徒多达20万之众，包括直接死于刀剑之下的和因害怕遭刀剑之祸而跳水溺毙的。而我们说到的这个数字之所以能够被统计出来，是因为中国历代国王都对本国人口以及相邻民族的人口进行统计，然后登记造册。他们委派诸多书记官专门负责此事，以便全面掌握所有隶属于自己王权下的居民之情况。

这个叛贼还大肆砍伐汉古瓦城周围的桑树林。人们种植这种树，是因为它的叶子可以用来喂产丝的蚕。桑树的丧失，导致中国丝绸及其制品向伊斯兰国家输出的中断。

黄巢率领大军开拔，座座城池接二连三地被他攻克。其间又有很多人加入叛军，包括一贯为非作歹的恶棍和担心自身难保的人。他一直打到安姆瓦城下，这是国王的都城。国王率包括贵族高官在内的约10万兵马出城迎战黄巢。双方交战月余，仍僵持不下，难分胜负。最后国王命运不济，弃城败逃，叛军则穷追不舍。国王一直逃到一座边疆城市才算躲过一劫。这样，叛贼占领了京畿重地，并将王宫洗劫一空，包括几代国王为防备灾荒而储备的东西。他继续向其他地区发动进攻，占领了许多城市。他知道自己不具备称王的条件，因为他不是王族成员，于是他便大肆破坏国家，掠夺钱财，滥杀生灵。中国国王逃到前面提到过的与吐蕃接壤的城市木德之后，即修书给突厥可汗之子。他在信中向他求援，告诉他自己的遭际，并说国王之间如同兄弟，一方有难，其他人理当前往相救，这是为王者的义务和责任。伊本·汗甘遂派自己的儿子率领包括骑兵在内的约40万兵马前去增援。对黄巢来说，局势变得异常严峻。两军均倾巢出动展开大会战，战争持续了将近1年时间，双方死伤大量人马。叛军终被击溃，黄巢则下落不明，有人说被杀死了，也有人说被烧死了。他的儿子和他的一些下属被俘。

中国国王回到京城，权力又重新掌握在他的手中。为了表达对他的尊崇，人们称他作"亚布尔"（Ya'būr，其他版本作Baghbūr），意思是天子。这是对中国国王们的专称。但人们与国王交谈时不当面称他亚布尔，而是称他"杰汗"（Jahān）。在他统治的领土上，各地方长官的权力迅速膨胀，颇有点像那些在波斯自立为王的人——这是在亚历山大·本·菲力普斯·马其顿尼（亚历山大大帝）杀了波斯国王达拉·本·达拉（Dārā Ben Dārā，即大流士）之后，也有点像我们当前即（伊历）332年的情况。中国国王只好满足于他们表面上的顺从和在奏折中称他为王，但他已经不能到自己国土上的这些地区去巡视，也不能对那些独霸一方的各路诸侯进行讨伐了。他只能满足于这些，对不再向他交钱纳贡的人，除了听之任之好生相待，他别无良策。于是每个割据势力都凭借自己的军力和实力攻击与之相邻的地区。先王们在世时国家那种稳定的秩序和兴盛的局面，已不复存在。他们历朝历代的国王们，都无不按照理性所要求的一定之规，约束自己的行为、治理自己的国家，并把公正作为自己的治国之道。[1]

黄巢名字的阿文拼写，本版本中作：Yānshū；其他版本中作：Bāsir。《中国印度见闻录》中则作：Bāshū 或 Bānshū。虽然这些名字的发音离 Huang Chao（黄巢）相去甚远，但后世中外学者几乎一致认定此为黄巢无疑。关于黄巢之死，本书其他版本也有写作"投河淹死"的，《中国印度见闻录》中说"也有人说他是老死的"。中国史籍和民间传说中有关黄巢之死，同样众说纷纭。

---

[1] 麦斯欧迪著：《黄金草原与珠玑宝藏》，贝鲁特时代书局，1988 年版，第 1 卷第 140 页。

第七章
贸易往来与民俗习惯

自从张骞凿空西域后，中国与阿拉伯之间开始正式交往，两千多年绵延不断。丝绸之路使双方的经济关系迅速发展，贸易往来更加频繁。特别是"唐宋时期，我国和阿拉伯帝国的关系有了极大发展，这表现在以贸易往来为先导，然后在政治、经济、军事等方面进行多层次、多领域、多渠道的文化交流。这种文化交流不仅推动了我国经济、政治、文化的发展，而且对阿拉伯—伊斯兰文化的繁荣产生了举足轻重的影响"[1]。历史上中阿之间十分活跃的贸易活动，不仅大大促进了双方社会经济的发展，而且对人类文明进步产生了深远影响，也为世界上各民族之间的文化交流作出了很大贡献。

长期以来，中外学者十分关注中阿之间的经济关系和贸易

1　丁克家著：《唐宋时期我国与阿拉伯帝国的贸易往来及文化交流》，阿拉伯世界研究，1990 年第 4 期第 28 页。

往来，及其产生的重要影响，相关著论较为丰富，本章仅以阿拉伯史学著作为据，略谈几个具体问题。至于阿拉伯史学家笔下关于中国民俗的记载，则以早期的和比较特殊的加以简述，因为后期史家经常抄录前人所记，重复率较高。

第一节
阿拉伯地区的主要贸易口岸

在中世纪阿拉伯历史学和舆地学著作中，关于海上丝绸之路的记载有两个明显特点：一是大大多于陆上丝绸之路的记载，其原因无须赘述；再是对出霍尔木兹海峡和曼德海峡后的印度洋沿岸，尤其是中国沿岸港口城市的译名比较复杂含混。尽管"广州至波斯湾头这段航程经过多人的研究，其中大多数地名已得到较确切可靠的结论。争议虽有，一般不大"[1]，但阿拉伯人在这些地名的对音上，确实留下许多令人难解的问题。这些地名特别是有关中国的地名，究竟指的是哪些城市，学者

---

[1] 汶江主编：《古代中国与亚非地区的海上交通》，四川省社会科学院出版社，1989年，第84页。

们至今仍在考证。本节仅涉及中阿贸易往来中位于波斯湾和红海沿岸的港口城市。阿拉伯方面对这些口岸的史料记载，应当是最权威可靠的。

1. 希拉（al-Hīrah）。

在人们述及中阿之间的早期交往时，提到较多的城市是希拉，因为根据学者考证，远在公元 5 世纪便有中国商船沿幼发拉底河而上到达那里。希拉，既是阿拉伯早期历史上，在公元 3 世纪中叶建立的希拉王国的称谓，也是王国首府的称谓。艾布·欧白德·巴克利（'Abū 'Ubayd al-Bakrī，1040—1094）在其著名的《疑难国名地名辞典》(Mu'jam Mā 'Ustu'jam Min 'Asmā' al-Bilād Wa al-Mawādi') 中有如下记载：

希拉：众所周知的伊拉克城市。那里空气清新，气候宜人，土壤肥沃，水质极佳。周围到处是农庄、花园和大型市场，因为它紧邻来自中国和印度等国海船停泊的港口。[1]

希拉城位于巴比伦遗址附近，其具体位置，由于历史与社会的变化特别是幼发拉底河河道的改变，亦曾出现变迁。因此针对古希拉城，有学者说位于幼发拉底河畔，也有学者说位于

---

1 巴克利著：《疑难国名地名辞典》，贝鲁特学术书籍出版社，1998 年版，第 2 卷第 110 页。

幼发拉底河支流希拉河畔，甚至有学者说"位于底格里斯河畔"
（这一说法显然是错误的）。这种变迁也反映在麦斯欧迪的记
述中：

原先幼发拉底河有 100 多波斯里（farsakh）流向希拉国，
这条河现在仍清晰可见，被叫作"阿提格"（al-'Atīq，意为：
老河）。当年穆斯林与鲁斯图姆[1]正是在这里展开激战，也就
是卡迪西亚战役。幼发拉底河注入哈白什海[2]，当时这个海在
如今叫纳贾夫的位置。当年中国和印度的船舶就是先来到这
里，然后商人们再去见希拉国王。我们讲的这些，艾布·伯
克尔·本·艾布·盖哈法时代的阿卜杜麦西赫·本·阿穆鲁·本·拜
基莱·盖萨尼，在与哈立德·本·沃利德交谈时也提到过。
当被问到"你记起了什么？"时，他说："我想起了这些城
堡后面的中国船只（Sufun al-Sīn）。当入海口那个位置断流的
时候，海就变成了陆地，于是今天希拉与海之间要走很多天。

1　鲁斯图姆（Rustum），萨珊王朝末代国王伊嗣俟手下大将，635 年被阿拉伯军
　　队大败于卡迪西亚。

2　哈白什海（al-Bahr al-Habashī），阿拉伯古籍中一般指曼德海峡以南海域，有
　　时也统指印度洋。阿拉伯语之哈白什，后人有时亦译作阿比西尼亚，泛指今埃
　　塞俄比亚一带。

谁到纳贾夫好好看一看，谁就会明白我们说的事情。"[1]

麦斯欧迪的这段记载，当是后世中外学者以下观点的出处，即"《黄金草原与珠玑宝藏》里记载：公元 5 世纪时（中国南北朝时期），中国的商船曾访问波斯湾，并从波斯湾进入幼发拉底河，沿河北上，在巴比伦城废墟附近的'希拉城'附近停泊"。但实际上麦斯欧迪没有也不可能提及"公元 5 世纪"这样一个时间概念，原文中也没有任何明确表示时间或时期的用词。因此中国商船到达希拉的时间是模糊的，从希拉王国兴亡的公元 3 世纪中至 7 世纪初这一时间段内都有可能。或许学者们是根据 5 世纪为该王朝鼎盛时期而推断的，也未可知。

2. 乌布莱（al-'Ublah，一译俄波拉）。

拜拉祖里在《各地的征服》中"征服底格里斯河地区"条下说：

人们说，欧特白·本·盖兹旺[2] 攻打了乌布莱，经过一场激战将其占领。他写信告诉欧麦尔："乌布莱是通往巴林、阿曼、印度和中国的港口。"[3]

1　麦斯欧迪著：《黄金草原与珠玑宝藏》，贝鲁特时代书局，1988 年版，第 1 卷第 103 页。

2　欧特白（？—638），先知穆罕默德门弟子，第 7 位信奉伊斯兰教者，巴士拉城建造者。

3　拜拉祖里著：《各地的征服》，黎巴嫩知识出版机构，1987 年版，第 477 页。

伊本·艾西尔也记载了此事：

也有人说巴士拉是在杰鲁拉和提克里特之后，于（伊历）16 年建为城市的。赛阿德奉欧麦尔之命派欧特白前往那里。欧特白到达后驻扎了约 1 个月时间。乌布莱城里的人出城迎战，那里当时有 500 骑兵驻守，是来自中国的船只停靠的港口。欧特白与他们交战并打败了他们。[1]

乌布莱位于两河流域出海处，是海上军事要塞和通往中国的东方海路门户。"波斯人将它看作生命线。而俄波拉港也是海湾阿拉伯商人从海上进入伊拉克的孔道。波斯人为了防止阿拉伯人活动，在那里驻扎大军，严密监视。"[2] 随着穆斯林军队对该地的占领，特别是巴士拉城兴建之后，乌布莱声名逐渐被巴士拉所取代。《新唐书·地理志》中所记的乌剌港，即为今巴士拉。"当时的乌剌港是海湾地区与中国贸易往来的重要海港，大批中国货物在此集散，阿拉伯作家都称它为'中国海港'。"[3]

3. 巴格达。

1　伊本·艾西尔著：《历史大全》，贝鲁特阿拉伯书籍出版社，1999 年版，第 2 卷第 318 页。

2　纳忠著：《阿拉伯通史》上册，商务印书馆，1997 年版，第 63 页。

3　陈炎著：《海上丝绸之路与中外文化交流》，北京大学出版社，1996 年版，第 128 页。

巴格达虽不临海，但底格里斯河可使其与海外直接联系起来。在阿拉伯古代著作家的著述中，有关阿拔斯王朝第二任哈里发曼苏尔（754—775 年在位）兴建巴格达的记闻甚多，并被后人广为引录。

4. 苏哈尔（Suhār）。

苏哈尔曾是海上丝绸之路的重要中转港口，据说也是《一千零一夜》中辛巴德的诞生地。1980 年爱尔兰人蒂姆·塞弗林曾驾仿古帆船"苏哈尔号"从马斯喀特航行到广州，轰动一时。中世纪阿拉伯著作家们笔下关于这座港口城市的记述大致相同：

苏哈尔是阿曼的首都，在中国海中没有比它更宏伟的城市。它是中国的走廊，东方和伊拉克的仓库，也门的救援站。[1]

同雅古特以上表述一样，很多阿拉伯古籍中都将出霍尔木兹海峡后的海域甚或波斯湾称为中国海，可见当时中国影响之大。

5. 扎比德（Zabīd）。

盖勒盖珊迪在《文牍撰修指南》中提到：

扎比德是也门的港口，商贾们的落脚之地，自土伯尔时期

---

1 雅古特著：《地名辞典》，贝鲁特萨迪尔书局，1995 年版，第 3 卷第 393 页。

至今都是一个贸易城市。在汉志、信德、印度、中国和阿比西尼亚来往的船只都在此停靠。各国商贾在这里转运、出售、采购各种货物。[1]

扎比德是也门历史名城。雅古特在《地名辞典》中说：

扎比德原是一个河谷的名字，那里有座城市叫侯塞布，后被这个河谷的名字彻底取代了。它是哈里发马蒙时代一个非常兴旺的也门著名城市，出了很多名人。[2]

这个古时中国商人经常落脚的繁华城市，今天已是也门荷台达与塔伊兹两座著名城市之间、距海岸线很远的不太出名的城市。

6. 加尔（al-Jār）。

巴克利在《疑难国名地名辞典》中说：

加尔位于麦地那附近海岸，与该城平行，是一个宫殿林立，人口稠密的村落。它的一半是海中的一个岛，一半在海岸上。来自埃及、哈白什（今埃塞俄比亚）、巴林和中国的船只，在这里停靠。[3]

1　盖勒盖珊迪著：《文牍撰修指南》，埃及图书总局，1985 年版，第 5 卷第 10—11 页。

2　雅古特著：《地名辞典》，贝鲁特萨迪尔书局，1995 年版，第 3 卷 131 页。

3　巴克利著：《疑难国名地名辞典》，贝鲁特学术书籍出版社，1998 年版，第 2 卷第 5 页。

依其所述，加尔显然是当年红海沿岸一个安逸的港口小城。因其与麦地那平行，应在今沙特王国延布一带。雅古特在《地名辞典》中对此地有较长记载。

7. 霍尔木兹（Hurmuz）。

霍尔木兹是位于今伊朗境内的港口城市，鉴于其在古代阿拉伯地区与东方特别是中国之间海上贸易的重要中转地位，阿拉伯古籍中常有提及。比如伊本·艾西尔说：

> 阿曼人之所以服从霍尔木兹首领，是为了保障从霍尔木兹到阿曼的船主们的安全。霍尔木兹是一个非常大的港口，是来自印度远方、中国和也门的商贾们的聚集地。[1]

今天地图上标明的伊朗城市霍尔木兹距海岸线约 100 公里，阿拉伯古籍中提到的霍尔木兹应该不在这个位置。《蒙吉德词典》说："霍尔木兹是位于霍尔木兹海峡、连接波斯湾和阿曼湾的一个岛屿。"[2] 这似乎是指今格什姆岛。雅古特则说得有些矛盾："霍尔木兹是海里的一个城市，过一个小海湾可达那里。它在波斯陆地的海岸上。"

在中国与阿拉伯之间的贸易往来中，阿拉伯地区还有很多

---

1 伊本·艾西尔著：《历史大全》，贝鲁特阿拉伯书籍出版社，1999 年版，第 19 卷第 288 页。

2 见《蒙吉德词典》，贝鲁特东方书局，1984 年版，百科部分第 728 页。

港口城市起到重要作用，如亚丁、佐法尔、木哈、吉达等等，恕不一一详述。这些当年海上丝绸之路途中的名城，有的虽然已经衰落，但人们追述中阿友好交往史时，仍会记起它们曾经的繁荣，有的则在中阿之间友好交往中继续发挥着桥梁作用。

第二节

来华经商的阿拉伯巨富

　　自贾希利叶时期起，阿拉伯民间便有一句流传很广的话：每个阿拉伯人都是商人。阿拉伯人善于经商是世所公认的。历史上中阿之间的贸易往来不论是通过两条丝路的哪一条，都必须经过许多艰难险阻，承担财产与生命的巨大风险。甘愿冒此风险，漂洋过海来华经商的动力，无疑是巨大的利润。正如下文将要见到的，与中国人做生意往往是"一本九利"——原文直译为：1个银币赚回9个银币，虽未达中国人夸张的一本万利，但利润之大由此可见。阿拉伯古籍中提到来华经商者，往往都加上一句"他从此腰缠万贯"一类的话。所幸的是，阿拉伯著作家特别是谱系学家和传记作家在自己的著作中，为后人记录下若干与中国人做生意而致富者的"简历"。这类史料对中阿经济关系与贸易往来的研究，同样具有相当重要的价值和意义。

萨法迪（al-Safadī, 1296—1362）是阿拉伯著名历史学家和文学家，其代表作《名人全传》是阿拉伯纪传体史籍里的鸿篇巨制，校勘出版的 30 卷仅为原作三分之二左右。他在这部著作中记录了这样一位人物：

> 伊卜拉欣·本·穆罕默德·本·赛义德·杰马勒丁，伊拉克的首领，以旅行家伊本·赛瓦米里闻名于世。赛瓦米里（al-sawāmil）的意思是：瓷制茶杯。他曾带着很少的钱外出游历，最远到过中国。在那里他的生计之门被打开，赚了非常多的钱。之后伊拉克的统治者让他掌管很大一片国土，他顺从天意，善待属民。后来他的好几位家庭成员当了国王。他是位信仰虔诚、慷慨大方、公正廉洁、颇有主见的慈善家。有一年他给教长伊赞丁·法拉西送去 1000 米斯加勒（mithqāl，等于 4.68 克）黄金。后来鞑靼人欺负他，巧取豪夺，致使其家道中落，钱财所剩无几。好景不再，他便搬到吉达中部去了。伊本·蒙塔布说："杰马勒丁说他只有这一罐子钱了，说完他让我看了一个装有 8 万第纳尔（金币）的罐子。此后他就去了中国，做了一本九利的大生意。"他的一个儿子赛拉吉丁在马巴尔（al-Ma'bar）做了

国王的总督，另一个儿子穆罕默德做了设拉子的国王，再一个儿子伊赞丁统辖所有属于波斯的王国。伊本·赛瓦米里是在（伊历）706 年去世的。[1]

关于这位古代阿拉伯大旅行家和大商人，扎哈比在《前尘殷鉴》"伊历 706 年"条下也有记载：

这一年，人称伊本·赛瓦米里的著名商人领袖、伊拉克人杰马勒丁·伊卜拉欣·本·穆罕默德在设拉子去世，享年 76 岁。"赛瓦米里"的意思是瓷制茶杯。当初他以给珍珠钻孔为业，攒下 2000 银币后，前往中国经商，赚了大钱。后从盖安去了伊拉克。他对待百姓十分友善。他有几个儿子像国王一样。后来他遭遇抄家之祸，巨额财产被查没。[2]

《名人全传》作者萨法迪与《前尘殷鉴》作者扎哈比是同时代人，也是关系非常密切的朋友，扎哈比死后，萨法迪为这位好友写过悼亡诗。两人分别记录了下面这位与中国相关的人物：

（伊历）541 年去世的还有：艾布·哈桑·萨德海依尔·本·穆罕默德·本·赛赫勒·安萨利·安达卢西·巴伦西，

1　萨法迪著：《名人全传》，德国东方学家协会，1991 年版，第 6 卷第 136 页。

2　扎哈比著：《前尘殷鉴》，贝鲁特学术书籍出版社，1995 年版，第 4 卷第 14 页。

圣训学家，曾前往中国经商。他还是位教法学家和知识渊博的
学者，听艾布·阿卜杜拉·尼阿利和塔拉德·本·穆罕默德等
人传述过圣训。他在伊斯法罕居住过一段时间，后移居巴格达，
曾师从安扎利学习教法学。[1]

　　萨德·海依尔·本·赛赫勒·安萨利，巴伦西亚人氏。他
来到巴格达住了一段时间，听过艾布·海塔布和侯赛因等人传
述或讲述圣训。后师从泰伯里齐攻读文学，也在哈马丹和伊斯
法罕一带听人传述圣训，并收集到很多书籍和原始抄本。曾出
海远行，经历世间艰难，目睹天下奇事，最终进入中国。返回
巴格达时已是高龄，在此住到去世。他钱财无数，富甲一方。
他也是一位非常真诚、值得信赖的人。卒于（伊历）541年。[2]

　　扎哈比在自己的著作中还提到一个人物：

　　（伊历）713年，著名商人领袖伊赞丁·阿卜杜阿齐兹·
本·曼苏尔·库莱密，在亚历山大寿终正寝。他的父亲原是阿
勒颇的犹太教徒，后改宗伊斯兰教并开始从事商业活动。伊赞
丁去过中国。他是位仗义疏财，乐善好施的人。当他经过也门时，
曾被也门君主索去30万银币。[3]

1　扎哈比著：《前尘殷鉴》，贝鲁特学术书籍出版社，1995年版，第2卷第460页。
2　萨法迪著：《名人全传》，德国东方学家协会，1991年版，第15卷第189页。
3　扎哈比著：《前尘殷鉴》，贝鲁特学术书籍出版社，1995年版，第4卷第37页。

伊本·焦济在《历代民族与帝王史通纪》"伊历381年"条下提到：

当时的麦加埃米尔（掌管麦加的行政长官）是艾布·福图赫，这一年正好艾布·加西姆·马格里比也来朝觐。后者怂恿前者脱离埃及统治者阿齐兹[1]，自立为王。艾布·福图赫听从了他的话。马格里比还花言巧语让他取走"房屋的壁龛"[2]，并拿走里边的银子去铸银币。当时正好有个叫麦图依（al-Matū'ī）的人在吉达去世。此人有很多印度和中国的钱。他遗留下一大笔钱。生前他曾以10万金币的价码，委托艾布·福图赫保护他的遗产和存放在他那里的钱财。马格里比又乘机撺掇艾布·福图赫将此人这一大笔遗产攫为己有。[3]

引文中"印度和中国的钱"，为原文字面意思，根据语法规则直译应为：属于印度和中国的钱。如此，既可以理解为通过经商从两地赚来的钱，也可理解为两地制造的钱币。若为后者，或证明当时各国金银币至少在麦加可以流通；或证明两地铸币成色较好，有储存乃至收藏价值；或证明当时阿拉伯商

1　即阿齐兹·比拉（955—996），埃及法蒂玛王朝第5任哈里发。

2　阿语原文为：قبلة البيت（Qiblah al-Bayt），笔者未经考证，不敢贸然译为：天房的壁龛。

3　伊本·焦济著：《历代民族与帝王史通纪》，贝鲁特学术书籍出版社，1993年版，第14卷第356页。

人与两地贸易往来频繁，为避免兑换麻烦，留存一定数量的两地货币，直接用其与两地商人结算。在阿拉伯的很多地区都出土过中国古代钱币，日本学者三上次男曾说："在内地十分荒凉的巴林岛及其对岸的卡提夫地区，发现了中国北宋时代的钱币和元、明时代的陶瓷器，这无疑说明了，从12、13世纪到15、16世纪，这里曾是波斯湾沿岸的中转贸易地，而且当时在此居住着相当多的富豪。"[1]

    本节所述内容中最值得我们注意的，是阿拉伯史学家们在记写去中国经商并成为巨富者时，反复使用的"商人领袖"或曰"商界领袖"的概念。这说明此类富商具有比较重要或显赫的社会地位。他们在阿拉伯商界地位如此之高，原因可能有两个：一是本为巨商，后到中国做大生意，地位提高；一是本为中小商人，到中国经商后，财富剧增，地位随之提高。笔者以为后者可能性居大。阿拉伯古籍中涉及来华经商者成为商界领袖的记述不少，似应作为中阿经济贸易关系史中的一个较为重要现象专门加以研究。

1　三上次男著，胡德芬译：《陶瓷之路——东西文明接触点的探索》，天津人民出版社，1983年版，第84页。

第三节

阿拉伯地区的"中国商人"

阿拉伯古籍中提及"中国"和"中国人"的次数虽然很多，但具体到阿拉伯人与中国人——特别是在阿拉伯地区生活的中国人——相处或直接打交道的记载十分罕见。至于比较具体地谈及"中国商人"的，目前只发现一段。中世纪阿拉伯著名语言学家、史学家、文学家阿卜杜·加迪尔（'Abd al-Qādir Ben，1621—1682），在其代表作《文学宝库与语言菁华》（Khizānah al-'Adab Wa Lubb Lubāb Lisān al-'Arab）一书中记述了这样一个故事：

乌盖希尔（al-'Uqayshir）娶了一个叫拉芭布的堂妹，说好嫁妆是 4000 银币。过后他找族人索要，他们什么也不给他。

这时伊本·拉斯白格勒来了，他是个中国大商人（duḥqān al-Sīn），也是一个拜火教教徒。乌盖希尔向他要嫁妆，后者如数给了他。于是他吟道：

> 拜火教徒付我拉芭布嫁妆，
>
> 舅父和叔伯都难与之相比。
>
> 你慷慨大方犹如宽阔海洋，
>
> 我已见证你出自良好门第。
>
> 但你也是火狱中人的主宰，
>
> 如果你与暴虐者沆瀣一气。
>
> 你是否知道那法老和哈曼[1]，
>
> 还有法官都与你毗邻而居。

那个拜火教徒说："你真可恶！你向自家族人索要嫁妆，他们不给你，你找我要，我给了你，可你却用这样的话来回报我。"他说："怎么，我让你和帝王将相们平起平坐而没说你是傻瓜，难道你还不满足！"[2]

阿拉伯著作家中最早记录此事的是伊斯法哈尼，他在《歌

1　哈曼（Hāmān），古埃及一位法老的首相，他曾给法老献策，让他建一高塔，以便法老能登上去见摩西神。

2　阿卜杜·加迪尔著：《文学宝库与语言菁华》，开罗汉吉书店，1997年版，第4卷第490页。

诗》的相关记载中，在"4000 银币"后面写"也有人说 1 万银币"[1]。他们记写的乌盖希尔，属于阿拉伯诗歌史上所谓"跨代诗人"，即生活和创作于贾希利叶时期末和伊斯兰教初创时期的诗人。他虽算不上一流诗人，但他机智幽默且嗜酒如命，多有谐趣之作，所以阿拉伯古代传记和文学作品中也常常提到他。伊斯法哈尼虽未对其生卒年月和生活地点作出明确交代，但推断他是库法人。

这段记载中最重要的一点，当是证明了在公元 6 世纪末 7 世纪初，确有中国人定居或长期居留在阿拉伯地区像库法这样的重要城市。尽管我们见到的相关论述可以将这一时间推至更早，但能够举出中国人名字、职业和社会地位等情况的仅此一例。

引文里中国商人的"商人"一词是 duhqān，原为波斯语。北大版《阿拉伯语汉语词典》注解为：指导者、领袖、市长、商人。笔者酌译为"大商人"。此位中国商人显然十分富有，且出手大方。由他出面调停此事，说明他具有一定社会地位。同时，由于他生活在异族人中，息事宁人恐怕是其处世原则之一，为了不招致周围人的过分嫉妒，在看似与己无关的事情上破费些

1　伊斯法哈尼著：《歌诗》，贝鲁特文化书局，1990 年版，第 11 卷第 249 页。

钱财，也很像中国人所为。至于那位阿拉伯诗人意外得到嫁妆，反过来还要吟诗对"中国商人"讥讽挖苦一番，一是根据史料记载，他虽有些妙句传世，但总体上为一浪荡诗人，做出有悖常理之事亦不足为奇；二是从引文中反复提及"拜火教徒"看，其中宗教色彩与倾向显而易见。中国商人的名字已经阿拉伯化了，说明他已长期生活在阿拉伯地区，并已融入当地社会环境。名字中的"拉斯白格勒"（Ra's al-Baghl），不排除为带有贬义的外号，意为"骡子的脑袋"。这或许说明当地人对异族人尤其是"异教徒"的某种歧视心理。

总之，这位名叫伊本·拉斯白格勒的中国大商人在阿拉伯古籍中的出现，值得人们关注。他的生活范围内是否还有其他中国商人？"duhqān al-Sīn"（中国商人）这样一个阿拉伯古籍中鲜见的词组是否本身便带有"商界领袖"之意？这种商界领袖与汉籍所载负责来华大食商人事务的"蕃长"一类，是否有共通或相近之处？这些问题有待于更多阿拉伯史料的发现，以使我们能够进行更加深入的探讨与研究。

第四节

中阿贸易中的几种特殊商品

中阿之间的贸易往来历史悠久，双方交易的商品种类繁多。大食商人东行中国，带来的商品如沉香、胡椒、珍珠、珊瑚、象牙、犀角等多达数百种；中国则以闻名遐迩的丝绸、陶瓷、茶叶、麝香等商品与之交易。这些商品除却其在中阿贸易往来中的经济意义之外，也蕴涵着极其丰富的文化内涵，长期以来一直为中外学者所关注，专文专著为数不少。本节仅择其中较有特色的几种简述之。

在阿拉伯古籍中以贸易为主题的"专著"十分少见，因此首先要举出 9 世纪阿拉伯学术大师贾希兹的《贸易指南》（al-Tabsirah Bi al-Tijārah）。该作品虽仅合中文 8000 字左右，但阿拉伯人一直称其为"书",1914 年在开罗首次经阿拉伯学者校勘后印行。由于作者记载了当时阿拉伯人从各国进口的特色物品,因而受到后世学者高度重视。贾希兹在书中提到了从中国进口的部分商品:

最好的黑貂(al-Sammūr),是中国黑貂。

最好的羊毛毡子(al-Lubūd),是中国的羊毛毡子。

从中国输出的有:宝剑[1]、丝绸、瓷器、麻纸(al-kāghad)、墨汁(al-Midād)、孔雀、灵巧但能驮重物的牲口(al-barādhīn)、马鞍、羊毛毡子、桂皮和纯大黄(al-Rāwand)。

从伊斯法罕输出的食品有:蜂蜜、榅桲、中国梨(al-Kummathrī al-Sīnī)。[2]

贾希兹以上记述中"瓷器"一词使用的是"盖达伊尔"(al-ghadā'ir),而不是人们比较熟悉的"隋尼"(al-sīnī)。盖达伊尔这一复数形式名词,在阿拉伯古籍中常有出现,比如,雅古特曾说:"某国王遗留下的大批金银财宝和稀世珍品中有:14 箱中国瓷器和精致豪华的玻璃器皿……"[3] 此句里"中国瓷器"

---

1 原文为 al-Firind,北大版《阿拉伯语汉语词典》注解为:宝剑,石榴子。

2 贾希兹著:《贸易指南》,http://www.alwaraq.com,访问时间:2014-11-5,第2—4页。

3 雅古特著:《地名辞典》,贝鲁特萨迪尔书局,1995年版,第2卷第482页。

使用的是 al-ghadā'ir al-sīnī。从阿语语法规则讲，该词组形容词与被形容词搭配是错误的，但这也说明它是因长期使用而在约定俗成中被固定下来的。商务印书馆版《阿拉伯语汉语词典》中无"盖达伊尔"一词，只有可能为其单数形式的"盖达尔"（al-ghadār），解释为：陶土、白土、胶泥、高岭土。而《蒙吉德词典》对"盖达伊尔"的解释有二：一是一种为免遭毒眼而携带的绿色瓷器——古代阿拉伯人迷信毒眼（凶眼、恶眼）能使人害病；一是来自波斯语，意思是大木盘。

在中阿贸易史上，有一类商品比较特殊，即以沉香为代表的所谓"香货"，双方古籍中都称是从对方进口的。汉籍记载自不必说，阿拉伯古籍中也经常见到这样的记载："从中国输入麝香、沉香、高良姜[1]和肉桂。"[2]究其原因，当是中国与阿拉伯都不是沉香的原产地，而彼此间的贸易并不局限于本地物品。双方将主要产于今东南亚等地的沉香一类香货，长期互贩于对方牟取利润，从而造成中国人称其为阿拉伯沉香、阿拉伯人称其为中国沉香的局面。这一方面证明了中国人与阿拉伯人，

1　原文为 al-Jūlanjān，沿用宋岘在《道里邦国志》中译法。是一种多年生草本植物，花白色，块根入药，为健胃剂。

2　伊本·焦济著：《历代民族与帝王史通纪》，贝鲁特学术书籍出版社，1993 年版，第 1 卷第 153 页。

或更确切地说与包括波斯人在内的大食人，对当年世界上最重要的东西交通路线特别是海上丝绸之路的控制力度，另一方面也证明了中阿两民族善于经商的头脑与能力，十分了解对方的商品需求。

在由阿拉伯输往中国的商品中，犀角和象牙是比较贵重和特殊的，阿拉伯人因此多有记述。麦斯欧迪说：

犀牛的角是白色的，其中有些黑色的花纹，其线条和形状组成某种图案：要么像一个人，要么像一只孔雀；有时像一条鱼，有时像犀牛本身或当地所特有的其他动物。人们把这种犀牛角锯下来，仿照金银装饰品的样子，拿去做各种各样的腰带。中国的国王们特别喜欢用这种腰带，于是中国的达官贵人也竞相效仿，以致其价格被抬得很高，一条要卖到2000至4000金币。[1]

麦斯欧迪所言不仅证明中国对犀角需求量很大，价格昂贵，而且也证明阿拉伯人具有精明的经商头脑，即在贸易往来中尽可能贩运那些可带来巨额利润的商品。而阿拉伯海商由此暴富而过上阔绰生活的场面，我们在《伊本·白图泰游记》对居留杭州和广州大食富商的描写中，可见其一斑。当年由

---

1 麦斯欧迪著：《黄金草原与珠玑宝藏》，贝鲁特时代书局，1988年版，第1卷第172页。

大食商人贩运到中国的犀角数量之多，有韩愈（768—824）所言为证："外国之货日至，珠、香、象、犀、玳瑁、奇物溢于中国，不可胜用。"[1]贾希兹在《动物书》中专有"犀角"一节，其中写道：

至于犀角，一位我信任其理智、依凭其见闻的人告诉我说，他所见到的犀角根部很粗，体积很大，足有两拃，其长尚不及其粗。犀角顶端非常尖，整体十分光滑，硬度中含有柔韧性。人们在我们巴士拉这里将它备好之后运到中国，因为我们先于他们得到它。他们将其切断后，断面上会出现奇特的图案。此外它还具有一些其他特性，使人们对其有所需求。[2]

巴士拉是当年中阿贸易往来中阿拉伯地区最重要口岸之一，依引文可得知它还是犀角贸易的集散地，而且阿拉伯人显然了解中国人大量进口犀角，除可制成贵重装饰品外，还有"其他特性"，比如作为药用。实际上中国人输入大量犀角，也在从事转口贸易，"新旧唐书记载，岭南节度使王锷巧取豪夺，家财甚富，日发十余艘载有犀象珠贝的货船，夹在普通商船中

---

1 韩愈著：《送郑尚书序》，《昌黎集》卷二十一。转引自江淳、郭应德著：《中阿关系史》，经济日报出版社，2001年版，第40页。

2 贾希兹著：《动物书》，黎巴嫩吉勒书局，1988年版，第7卷第129页。

出境做生意"[1]。

阿拉伯人甚至对当时中国犀角的价格动态也有所了解。伊本·纳迪姆说：

（中国）国王的臣民们带往京城的最珍贵之物，乃有自然花纹的犀角。一盎司的犀角价格高达五个米那的金子。尚且在世的国王废除了（用犀角纳贡的惯例），规定用金御带和其他金首饰向其纳贡。这一规定使得（犀角）价格骤跌，一直下降到一盎司金子，甚至不到一盎司金子的价格。[2]

至于输往中国的象牙，麦斯欧迪说：

其中大部分象牙在阿曼国备好后运往中国和印度。这些象牙先是从僧祇运到阿曼，然后再从阿曼运往我们提到的那些地方。若非如此，象牙在伊斯兰国家本应是很多的。中国人中，不论是国王还是文官武将、王公贵族，都喜欢用象牙手杖。原因是任何人，即便是军事将领和与国王最亲近者，都不得携带任何铁器进宫，但携带这种用象牙做的手杖是允许的。因此他们都希望得到笔直的而不是像弓一样弯的象牙，好去做他们的手杖。在他们那里，象牙也被用来在放有偶像的庙宇中焚烧，

---

1 江淳、郭应德著：《中阿关系史》，经济日报出版社，2001年版，第38页。

2 转引自费琅编，耿昇、穆根来译：《阿拉伯波斯突厥人东方文献辑注》，中华书局，2001年版，第147页。

或是在他们的祠堂里当香烧。这种做法与基督教徒在教堂里烧一种叫"马利亚香"（dukhnah maryam）的做法完全一样。中国人不在他们的本土使用大象，他们认为拥有大象和骑象打仗是非常不吉利的，个中缘由要追溯到他们古代的一次战争。[1]

　　历史上特别是唐朝以降，中阿之间的贸易形式分为两种，一种是民间贸易，一种是所谓贡赐贸易。后者即阿拉伯商人以贡使名义进贡物，中国皇帝回赐等值或价值更高的物品。中国当年进口数量如此之大的犀角、象牙等货物，其中必有优劣之分，汉籍载大食人向中国皇帝所献方物中的"大犀""文犀"等肯定皆属上等货色。无论是民间贸易还是贡赐贸易，中阿双方进出口商品的种类与名称等都具有研究价值，其中的文化内涵也有待于人们进一步发掘。中外学者虽可列举出大量中阿贸易交往中的各类商品，但从阿拉伯原文史料中找出"新的商品"加以研究还是可期的。比如麦盖利·提里姆萨尼（al-Maqqarī al-Tilimsānī，1584—1631）在《安达卢西亚柔枝的芬芳》（Nafh al-Tīb Fi Ghusn al-'Andalus al-Ratīb）中提到的：

1　麦斯欧迪著：《黄金草原与珠玑宝藏》，贝鲁特时代书局，1988 年版，第 2 卷第 7 页。

在马拉加（Mālaqah，今西班牙南部港口城市），有人们由于其美好而用作成语的无花果（al-tīn），它甚至远销到印度和中国。[1]

1　提里姆萨尼著：《安达卢西亚柔枝的芬芳》，贝鲁特萨迪尔书局，1988 年版，第 1 卷第 151 页。

第五节
中国人信奉的宗教

阿拉伯古籍有关中国人所信奉宗教的记载中，提到较多的是二神论（al-Thanawiyyah）和素姆那教派（al-Sumniyyah）。二神论亦称善恶二元论，是琐罗亚斯德教（中国史称"祆教""拜火教"）的主要教义之一。该教义认为自然界有光明与黑暗两种力量，分别代表着善与恶。两种力量经过长期、反复的较量，最终善神战胜恶魔，光明代替黑暗。历史上琐罗亚斯德教在中国有较大影响，公元6世纪南北朝时传入中国，北魏、北齐、北周的皇帝都曾带头奉祀。隋唐时东西两京都建立祆祠，但当时信奉者绝大部分为侨居中国的外国人。宋以后，中国史籍不再提及该教。阿拉伯古籍中提到的摩尼教（al-Māniyyah，亦作 al-Mānawiyyah），因创始人摩尼（216—276）而得名，是在琐罗亚斯德二元论的基础上，吸收了基督教和佛教等思想材料而形成的信仰。摩尼教主张善恶二元论，称宇宙间有善神（光明之神）和恶神（黑暗之神），世界原由善神所造，但已被恶神腐蚀。摩尼曾往东方各地旅行，据说到过中国西部。今天学者们认为该教于公元6—7世纪传入我国新疆地区。素姆那（Sumaniy）本是古代印度的一个民族。素姆那派则是属于印度的一个哲学派系，他们否认感性以外的知识。商务印书馆版《阿拉伯语汉语词典》对素姆那派（Somnath-pattan）的解释为：印度信仰轮回之说。

麦斯欧迪说：

中国人的宗教信仰与其先人一脉相承，属于素姆那派。拜神方式与伊斯兰教创立前古莱氏部落的拜神方式相差无几：崇拜图像并向其礼拜，教徒内心想以礼拜的方式接近造物主，将自己崇拜的对象和图像做成偶像竖立起来，并把它作为朝拜方向。其中愚昧无知者更将多个偶像当作造物神来敬拜，把偶像和造物神都认作神灵，以为崇拜偶像便能接近真神并得到他的好感。尽管他们知道这种敬神方式有损于造物主的尊严、伟大和神威，但他们还是想以这样的偶像崇拜来表达对真神的敬从，同时把它当作通向真神的途径。

这种宗教最先是在他们当中来自印度的上层人士中出现的，因为他们与印度是邻国。实际上它所反映的，是印度人——不论是有识之士还是愚昧之人——的观念。如前所述，中国人原本有一些产生于二神论和承袭于先祖的观念和信条，后来情况发生变化，于是他们开始探究和思辨。不过，他们所有的律法裁决依然是以先祖的例规为准则的。

由于他们的王国与前面提到的九姓乌古斯王国接壤，所以他们也受到该国盛行的摩尼教某些观念的影响，比如光明黑暗之二元说。从前该国居民愚昧无知，突厥人信仰什么他们就信仰什么，直到摩尼教的一个魔鬼来到他们中间。他花言巧语使他们相信这个世界上所有事物都是相反和对立的：生与死、健康与疾病、光明与黑暗、富有与贫穷、聚与散、连与分、日升与日落、存在与不存在、夜与昼，以及诸如此类的现象。他为他们讲了屠杀生灵——不论是有理智的人还是无理智的牲畜——所带来的种种痛苦，以及儿童、白痴、疯子遭受的苦难，声称至高无上的造物主是不愿让他们受苦的，但世间却存在着与造物主恩惠下的善行完全相悖的事情。他的这些说法以及其他含混暧昧的言论，让他们觉得很有道理，进而接纳了他的传道。后来，每当中国国王信奉"杀生论"（Madhhab Dhabh al-Haywān）时，他与突厥君主艾尔汗之间就会发生战争；每当中国国王摈弃这一信条时，两国间便相安无事。中国的国王们有自己的观念和信条，尽管他们的宗教各种各样，但在举荐法官和擢用官吏，以及一视同仁地督导显贵和平民安分守己诸方面，始终不曾逾越理性和真理的限度。[1]

麦格迪西关于中国人的宗教信仰有以下记述：

人们说，中国人普遍属于二神论者和素姆那派，他们有自己的庙宇，里面有他们崇拜的诸位偶像。这是他们的宗教。他们有礼教和道德，在组装有趣好玩的物件和制作奇特工艺品方面技艺高超。他们所具有的、在其他民族中不曾见到的、有口皆碑的礼教是：小孩子不能在父亲面前坐下，不能和父亲一同进餐，也不能在父亲面前走动；他们见到父亲要跪拜；同样，所有小辈见到长辈，为表示尊重都要跪拜。[2]

伊本·艾西尔在《历史大全》中，提到琐罗亚斯德本人曾前往中国传教一事。他说：

据说，琐罗亚斯德是波斯人。他编了一本经书，带着它周

---

1 麦斯欧迪著：《黄金草原与珠玑宝藏》，贝鲁特时代书局，1988 年版，第 1 卷第 136—137 页。
2 麦格迪西著：《肇始与历史》，贝鲁特萨迪尔书局，1988 年版，第 4 卷第 19 页。

游各地。但没有一个人明白书的内容。他声称书中所言皆为天启之语，他把此书称为依什塔（Ashtā）[1]。他从阿塞拜疆前往法尔斯，但无人理解、接受该书。他再到印度，向其国王展示，后又转往中国和突厥，各地君主均加以拒绝并将他驱逐。他来到拔汗那，当地国王欲将他杀死。于是他逃奔国王比什塔斯布（Bshtāsb）[2]处，后者下令将他关押了一段时间。后来国王把关在巴勒赫的他放了出来。他见到国王后，给他解释了自己的宗教，国王感到很惊奇，不仅自己信奉了这种宗教，而且强迫臣民也信奉。在国王杀了很多人之后，人们接受并皈依该教。[3]

古代阿拉伯著作家对中国人信奉宗教的记载，一方面说明他们对中国这方面的情况有一定了解，从而验证了琐罗亚斯德教一度在中国影响非常之大，正如麦格迪西所说："至于中国人，其大多数属于二神论者，与之毗邻的很多突厥人也是如此。他们中不信神的人说，不存在世界的创造者和掌管

1　此处可能是指《波斯古经》（Avesta）；如果阿语原文无误，也可能指该经书第 4 部分耶斯特（Yashts），即对神祇和天使的各种赞歌；如果原文有误，更可能指该经书的第 1 部分耶斯那（Yasna），因为这是该书的主要部分，也是最古老的部分，据说是琐罗亚斯德本人的说教。

2　应指大夏国王维斯塔巴（Vishtappa）。大夏，音译巴克特里亚（Bactria）。中国史籍中亦称"吐火罗"，位于今阿富汗北部。

3　伊本・艾西尔著：《历史大全》，贝鲁特阿拉伯书籍出版社，1999 年版，第 1 卷第 226 页。

者。"[1]另一方面也不能排除他们在宗教信仰等民俗习惯上，有将中国人与波斯人、印度人相混淆的可能。

1　麦格迪西著：《肇始与历史》，贝鲁特萨迪尔书局，1988 年版，第 1 卷第 143 页。

第六节
司法条例与民俗习惯

阿拉伯古籍中关于中国司法与民俗等方面的记述，大多为真伪难辨、虚实相杂的内容。这一方面反映出阿拉伯人在此类记述中对某种缺席的或根本不存在的事物的想象性和随意性，另一方面也反映出他们崇尚中国道德政治和开明君主的一种模糊认识。他们记述的中国司法制度及其惩戒方式虽然显得较为严厉，但往往看上去都是公正的。造成这种情况的原因，归根结底是当年来过中国的阿拉伯人毕竟很少，对中国难有深入的实地了解，加之他们在对异域形象进行记述与描述时更乐于采集奇闻逸事，以及大量使用听来或抄来的材料，从而忽视了对所记事物真伪的分析与判断。阿拉伯古籍中很少见有关中国司法律条与惩戒方式的专门记载，一般都是在述及中国或与中国相关事物时旁及之。在他们的印象中，中国使用死刑的情况似乎比较多。例如，亚古比曾说：

他们最常见的惩罚是死刑，行骗者杀，偷盗者杀，通奸者杀，但达官贵人或名门望族除外。如果人们控告某个工匠，而控告是对的，那个工匠将被杀；反之，如果属于诬告，则诬告者被杀。[1]

麦格迪西在《肇始与历史》中对死刑也有较长记述：

偷窃超过 300 铜钱（fals）——相当 10 个银币——以上者，处以死刑。凡被朝廷判处罚、打、杀者，均必须亲笔写一悔过书，并当着有威望的族长和贤士的面，亲口宣读："我犯下什么什么罪过，我被判受罚或受打或受死是罪有应得。"然后他就去受该受的惩罚。

证人和誓言在他们那里不受重视，因为某人一旦接受某种贿赂便会作伪证。他们在这方面的规矩是，假如甲借给乙钱，那么双方须各立一字据，并盖上自己的印鉴。借方写"某人从我这里借去多少钱"，贷方写"我从某人那里借来多少钱"。如果过后双方因借款金额发生争执或不认账，那么双方取出各自的字据对证，以求公允。

1　亚古比著：《亚古比历史》，贝鲁特萨迪尔书局，1992 年版，第 1 卷第 182 页。

他们的种植物大多数是富有营养的。人们说，如果干旱少雨，引起物价高涨，国王便会把素姆那派教徒和偶像看守者召集起来，威胁他们：要是求不来雨，格杀勿论。于是他们一直被拘禁关押，雨不下不放人。人们说，国王的宫中有一些铜鼓（kūsāt），每到日落时分他们就会敲一下。于是城中马上不见人影。居民们听到鼓声，纷纷胆战心惊地跑回自己家中，关闭房门。夜晚，大街小巷只有兵士和值更人在巡视，直到次日清晨。其间若发现有人在户外走动，当场斩首，并用他的血在他的后背写上：这就是违抗国王命令者的下场。

对贱民和贫弱群体中的通奸现象，他们放任自流，但与富人、显贵的人通奸者，杀无赦。他们对于罪行的处罚大都是死刑。[1]

关于中国人的风俗习惯，麦格迪西有这样一段记载：

某人若在一地出生，后迁出此地并在异地死亡，尸体要运回出生地，在故乡埋葬。某人若纳外乡人中的女子为妾，而该女子生了孩子后那些外乡人又要离开此地，那么他们会把孩子交给他，同时带走孩子的母亲，并对他说："果，归你；根，

1　麦格迪西著：《肇始与历史》，贝鲁特萨迪尔书局，1988 年版，第 4 卷第 19—21 页。

归我们。"[1]

麦格迪西有关"果，归你；根，归我们"的传说，在其他阿拉伯古籍中有不同"版本"。伊本·纳迪姆在其著名的《索引书》一书中说：

> 当我们（指阿拉伯人）有人娶了中国的妻子，并要离开时，人们会对他说："留下土地，带走种子。"如果他把妻子偷偷带走而被他们发现，他将被罚款，款数是事先就确定好的，并被投入监狱，有时还会遭到痛打。[2]

两种说法都是指外乡人或异族人可以带走与本地人或中国人通婚所生孩子，但妻子必须留下。有关中国人的婚俗，麦斯欧迪曾说：

> 中国人分为很多部族和部落。这些部落类似阿拉伯人的部落和由部落血缘关系产生的旁支与分系。他们特别注重这种关系，并将其作为家谱记录下来，乃至一个人可以从自己的父亲上推50代，直到差不多追溯至与阿布尔的关系。同一个旁支部落的男女不得通婚，好比木达尔（Mudar）部落的男人只能娶莱比阿（Rabī ʻah）部落的女人为妻或者反过来，再好比凯

---

1 麦格迪西著：《肇始与历史》，贝鲁特萨迪尔书局，1988年版，第4卷第21页。

2 费瑯编，耿昇、穆根来译：《阿拉伯波斯突厥人东方文献辑注》，中华书局，2001年版，第151页。

赫兰（Kahlān）部落的男人只能娶希木叶尔部落的女人为妻或者反过来。他们认为这样做有利于后代的身体健康与强壮，也有利于生存与长寿。[1]

麦斯欧迪所说的木达尔和莱比阿两个部落，都是阿拉伯半岛北部早期著名部落，历史上被认为是北部阿拉伯人的祖先。古代阿拉伯著名的阿德南部族分支出麦阿德部落，后者分支出尼扎尔部落，尼扎尔部落又分支出我们这里所说的木达尔部落和莱比阿部落。而凯赫兰部落则为古代阿拉伯半岛南部著名部落。麦斯欧迪的意思是，中国人不提倡血缘关系较近的中小部落人们之间通婚。

麦格迪西对中国风俗习惯的记述相对较多，其中一段是这样的：

他们的律例要求人们敬拜太阳、月亮、星辰、水和火。他们对自己认为是美好的东西，统统跪下便拜。每个新生儿降生，人们都立即记写下其出生时辰，他们为他占星，并裁定一颗代表他的星星。在中国，没有一个男人不被枢密院记录在案，因为国王按男人的统计数字收取人丁税。他们的人如果死去，遗

1　麦斯欧迪著：《黄金草原与珠玑宝藏》，贝鲁特时代书局，1988 年版，第 1 卷第 146 页。

体一定要保存至次年其出生的那一月。他们在尸体上使用一种药，以免腐烂。[1]

总体而言，阿拉伯著作家对中国司法律条和风俗习惯的记载，似难以用准确二字形容，他们往往以抄录前人记载为主，很少加入新鲜素材，所以阿拉伯古籍中相似记载的重复率很高。以著名历史学家和地理学家亚古比为例，他在被后人称为《亚古比历史》一书中对中国的专章介绍，可说是9世纪阿拉伯史地学家有关中国最长最细的记载之一，备受后世学者重视。但人们不难发现其中很多记述并非第一手资料，明显掺入从古希腊学者著作中翻译的内容，尽管据说他曾经在中国附近地区游历。他对中国司法民俗一类的记述较多，但给人感觉更像是来自波斯或中亚地区的。这与杜环《经行记》中字数不多，但信息准确的有关阿拉伯人宗教民俗的记载，形成鲜明对照。同时，人们也发现在麦斯欧迪《黄金草原与珠玑宝藏》以及几个世纪后的《伊本·白图泰游记》中仍能看到亚古比这些记述的明显痕迹。

1　麦格迪西著：《肇始与历史》，贝鲁特萨迪尔书局，1988年版，第4卷第20页。

第八章

对几个重要问题的思考

　　在阿拉伯古籍特别是史学著作中有若干关于中国的记载，或因其具有对中国人来说较为特殊的意义，比如关于郑和船队和长城的记述；或因其在阿拉伯人中世代流传影响较广而又不具有确凿的历史依据，比如吐蕃由也门人所建和唐王曾向阿拉伯人纳贡等讹传：需要专门分析研究并以专节的形式进行探讨。

第一节
关于郑和船队的一段重要史料

我们知道，古代阿拉伯学者酷爱著书立说，尤喜鸿篇巨制，热衷于将自己目睹耳闻的有意义和有意思之事巨细靡遗地记录下来以传后世，那么他们对郑和船队那样大的场面和那样大的动静有无文字记载呢？他们写了没有，写了什么，写了多少——既然郑和船队到过阿拉伯是其出海远航最重要的意义之一，那么这种来自对方的文献印证，无疑具有非同一般的学术价值。

经过查阅相关资料发现，1985 年上海译文出版社出版的《中外关系史译丛》中，曾刊载了日本学者家岛彦一的《郑和分艅访问也门》一文，其中引录了阿拉伯古籍中关于郑和船队的部分记载，中国学者曾在研究郑和的论述中转引。这位日本学者所据古籍与我们下文提到的记有郑和船队资料的古籍并非同一部。同时，我们也注意到，以《1421：中国发现了世界》一书震动西方评论界并让不少中国人激动不已的，是因为该书震撼点是郑和发现了美洲。英国业余历史学家孟席斯（Gavin Menzies），在《中国人于 1421—1423 年间环球航行证据索引》之"史学家们的描述"一节中也曾提到："依本·塔格里·白第（埃及）/《埃及史》中国船队到达红海和吉大 /1431 年。"[1]不知孟席斯在其他论述中是否引录过记载原文，但他提及的这部古籍，正是我们将要从中摘录重要史料的、伊本·泰格齐·拜尔迪（Ibn Taghzī Bardī，1409—1469）的名作《埃及和开罗国王中的耀眼星辰》(al-Nujūm al-Zāhirah Fi Mulūk Misr Wa al-Qāhirah)。西方学者习惯将其简称为《埃及史》，中国学者则有时将其译为《埃及帝王史通纪》。

家岛彦一所引有关郑和船队的译文出自麦格里齐（1365—1441，al-Maqarīzī）的《道程志》（al-Masālik wa al-Mamālik）。这个书名在中国学者笔下也常译作《道里邦国志》，阿拉伯古籍中与此同名的著作有几十部。麦格里齐和拜尔迪都

---

1 孟席斯著，骆洪译：《中国人于 1421—1423 年间环球航行证据索引》，回族研究，2003 年第 1 期第 29 页。

是埃及著名历史学家。若论时间，前者略早于后者；若论知名度，前者素有"埃及史学家之王"的美称，显然比后者的要大；但若论著作的权威性，并非麦格里齐代表作的《道程志》，则远不及拜尔迪的《埃及和开罗国王中的耀眼星辰》。后一著作被公认为研究埃及历史的最重要典籍之一，深受学者推崇，引用率极高。鉴于事关郑和，因此但凡阿拉伯古籍中有所记载都应一一从原文翻译过来以备相关学者查证研究。即便这些史料有时大同小异，但这种小异同样不可小视。

此外，正如人们所见到的，迄今中国学者引录的阿拉伯古籍中关于郑和船队的文字记载，全部为转译。一般说来，转译的文献比之直接译自原文的，可信度略逊，因为转译过程中前面译者万一出现误译，后面译者很难甄别。所以重要外文史料即使已有转译，也须由原文再次翻译，至少可以互作参证。

拜尔迪在《埃及和开罗国王中的耀眼星辰》"（伊历）835 年"条下这样记写道：

这一年 10 月 22 日，从光荣的麦加传来消息说：有几艘从中国前往印度海岸的船只（Zunūk），其中两艘在亚丁靠岸，由于也门社会状况混乱，未来得及将船上瓷器、丝绸和麝香等货物全部售出。统管这两艘船的总船长遂分别致函麦加埃米尔、

拜莱卡特·本·哈桑·本·阿吉兰和吉达市长萨德丁·伊布拉
欣·本·麦莱，请求允许他们前往吉达。于是两人写信向素丹
禀报，并以此事可大获其利说服打动他。素丹复信允许他们前
来吉达，并指示要好好款待他们。[1]

　　针对这段重要史料中所透露的信息笔者仅作以下简单分析：

　　1. 伊斯兰教历 835 年，换算成公历为 1431 年，正如前文
孟席斯所记写的那样。然而根据马坚编译的《回历纲要》，可
知伊历 835 年的元旦为公历 1431 年 9 月 9 日，那么文中"这
一年 10 月 22 日"显然已跨入 1432 年。郑和船队第 7 次下西
洋的时间为 1431—1433 年，因此无论伊历、公历和中国明朝
纪年三者于相互换算中是否出现细小误差，这一时间与文中所
记时间都是吻合的。这里似乎有必要提一下郑家馨在《郑和下
西洋时代西亚形势及与中国的关系》一文中加的一个注释：

　　据阿拉伯文手稿，第 4609 号，ff，8b—74b 记载（转引家
　　岛彦一：前引书，第 47、55 页），中国船长带礼物到也门亚
　　丁附近的拉赫杰见拉苏里王朝新素丹抹立克·扎希尔是在"希
　　吉来历 835 年 6 月 25 日，星期三"，即宣德七年正月二十七

1　拜尔迪著：《埃及和开罗国王中的耀眼星辰》，黎巴嫩学术书籍出版社，1992
　　年版，第 14 卷第 194 页。

日（1432 年 2 月 28 日），这与马格里兹《道程志》所载有两艘中国船停在亚丁海岸的时间为"希吉来历 835 年 2 月 22 日"，即宣德七年五月二十五日（1432 年 6 月 22 日），二者时间相差约 4 个月，疑为中国两拨分船队人员，待进一步研究。另外，这两个时间与祝允明《前闻记》下西洋条所载郑和船队到达印度古里的时间是宣德七年十一月十八日（1432 年 12 月 10 日）又有不吻合之处，据家岛彦一考察，航往也门和麦加的分船队要比本队先到达近 8 个月。此说待考。[1]

由此可见在专门研究郑和学者的考证中"年月日"是非常重要的，那么《埃及和开罗国王中的耀眼星辰》所载内容的基本性质虽然可能属于"转录"，但它所记的"10 月"（Shawwāl）明显与麦格里齐（马格里兹）所记的不同，而"10 月"与祝允明《前闻记》中的时间概念更为接近是显而易见的。

郑和船队第 7 次航行虽然是最后一次，但其意义非同寻常，因为前 6 次船队从未进入红海。而一旦进入，相关情况即被阿拉伯史学家记录在案，充分说明郑和船队的远航不仅在我们看来是重大事件，在阿拉伯人眼中也是如此。

---

1 郑家馨：《郑和下西洋时代西亚形势及与中国的关系》，西亚非洲，2005 年第 2 期第 53 页。

2. 这段记载中比较重要的一点，是作者提到了当年阿拉伯人对中国船的称谓。文中第一次提到中国人的船使用的是复数"祖努克"（Zunūk）和第二次使用的是双数"赞基耶尼"（al-Zankiyayini），这对不谙阿拉伯语者来说显得有点复杂，实际上指的都是同一种船。但两者均不能构成我们试图寻找其中文对音的基础，这个基础只能是其单数形式即"赞克"（Zank）——尽管它在文中没有出现。因为阿拉伯人必然是先有音译的单数而后根据自己的语法规则变出它的复数。

大概正是由于这一点比较重要，以至本书校勘者——一位埃及的著名教授也对"祖努克"加了注释："原抄本就是这样写的，它可能就是朱努克（junūk）。这是一种大型多帆的中国船。它的帆是用藤条（al-khayzurān）编织的，像草席（al-hasīr）一样。"[1] 这位校勘者所言应是出自《伊本·白图泰游记》中的记载："中国船共分三类：大的称作艟克，复数是朱努克……"[2] 此处马金鹏先生音译的"艟克"，阿语原文为 jank。因此，如果我们要考证对音，只能根据这两个单数词：zank 或 jank。

中国文献中提到郑和船队所用船只的名称有很多种，譬

─────────────────

1　拜尔迪著：《埃及和开罗国王中的耀眼星辰》，黎巴嫩学术书籍出版社，1992年版，第 14 卷第 194 页。

2　马金鹏译：《伊本·白图泰游记》，宁夏人民出版社，2000 年版，第 486 页。

如：宝船、龙船、巨舶、巨宗、大舶、海舶、海船等。其中最常见的是宝船，据说是取"下海取宝之船"的意思。从逻辑上说，当年阿拉伯人对中国船的称谓，应当就是出自这些中国人口中的名称，但要确认究竟是哪一个的对音，恐非易事。鉴于可参证的资料很少，阿拉伯古籍中 zank 和 jank 出现的频率又极低，所以我们目前至少不能肯定以下几点：第一，它们是由口传或抄录中可能出现的讹误而导致的同一个词的两种形态（这种可能性较大），还是各自独立的两个词，其中哪个与中文对音更接近；第二，它们的对音是中文的一个字还是两个字——尽管笔者以为是一个字；第三，这是阿拉伯人从中国人那里听到的直接对音，还是从波斯人或其他人那里听到的间接对音，若为后者我们寻找其对应中文字将更加困难；第四，首先将这一发音传递给阿拉伯人或波斯人的中国人，他所操的是地方口音还是"普通话"——如果当时有的话；第五，这是阿拉伯人对郑和船队中大型船只的专门称谓，还是对此前此后所有大型中国船的普遍称谓，因为伊本·白图泰的卒年是 1377 年，郑和的生年是 1371 年。

另外还有一点也比较重要，就是当我们"觉得" zank 和 jank 与上述宝船等名称中的某字发音相近时，必须考虑它在古汉语中是否发这个音，尽管从表面看不论是 zank 还是 jank，与之接近的中文对音似应为 chuan（船）。考证这一个字或一个词的对音，看似事小，但阿拉伯人在他们的古籍里是用"中国船"还是用一个汉语对音字词，两者所蕴含的、超乎字面的意义是大不相同的。

3. 文中所载两艘中国船希望转往吉达的理由，是"未来得及将船上瓷器、丝绸和麝香等货物全部售出"。假如我们孤立地看这一理由，似乎它也可为郑和船队的目的加上一个注脚。关于郑和下西洋的目的和性质的讨论和争论，已经持续了相当长时间，其中最有名的一次，是 1936 年由著名历史学家吴晗在《清华学报》发表《十六世纪前之中国与南洋》而引发的。他的观点很明确，认为其目的主要是经济，即"试图通过经营国际贸易来解决国内经济困难"。接下来很多学者参与到这场或支持或反对的学术争鸣之中，"开创了郑和研究学术讨论风气"，但其中大多数学者都是根据中国典籍中的史料作为论据的。今天，相关的学术讨论仍在进行中，人们总结前人的研究成果，根据新发现的中外史料，见仁见智地发表自己的新看法，使该专题研究不断向纵深发展。而这段阿拉伯史料所述似乎是支持吴晗的论点的。

4. 文中提到的"总船长"值得我们特别关注：他究竟是不是郑和第 7 次下西洋过程中那位举足轻重的人物——洪保。"此一回，时年 60 岁的郑和（在海上已连续奔波了约 20 年）已经感到身体大不如从前。因此在出海之前，他做了许多不同于以往的周密安排，其中之一就是指派年富力强、懂得阿拉伯语、信仰虔诚、颇具才干的副使洪保率领分船队前往天方（麦加）朝觐。"[1] 洪保此行可谓收获颇丰，不仅带回中国人最早绘出的一幅克尔白圣寺写真图《天房图》，而且首开了有史以来，中国以国家名义向天方国派遣外交使团的新纪元，并促成对方也派遣使者随其船队来中国访问。同样重要的是，被郑和派往天方国朝觐的 7 人中还有《瀛涯胜览》的作者马欢和《星槎胜览》的作者费信。

尽管这段阿文史料记载的时间与中国文献所记郑和第 7 次远航船队到达亚丁或前往麦加的时间，尤其是在"月"和"日"上不能完全吻合，但考虑到 3 种历法换算中的误差和史料记载中可能出现的讹舛，两者在总体时间概念上是基本相符的。至于说是否像前文中日本学者所言有"中国两拨分船队人员"，

---

1 吴海鹰主编：《郑和与回族伊斯兰文化》，宁夏人民出版社，2005 年版，第 234 页。

尚须考证，但如果确有相同规模——至少是两艘 zank 或 jank
以上——的分船队，想必中阿历史学家都会有所记录。有的资
料中说洪保等 7 人是乘"小船"前往亚丁和吉达的，其所说的
小船恐怕是与郑和的"旗舰"相比，很难想象他们 7 人是自己
划着小船到达目的地的，更何况郑和比谁都清楚前 6 次未能进
入红海就是因为海情险恶。因此，文中的"总船长"极有可能
就是同样被后人誉为航海家、政治家和外交家的洪保。

5. 所谓"麦加埃米尔"即指麦加的行政长官。而"谢利夫"
（al-Sharīf），此处并非人名，而是一种专称，特指先知穆罕
默德的后裔。有些阿拉伯古籍中出现的"麦加的谢利夫"，实
际上也是指麦加的行政长官。马欢曾在其《瀛涯胜览》中记写
道："此国即默伽（麦加）国也。自古里国开船，投西南申位，
船行三个月方到本国马头，番名秩达（吉达），有大头目主守。"
他所说的"大头目"自当是指文中的麦加埃米尔和吉达市长等
一级人物。

至于两艘中国船的总船长"分别"写信给这二人，一则说
明他们属于上下级关系，当时麦加是"国"，吉达是"市"，
由于事关重大，后者的行政长官做不了这个主；一则说明这支
分船队前往吉达的理由除了文中所说货物未全部售出外，肯定

还提出了前往麦加朝觐的请求，这一点与郑和派遣分船队的目的是一致的。

6. 依该段史料所述，对这样两艘大型船只入境停靠一事，不仅吉达市长做不了主，麦加埃米尔也无权定夺，因此二人只能禀告最高级别的素丹。这大概也是后世学者认为洪保分船队开中国以国家名义向天方国派遣外交使团之先河的根据之一。

1432 年，麦加和吉达所在的汉志（希贾兹）地区为埃及马穆鲁克王朝所统治。其时该王朝的素丹是赛福丁·艾布·奈斯尔·白尔斯贝（1422—1438 年在位）。我国学者有时将他名前的 al-Ashraf 也当成其姓名的一部分音译，似有不妥，此词的意思是"最荣耀的"，为其徽号"最荣耀之王"的简缩形式，翻译时要么将徽号译出要么略去不译。白尔斯贝是埃及马穆鲁克王朝非常有名的素丹之一，除建功立业之外，尤以残忍和挥霍无度闻名。

7. 文中"并以此事可大获其利说服打动他"一句，似乎在向人们暗示麦加和吉达的最高长官有意接受中国分船队的请求，而且以前可能接待过同样的、不是属于郑和船队的中国商船，但同时他们也担心素丹不予批准，遂投其所好——挥霍无度的白尔斯贝此时正企图垄断所有贸易渠道以大量聚敛钱财。

至于这位素丹批复中的"要好好款待他们"，则不论他出于何种目的，或为一己之利，或为控制红海商道，或为拓展海外贸易，或为展现阿拉伯人的好客，客观上都为中阿关系的拓展起到了积极的作用。

《埃及和开罗国王中的耀眼星辰》中关于郑和船队的这段重要史料，虽然就其整体内容而言，对于中国学者和读者并不是"全新的"，但它毕竟在细微之处与其他记载有所不同，其参考价值无须怀疑。将其完整译出，一是希望相关研究者更加关注来自阿拉伯方面的第一手史料，可作为研究曾经到过阿拉伯的郑和船队的最为重要的参考资料之一；二是希望我国学者能够尽可能早地结束引录阿拉伯文献时总要通过其他国家学者的著述辗转翻译的局面。

"明代初期郑和下西洋是中国航海史上的空前盛举，它早于哥伦布发现美洲（1492 年）的航海事业数十年。在 1405 至 1433 年的二十九年之内，郑和及其副手王景弘等指挥由宝船、马船、粮船、座船、战船组成的船队，前后七下（一说八下）西洋，东起占浦（占婆），西抵海湾、红海、东非沿岸，访问了不下三十七国，完成了联络各国君主、加强中外使节友好往来、展开官方贸易、促进中国手工业发展、扩大中国人的地理知识的任务。"[1] 除此之外，郑和作为一位穆斯林，其指挥的船队对阿拉伯地区及伊斯兰教圣地的访问，具有非常特殊的意义。可以想见，古代阿拉伯史学家有关郑和船队的重要史料，绝不会仅仅存在于我们以上提到的一两部著作中，只要我们踏踏实实认认真真地研读阿拉伯史籍，一定会发掘出更多的相关史料，使近年来几成显学的郑和研究得到来自阿拉伯方面的更多印证，进而使"郑和学"更加丰实更加富有吸引力。

1　张广达著：《西域史地丛稿初编》，上海古籍出版社，1995 年版，第 462 页。

第二节
关于"长城"的记载

发掘阿拉伯古籍中关于中国长城的记载,不仅是这样一个世界级名胜古迹是否为古代阿拉伯人所知以及何时所知的问题,它还涉及为什么中世纪阿拉伯著作家尤其一些著名旅行家在他们的著述中几乎都对长城只字未提而使后世学者感到十分困惑的问题。"中世纪的阿拉伯史学是在公元7世纪伊斯兰教产生后才开始发展起来的。"[1]虽然早期史学家及其著作在阿拉伯史学上占有重要地位,但在这些早期史籍中几乎见不到有关中国的记载。"到了9世纪末10世纪初,阿拉伯史学已发展

---

[1] 钱志和、钱黎勤:《中世纪的阿拉伯史学及其特点初探》,宁夏大学学报(人文社会科学版),2000年第1期第38页。

到了自成一体、独立于其他学科的成熟阶段，无论从名称、研究方法或是研究人员任何角度看，历史都已堪称一门独立的科学。"[1] 正是从这一时期开始，阿拉伯史学著作中越来越多地出现关于中国的记述。至于阿拉伯—伊斯兰舆地学则是从"公元8世纪中叶开始发展起来，9—11世纪发展到鼎盛"，其"文献既包括地理资料本身，又内含大量详实的历史资料。这些地理文献中有许多也是历史文献，只是采用地理学、行纪的写作体裁而已。这成为中古阿拉伯历史学的一大特色"[2]。

然而不论是在阿拉伯历史学还是舆地学的早期作品中，迄今人们都未见到有关中国长城的记载。究其原因，唯一可以解释的，是这一时期海上丝路业已成为中阿之间人员往来的主要路线，而来华阿拉伯人的居留地或其游走之地大都为沿海一带，对于中国腹地的情况确实不甚了了。因此后人极为推崇的、被认为是阿拉伯人最古老的中国游记《历史的锁链》（《中国印度见闻录》）和古典阿拉伯地理学鼻祖伊本·胡尔达兹比赫的《道里邦国志》中，未有长城之记载，并未引起人们的注意。

1　赵军利著：《中世纪阿拉伯史学的发展》，北京外国语大学阿拉伯语系印制，1994年或以后，博士论文（未正式刊行），第46页。

2　许序雅著：《阿拉伯—伊斯兰舆地学与历史学》，史学理论研究，1996年第4期第82页。

但当人们在伊本·白图泰（1304—1377）的游记中仍未见此记载时，不禁感到奇怪，因为他毕竟是"到过"元大都（汗八里）的人。有些学者将他未记录任何关于长城的信息作为根据之一，怀疑他是否真的来过中国，就像怀疑马可·波罗一样。尽管中国学者认为《伊本·白图泰游记》"书中对中国北方的记述虽有错误，但瑕不掩瑜"[1]；《马可·波罗行记》"传闻失实乃至记忆失误，对某些事物、事件的失载等，都是可以理解的"[2]；但中世纪阿拉伯以及其他国家旅行家的游记中始终没有出现长城，一直令人感到遗憾和困惑。

因此，当我们发现中世纪埃及著名学者努威里（1278—1332）编纂的《文苑观止》中出现"长城"时，其意义便凸现出来。这部相当于大型百科全书的著作是已校勘出版的最长的阿拉伯古籍之一。埃及学者从 1923 年开始，至 1992 年方才完成该书全部校勘和出版工作。全书凡 31 卷，约合中文 1000 万字。作者本名艾哈迈德·本·阿卜杜瓦哈布·本·穆罕默德，以表示其祖籍的附名努威里闻名于世。努威里出生和成长于埃及历史名城古斯，卒于开罗。这部名著的书名，直译似应作《文

1　宛耀宾总主编：《中国伊斯兰百科全书》，四川辞书出版社，1994 年版，第 639 页。

2　周良霄：《元代旅华的西方人——兼答马可波罗到过中国吗？》，历史研究，2001 年第 3 期第 98 页。

科门类之目标终极》。马坚先生在其翻译的《阿拉伯通史》中译为《文苑观止》，简洁优雅，与中国古籍名颇为相似。该书虽被后世研究者归在文学类下，但毫无疑问它是当时最全的、真正的百科全书，并成为后世研究阿拉伯伊斯兰历史文化学者最重要最权威的参考书和工具书之一。更为重要的是，《文苑观止》是目前所见阿拉伯古籍中唯一记载了中国长城的一部。努威里在书中这样记写道：

> 穿越中国要走 6 个月的时间。那里有许多无人能够逾越的高山，像城墙一样环绕着它。那里还有许多非常宽阔的淡水河。据说中国国王拥有一道城墙，只在遇到极高的山和很宽的河的地方才会断开。[1]

鉴于努威里明确指出这道城墙"只在遇到极高的山和很宽的河的地方才会断开"，因此它绝非一般概念中古时人们建筑在城市四周的城墙，而是规模极为宏大的防御性建筑，笔者以为其所指即中国的长城。根据努威里的生卒时间，他所提及的当是明代十几次修扩建之前的长城，远不及后来的规模，但尽管如此，秦始皇统一中国后修建的也已号称万里长城了。对于这样大的一个建筑奇观，通过丝绸之路来华的大批阿拉伯人居

---

1 努威里著：《文苑观止》，埃及图书总局，1985 年版，第 1 卷第 301 页。

然绝少将这一信息传递到他们的国家并反馈于他们的史地和文学著作中，想来多少有点不可思议。

《文苑观止》属于编写性质，努威里记录的很多内容不是第一手资料，作为治学严谨的学者，绝大多数情况下他都注明资料来源。有关长城的记载，他称是从舍哈布丁·本·穆罕默德·蒙希（al-Munshī）所著《历史》里摘录的。所以我们可以肯定努威里不是第一位在自己著作中提到长城的阿拉伯学者，也不是最早的一位，而只是我们已见阿拉伯古籍作者中第一且唯一提到它的人。蒙希，生平不详，亦未见其他阿拉伯著作家提到他和他的《历史》，只知努威里称他为"伟大的历史学家"，并提到他是"突尼斯人氏"。从这点看，人们不能排除该书已经失传的可能。若果真如此，努威里在《文苑观止》关于长城的记载，便愈发显得弥足珍贵，尤其是在与他同时代的伊本·白图泰和马可·波罗各自游记里均无相同或相似记载的情况下。目前我们至少可以得知，无论是蒙希还是努威里，阿拉伯人最迟在 13 世纪末或 14 世纪初已经在他们的著作中记录了中国的长城。

努威里关于长城的记载中有一个阿拉伯语词值得关注，中国国王拥有的那道"城墙"，他使用的是"Sūr"。这个词的意思是墙，栏杆，篱笆等，多指城墙。它与当代阿拉伯人根据西方人的表达方法，将长城译为"伟大的中国城墙"中的"城墙"一词完全相同。专门提出这个词，并非要对其含义进行辨析，而是因为虽然我们说在已见阿拉伯古籍里，《文苑观止》是唯一提到长城的一部，但这些古籍全部是阿拉伯语原文的，而以转译方式译成中文的某些阿拉伯古籍乃至波斯古籍里，长城是出现过的，且早于《文苑观止》。这些"长城"似有必要辨析一下。这里不妨举出两个例子。

一是《阿拉伯波斯突厥人东方文献辑注》中有关麦斯欧迪《税制考》一书中的："大地的最东方，乃中国和新罗国的边界，直到戈（Gog）和麦戈（Magog）的长城。"[1] 此句后有（法译者）注释云："卡拉·德·沃指出：'该段里的戈和麦戈长城，乃中国的万里长城。'"[2]

二是志费尼（1226—1283）所著《世界征服者史》中的："而契丹人实际上是一座把我们隔开的祖勒－哈儿纳因（Zul-Qarnain）墙。"[3] 此句后有（英译者）注释云："祖勒－哈儿纳因（有两角的男人）是称呼亚历山大大帝的一个诨名，据说他

---

1 费琅编，耿昇、穆根来译：《阿拉伯波斯突厥人东方文献辑注》，中华书局，2001 年版，上册第 126 页。

2 同上。

3 志费尼著，何高济译：《世界征服者史》，内蒙古人民出版社，1980 年版，上册第 406 页。

曾修筑一道铜墙铁壁来防御果格和马果格人。见《古兰经》，第 xviii 章，第 82—98 节……'果格和马果格墙'实为中国的长城。"[1] 以上两段文字中的"戈和麦戈"和"果格和马果格"，中国根据阿拉伯语原文翻译《古兰经》的学者，一般均译作"雅朱者和马朱者"（Ya'jūj Wa Ma'jūj）。

在《古兰经》的两节经文（18∶95，18∶96）中是这样提到"雅朱者和马朱者"的：

他们说："左勒盖尔乃英啊！雅朱者和马朱者，的确在地方捣乱，我们向你进贡，务请你在我们和他们之间建筑一座壁垒，好吗？"他说："我的主使我能够享受的，尤为优美。你们以人力扶助我，我就在你们和他们之间建筑一座壁垒。"[2]

此处经文中所说的"壁垒"，就是《阿拉伯波斯突厥人东方文献辑注》中所说的"戈和麦戈长城"和《世界征服者史》中所说的"果格和马果格墙"。需要特别强调的，是《古兰经》中的"壁垒"一词为：Sadd，其意为：阻碍，堵塞，障碍物，坝等。马坚先生将其译作"壁垒"是准确无误的。这个词与《文苑观止》中提到长城时使用的 Sūr 的概念不同。《现代汉语词

1　同上，第 410 页。

2　马坚译：《古兰经》，中国社会科学出版社，1981 年版，第 229 页。

典》对"壁垒"的解释为：古时军营的围墙，泛指防御工事。
可见壁垒与城墙，至少在规模上尤其在长度上有很大区别。

实际上，不仅西方的一些学者和翻译家认为"雅朱者和马
朱者壁垒"是中国的长城，古代的阿拉伯人也有持此看法的。
当年有些虔诚的穆斯林出于对《古兰经》和《圣训》的尊崇，
跋山涉水，不远万里，希图对其中提到的重要地点进行实地的
宗教与学术考察。比较有名的一个传说，是阿拔斯王朝哈里发
瓦希格（842—847 年在位）有一天梦见雅朱者和马朱者壁垒坍
塌了。由于这是所谓末日的前兆之一，他便命令赛拉姆·突尔
杰曼去寻找那个壁垒以探究竟。据说赛拉姆向东一直走到今哈
萨克斯坦境内的巴尔喀什湖一带，看到了中国的长城，并以为
那就是雅朱者和马朱者壁垒。显然这只是一个传说，因为众所
周知中国长城最西端是嘉峪关。即便到了 20 世纪八九十年代，
仍有来华访问的沙特宗教学者，在自己回国后出版的著作中，
为找不到这个壁垒而困惑。关于雅朱者和马朱者，林松先生曾
为《中国伊斯兰百科全书》写过专门词条：

《古兰经》中提到的两个古代民族。相传为先知努哈之子
雅伏希的后代，是在中亚地区作恶的两个野蛮民族，他们打家
劫舍，骚乱百姓，闹得鸡犬不宁。古犹太人和基督教传说中，

常把他们同世界末日相联系。[1]

由此我们应该知道，宗教传说中的雅朱者和马朱者壁垒与中国的万里长城，不仅在阿拉伯语用词上不同，而且在地域概念上也有相当大距离。一千多年前某些阿拉伯人得出这样错误的结论，或许情有可原；现当代的西方学者仍坚持这样的认定，着实叫人匪夷所思。也由此我们可以说，各种宗教传说中的雅朱者和马朱者壁垒并非中国长城，努威里在《文苑观止》中提到的才是真正的中国长城。

中世纪阿拉伯人不仅知道中国长城，而且根据葡萄牙人费尔南·门德斯·平托（1509—1583）的游记所载，当年阿拉伯人（即引语中的杰齐拉人）还同中国将士一起守卫过长城。他说："国王在五个出入口（指中国长城的一些关口）都派有驻军，与鞑靼驻军对峙。中国人在每一处驻军7000，其中步兵6000，骑兵1000，军饷开支巨大。驻军大部为外族人，如蒙古人、占婆人、波斯的霍拉桑人和杰齐拉人，以及居住在内陆各王国的臣民。"[2] 这与汉籍所载，元代曾有西域军队与汉军一起镇守南、北口长城诸隘完全契合，可以看作是中阿两大民族交往史中围绕长城的一段历史佳话。

1	宛耀宾总主编：《中国伊斯兰百科全书》，四川辞书出版社，1994年版，第628页。

2	费尔南·门德斯·平托著，王锁英译：《葡萄牙人在华见闻录》，海南出版社、三环出版社，1998年版，第179页。

第三节

阿拉伯人最早关于中国的诗集

在阿拉伯古籍中的"中国"这一研究专题中，公元 14 世纪初一部阿拉伯诗集——《中国集》之文字记载的发现，应当具有相当重要的意义。尽管阿拉伯古代诗歌里涉及中国的诗句不少，有些甚至篇幅很长，但作为以独立的"书"的形态出现、其内容全部围绕中国的诗集，《中国集》无疑是迄今所知阿拉伯历史上最早的一部，也是唯一的一部。至于它是否为世界上最早关于中国的诗集，待考。

东西方学者一般公认最权威的阿拉伯"书目类"经典之作有 3 部：一为伊本·纳迪姆（？—1047）的《索引书》，辑录各种史籍 1000 余种；二为哈季·哈利法（1608—1657）的《古

籍释疑》，列载各种书目 15000 种左右；三为伊斯梅尔帕夏·巴
格达迪（？—1920）的《古籍释疑补遗》，于《古籍释疑》基
础上，增至 19000 余种。关于《中国集》的最早记载，便出现
在《古籍释疑补遗》这部自 1879 年开始历时 30 年完成的巨作
之中。其编纂者后又据该书内容编了一部规模相当的作家传记
辞典，取名《学者的礼物》。因此，有关《中国集》的记载实
际上在两书中各出现一次，内容不尽相同，可互为比照，现分
别译出如下：

A：

《中国集》——文学诗集，作者法德鲁拉·本·阿卜杜·哈
米德（Fadlullah ben Abd-al-Hamid），祖籍祖赞（Zuzan），生
于中国，以法迪勒（意为贤人）闻名于世。此诗集完成于（伊历）
710 年。[1]

B：

祖赞尼（此为表示法德鲁拉祖籍的附名）——法德鲁
拉·本·阿卜杜·哈米德，祖籍祖赞，生于中国，以法迪勒闻
名于世。有多种著作问世，其中包括文学诗集《中国集》和关

1　伊斯梅尔帕夏·巴格达迪著：《古籍释疑补遗》，贝鲁特学术书籍出版社，
　　1992 年版，第 2 卷第 73 页。

于句法的《足够的足够》，前者作于（伊历）710 年。[1]

该诗集的阿拉伯语名称，以通行的拉丁字母拼写法应作：al-Siniyāt。其含义有三：一是在古今阿拉伯语中皆指"中国女人"（复数），二是在极个别阿拉伯古籍中作为"瓷器"或"盘子"的复数（更为常见的是另一种复数形式），三是特指全部内容围绕中国的诗集。

法德鲁拉的祖籍——祖赞，由于缺少相关资料参考，这个当年属于呼罗珊地区的古代地名，目前只能在阿拉伯著名地理学家雅古特的《地名辞典》中看到以下记载：

> 祖赞，是内沙布尔（今伊朗境内）和赫拉特（今阿富汗境内）之间的一个面积很大的县份，人们一般认为它属于内沙布尔辖区。此地由于出了许多贤人俊哲、文学家和学者，所以曾有小巴士拉之美称。有人说它包括 142 个村庄。[2]

迄今为止包括《古籍释疑补遗》编纂者在内的所有学者，均无法考证出《中国集》作者法德鲁拉的生卒年月，而只能根据该诗集完成的时间推定他"710 年在世"。此处 710 年为伊斯兰教历（旧称回历）年份，换算成公历为 1310 年。此时中

1　伊斯梅尔帕夏·巴格达迪著：《学者的礼物》，贝鲁特学术书籍出版社，1992年版，第 2 卷第 821 页。

2　雅古特著：《地名辞典》，贝鲁特萨迪尔书局，1995 年版，第 3 卷第 158 页。

国正值元代。"元代是我国历史上第一个由少数民族建立的中央政权。成吉思汗及其子孙三次西征过程中，大批阿拉伯人东来中国，从事政治、军事、经济、宗教、文化等活动，他们在社会上居上层地位……属色目人之一部。"[1] 这里提到的"阿拉伯人"在中国古籍中亦常作"大食人"，实际上大食人中既包括真正的阿拉伯人，也包括当年被阿拉伯帝国占领的波斯和中亚等地人员，只是由于他们宗教信仰相同、体貌特征相似、生活习俗相近等因素，中国人难以细致区别而已。《中国集》作者法德鲁拉的父亲或祖辈应当正是这一时期由呼罗珊地区来华的。

也许有关《中国集》的文字记载中最耐人寻味的便是其作者"生于中国"一句，这直接关系到他的血统。我们知道，在中国和阿拉伯古籍中有关来华大食人情况的记载并不鲜见，但几乎看不到任何记写他们妻室家眷的文字，相反，有关他们与当地人即中国人通婚的情况却屡有提及。其实当年大食人无论选择陆路还是海路，途中所遇艰难险阻可想而知，所以男性独自来华的可能性居大。如此我们便不能排除法德鲁拉是父亲或

---

1 褚荣昌：《中国古代文学园地中的奇葩——古代留居中国的阿拉伯裔文学家介绍》，阿拉伯世界，1991年第2期第55页。

祖辈与中国人通婚的后代，因而具有一定比例的中国血统。更为重要的是，正是由于《中国集》的作者"生于中国"，所以他的诗对于中国的记写与描述，毫无疑问与其他阿拉伯古代文人墨客笔下的中国不同。这种亲历中的耳闻目睹比之间接的道听途说显然更加真实、生动、细腻，因此《中国集》不仅具有文学意义上的特殊价值，而且具有重要史料价值。

关于法德鲁拉何时归国，我们或许只能大致推测为青少年时期。早于此，中国不可能给他留下太多太深印象，进而激发他创作《中国集》的热情；晚于此，他不可能全面系统地完成阿拉伯语言文学学业并接受正统学术熏陶，进而成为"贤人"，在人才济济、有小巴士拉之称的祖赞享大名于一时。至于说他是独自而归还是全家同返，我们不得而知，但很有可能他是与父辈同行返回祖国，而他的中国母亲则留在自己的祖国，正如伊本·纳迪姆在其著名的《索引书》中所说的那样："当我们有人娶了中国的妻子，并要离开时，人们会对他说：'留下土地，带走种子（意即留下妻子，带走孩子）。'"[1]

需要一提的是，法德鲁拉的祖籍为祖赞，若以单纯的地理

---

1 费琅编，耿昇、穆根来译：《阿拉伯波斯突厥人东方文献辑注》，中华书局，2001年版，上册第151页。

或民族划分他应当属于波斯人，但是对于阿拉伯历史尤其是文学史和学术史上一大批外籍巨匠大师，或因其祖籍当时归属阿拉伯帝国或因其长年居留于阿拉伯地区，特别是考虑到他们都以阿拉伯语留下传世之作等因素，中外学者一般均根据总体人文线脉将他们归于阿拉伯范畴。因此法德鲁拉当与《卡里来和笛木乃》的编译者伊本·穆加法（约724—759，祖籍波斯设拉子）等人相同，其身份定位应为阿拉伯文学家，或者再确切一点，为波斯裔阿拉伯文学家。

由于文献资料缺佚，人们难以对《中国集》及其作者进一步索隐探微。而最令人感到遗憾的是，目前我们只能知道14世纪初曾经有一部关于中国的阿拉伯诗集问世，但却不能见其庐山真面，哪怕是零章散句。最早披露这一信息的《古籍释疑补遗》编纂者，也不像后来更加审慎缜密的书目类或作家传记类辞典的编纂者，于记载或引录同时，说明自己是否亲眼见过某书或注明其资料来源。这里我们可以公认为当代阿拉伯最权威的《名人词典》为例，其编纂者、阿拉伯著名学者海依尔丁·齐里克利（1893—1976）在"法德鲁拉"词条下，除了转录《古籍释疑补遗》中相关内容外，还加入了自己考证的结果，比如在《足够的足够》一书后注明"亲笔抄本""存于（埃及）

国家图书馆"等。他在初版前言的最后还特别强调，该词典中提到的每一部著作后面，他都分别以两种阿语缩写形式做了标记，即（ﻝ）表示已印刷出版，（ﺡ）表示现存于某个公立或私人图书馆中的抄本，"至于没有加上这两种标记之一的著作，则被认为是佚失或是命运不详直到它出现"。在他的这部词典中，《中国集》的后面是没有任何标记的，这确实让我们感到非常失望。

但失望并不等于绝望。首先，阿拉伯古籍抄本为数甚巨，阿拉伯国家自不必言，其公立图书馆和私人手中收藏的抄本不可悉数，而散落于世界各国的阿拉伯抄本数量，保守估计也达数十万种。以历史上深受阿拉伯影响的西班牙一国为例，即便其所有从事阿拉伯学研究的人都来整理校勘本国的阿拉伯古籍抄本，也需一千年方能完成。那么《中国集》是确已佚失还是在浩若烟海的阿拉伯抄本中等待发掘"直到它出现"，应当说两种可能都是存在的，我们大可不必绝望。其次，古籍抄本的发现需要一个过程，尽管有时这个过程会相当长。14 世纪初问世的《中国集》在 17 世纪的《古籍释疑》中并未出现，但在 19 世纪末的《古籍释疑补遗》中却有了关于它的记载。若以世纪为单位，21 世纪的我们需要的也许是耐心等待，而不是过度失望。再者，以前中国学者并不知道历史上《中国集》的存在，而了解之后，在今天这样一个国际学术交流与人员往来空前频繁、信息传播空前快捷通畅的全球化时代，如果我们有意识地去寻找《中国集》，那么它出现的希望将大大增加。

《中国集》在中阿、中外文学交流乃至文学交融过程中具有极其独特的意义和十分重要的学术价值，而经过考证一旦被认为是世界上除中国周边受汉文化影响较大国家外，最早专门记写中国的诗集，那它毫无疑问将成为人类古典文学作品中的珍品。阿拉伯学者将古籍抄本的发现称作"见光"。我们有理由相信，只要今人以披沙拣金、海底捞针的精神矢志不渝地发掘，《中国集》这颗埋没在阿拉伯沙海中的文学明珠，一定会有见到光明的一天。

第四节
造纸术西传中的中国女性

中国造纸术西传是世界文明史上的大事。它的重要意义和深远影响无须赘述，有太多中外学者的论文和专著早已将其面面俱到、鞭辟入里地阐述过了。在这个问题上，无论宏观还是微观，留给人们探索推究的余地似已不多。但迄今我们尚未见到有关造纸术西传与中国女性有何关系的文字。根据中外专家的普遍看法，造纸术西传是以公元751年中国人与阿拉伯人之间的怛逻斯大战为肇始的，那么如果我们试图在其中寻找并发现中国女性的踪迹，自然首先应当想到的是阿拉伯人的古籍中有无相关记载。

贾希兹（al-Jāhīz，约775—869），是阿拉伯历史上最著名的学术大师之一。他的《吝人列传》是阿拉伯古典故事文学的代表作，尽管其重要性大大超出文学范畴。一般人以为贾希兹只是给人们讲述一些吝啬鬼的故事，实际上他是世界上从心理学角度，对"吝啬"这一人类社会普遍存在的现象进行归纳、分析和研究的第一人。正是在贾希兹的这部《吝人列传》中的一些记载，引发了我们对造纸术西传与中国女性之间可能存在关联的猜想和推测。必须指出的是，这是截至目前笔者披览过的几十部阿拉伯古籍中唯一能够让我们产生这种猜想和推测的史料记载。贾希兹在这部著作中先后两次提到与我们的推测有关的内容：

A. 引自"索利的故事"：

我买过一件麦扎尔[1]出产的长袍，穿上真是太好了，而且既能当斗篷披又能当毯子盖。后来我需要一件绿袍[2]，于是就把它改了，真主知道，穿上太好了。后来我又需要一件短袍，就把它改成絮了棉花、外表很好看的短袍，穿上太好了。再后来我把里面的棉花掏出来改成了几个靠垫，棉花拿去做了灯捻儿。而做靠垫剩下的布中，大点儿的，我做了几顶帽子；其余

1　麦扎尔（Madhār），古代位于瓦西特和巴士拉之间的一个城市。

2　Taylsān，波斯语，指当时教长和学者专用的一种不裁剪不用线缝的绿色外袍。

像点样的，我卖给了隋尼娅特和萨拉希亚特的主人（'Ashāb al-Sīniyyāt Wa al-Salāhiyyat）；再小点儿，说不上成块儿的，我都留给自己和侍女当擦布——男人女人各有各的事儿；最后我把那些掉下来的、像线一样的布丝儿和像弹过的棉花一样的絮毛儿，搓在一起做了几个瓶子的塞儿。[1]

B. 引自"艾布·赛义德的故事"：

艾布·赛义德不仅不让女仆将院子里的垃圾扔出去，还吩咐她捡拾其他人家的垃圾然后倒在自家的垃圾上。他坐了一会儿，女仆提着个枣椰树皮编的大篮子回来了。她在主人面前把篮子倒空，一件东西一件东西地翻拣。里边居然有几块儿银币，一个装着些钱的钱袋，甚至还有一个金币和一件首饰。这些东西的来路就不用明说了。其他东西的来源是这样的：收集起来可以卖的旧毛料，来自做马鞍子的；破衣服碎布条来自隋尼娅特和萨拉希亚特的主人（'Ashāb al-Sīniyyāt Wa al-Salāhiyyat）；石榴皮来自染布鞣皮子的；瓶子来自卖玻璃的；椰枣核来自卖椰枣的；桃核来自种果树的；钉子铁块儿来自铁匠；各种废纸来自织布作坊；木头块儿来自做驴驮子的；碎骨头来自卖燃料的；破陶片儿来自做面饼烤炉的；还有一些布头来自（用布头

1　贾希兹著：《吝人列传》，埃及知识书局，1981 年版，第 105 页。

擦拭面饼烤炉的）卖面饼的；碎砖头是盖房子的人收集的，他们将其使劲摔碎、筛过之后把碎末集中起来重新烧制，然后用于烤炉的隔离层；沥青碎块儿是从卖沥青的贩子那儿弄来的（当时阿拉伯人将沥青涂在船上）。[1]

以上两段译文中我们关注的重要词组是——

汉语译文：隋尼娅特和萨拉希亚特的主人。

阿拉伯语原文：أصحاب الصينيات والصلاحيات

拉丁字母拼写：'Ashāb al-Sīniyyāt Wa al-Salāhiyyāt.

现分拆释义如下：

一、'Ashāb——艾思哈布，意为主人、东家、朋友、同伴、所有者、物主等。根据前后文似应译作"从事某种营生者"，译文中"卖玻璃的、卖椰枣的、卖鞍子的"等，均以此词开头，直译为玻璃的主人或所有者，意译应为制造玻璃者或从事玻璃生意的老板。

二、al-Sīniyyāt——隋尼娅特，为复数名词，其意有五：

1. 绝大多数情况下指中国女人（复数）；

2. 古代文献中极个别情况下用作瓷盘或瓷器的复数，其单数为隋尼娅（sīniyyah），人们普遍使用的复数形式为萨瓦尼

1　贾希兹著：《吝人列传》，埃及知识书局，1981年版，第142页。

（sawānī）；

3. 特指全部内容围绕中国的诗集；

4. 其单数"隋尼娅"，在现代阿拉伯语特别是埃及方言中，指铁路上用于转换机车方向的转台或旋车盘，复数为"萨瓦尼"；

5. 其确指单数于现代阿语中指汉语。

三、al-Salāhiyyat ——萨拉希娅特，现代阿语中意为权限、职权（复数）。从词源上讲，它还包含善良、优良和适宜（的女人或物品）之意，以上两段译文中似应取后者。因此它的含义应随与之并列的同位语"隋尼娅特"的含义译出。若隋尼娅特译作中国女人，其意应为贤良女子；若隋尼娅特译作瓷盘或瓷器，其意应为盘子碟子或其他瓷制物件，特别是考虑到有一东方学家曾考证出此词古时也指一种"上宽下窄的大盘子"。

这一词组中的关键词是"隋尼娅特"，其5种含义中的后3种在此处应当排除。于是该词组的意译只能有两种：要么是"中国女人及其贤良女子之主人"，要么是"瓷器及其用品之主人"。但要在这两种译法中确定哪一种是作者贾希兹的本意又谈何容易？特别是前一种直接关系到我们关注的问题即造纸术西传与中国女性有无关系。我们知道，贾希兹的《吝人列传》是阿拉伯典籍中较难翻译的一部，不仅因为书中收入了一些大文人大学者的、语言艰深乃至艰涩的信函和言谈录，致使翻译者即便依靠字典和校勘者的注释有时仍很难理解透彻，更因为作者长期接触社会底层，结交三教九流，所以书中大段大段地出现那个时代民间的一些俗言俚语，乃至匪盗、丐帮中使用的黑话，其翻译难度可想而知。此外，书中还有一些语词，其含义在作者生活的年代可能是非常清楚的，但今天连研究者和校勘者也说不太清楚而只能揣摩猜测。这其中就包括我们所谈的这个词组。

在贾希兹的《吝人列传》中出现"中国女人"，不仅引起我们中国人的关注（以前人们只是不知道而已），任何外国学者也不会轻易放过，因为它无论从哪个角度看都是非常重要、值得研究的。上引两段译文所依据的版本，是由埃及亚历山大大学文学院资深教授塔哈·哈吉里点校的。他也是研究贾希兹的专家，此校勘本的点评与注释文字数量比原文还多。这位校勘者专门为译文 A 中的"隋尼娅特和萨拉希娅特"加了注释（括号中文字为笔者所加）：

范伏罗顿（C.Van Vloten，1900 年第一位校勘出版《吝人列传》的东方学家）将"隋尼娅特"解释为我们现在一看到这个词马上就想到的我们现在所用的含义（即指中国女人），继而将"萨拉希娅特"解释为其中（即中国女人中）的一类。这个词组在《客人列传》中、在同样的语境下还出现过一次（指译文 B）。范伏罗顿认为，"中国女人的主人"收购这些布头的目的，只能是将其捣碎，这是明白无误的（此见解必然让我们联想到造纸）。在那个时候，给"隋尼娅特"作这样的定义，是正确的。

我们也发现在《歌诗》（又译《乐府集成》）一书关于哈希姆部落的穆太伊姆的记述里，曾有一句话说"她派仆人给希沙米送去一个放满酸椰枣的瓷盘（隋尼娅）"。另外在阿拔斯王朝著名诗人、诗坛"藻饰派"创始人穆斯林·本·瓦利德的诗里，也有"萨瓦尼"这种复数形式。伊本·穆阿太兹曾传述过他的诗句：

你看不到有谁的莞尔，

可以媲美歌姬的嫣然。

番红花艳汁般的琼浆，

若与含笑的佳人相伴；

那么黑夜将褪尽本色，

　　　　朱颜似旭日辉映瓷盘。[1]

　　校勘者的注释似有模棱两可之处。"在那个时候，给'隋尼娅特'作这样的定义，是正确的"一句，不由让人想到它的潜台词：现在看可能是不正确的。接下来，他以与贾希兹同时代的诗人瓦利德和稍晚一些的《歌诗》作者伊斯法哈尼（897—967）的作品为例，而这两个例子，似乎又都是支持范伏罗顿的看法的：第一个使用的是瓷盘的单数，第二个使用复数但其形式为"萨瓦尼"，言外之意该是他也未见过用"隋尼娅特"来表示瓷盘或瓷器的复数。也许校勘者的基本态度是支持那位东方学权威的，可又心存些许疑虑并难以找出反证的例子。其实这也是我们的困惑——根据译文和注释，摆在我们面前有两个定式：

　　第一个定式：隋尼娅特和萨拉希娅特的主人＝中国女人和贤良女子的主人＝收破旧布头者＝造纸并经营者——这可能说明其造纸过程中尤其是初始阶段有中国女性参与，不论是在"知识产权"还是在体力劳作方面。支持这一定式的理由，笔者以为大致有以下4点：

　　1. 从译文B中可看出作者提到的从事各种营生的制造者或

1　贾希兹著：《吝人列传》，埃及知识书局，1981年版，第361页。

经营者，比如皮匠、铁匠、果农和做驴鞍子的等等，全部为"下等"行业。而在贾希兹生活的年代，瓷器尤其是中国瓷器当为高档消费品甚至奢侈品——这在很多阿拉伯古籍中都可得到印证，那么其经营者至少也要和中国经营古董者一样，属于较高层次商人，不会像在译文中那样排入下九流。

2. 及至贾希兹时代，自751年开始的造纸术西传已经历了100多个年头，中国纸在阿拉伯帝国特别是其东部地区已经相当普及，据史料记载，793年巴格达第二家造纸厂已经建成。贾希兹在其另一部名著《动物书》中也曾提到：当年阿拉伯人已经会用中国纸做成风筝，拉着长线在空中放飞了。同时我们知道，中国造纸术西传前阿拉伯等地并非没有使用其他材质造出的纸，只是其制作成本较高无法普及而已。当然，将破布等物经过浸沤等流程造纸，绝对是中国人的专利，其在"人类书写材料史中的划时代革命意义"恐怕首先是让中国纸作为一种"国际性通用材料"在全世界得到普及。但这种工艺所造出的纸，至少是在其西传初期或相当长时期内，至少是在阿拉伯帝国等地，是优劣混杂的，特别是出自民间作坊的纸，则肯定是劣等的。而制造这种质量不高、价格低廉的中国纸，其行业性质应属低等，其经营者自当与下九流为伍，正如译文B

中所排列的那样，"隋尼娅特和萨拉希娅特的主人"的前面是"做马鞍子的"，后面是"染布鞣皮子的"。

3. 从译文 B 中，不难发现作者提到的每一件东西都与经营者的工作性质有直接关系，比如"木头块儿来自做驴驮子的；碎骨头来自卖燃料的；破陶片儿来自做面饼烤炉的"等等。唯独"破衣服碎布条"与"隋尼娅特和萨拉希亚特的主人"之间，没有读者能够理解的直接关联——假如我们将这个词组解释为经营瓷器者的话。

4. 如果译文中的"隋尼娅特"是指瓷器或盘子的复数，那么作为语言大师的贾希兹为什么放弃可使读者一目了然的另一复数形式"萨瓦尼"，而这一形式显然是他那个时代所通用的、不致引起误解的？更为重要的是，为什么贾希兹同时代人都不用"隋尼娅特"作为瓷器的复数？为什么后世人们极少这样使用？为什么贾希兹本人在自己其他著作中也没有这样使用过？

第二个定式：隋尼娅特和萨拉希娅特的主人＝经营瓷器并兼收破旧布头者＝造纸并经营者——这显然与"中国女人"无关。支持这一定式的理由大致有 3 点：

1. 译文 B 中凡是用艾思哈布（'Ashāb，意为主人、所有者等）引导出的从事某种营生者的词组，其后都是指物的名词，比如"做马鞍子的"中的鞍子，"卖玻璃的"中的玻璃和"卖椰枣的"中的椰枣等，那么如何会比较突兀地出现一个指人的名词呢？

2. 根据现有资料，我们尚不能绝对排除当时经营瓷器者，由于与中国有关，是不是同时也把"破衣服碎布条"作为废品收购（如译文 A 中所讲），用于造纸或转售给造纸者？

3. 如前所述，《旮人列传》中确有不少不仅今人看不明白，而且作者同代人也可能看不明白的语汇，这时贾希兹往往自己于行文中加以解释。那么"隋尼娅特"这个包含两种以上含义的词出现在文中时，作者究竟是取其普通含义还是特殊含义呢？显然作者是取其至少当时人们一看就明白的普通含义，否则他为什么不"加注"呢？"中国女人"和"中国瓷器"在这两段译文的特定语境中究竟哪一个为其普通含义呢？后者的可能性是否更大些呢？

总而言之，译文中"隋尼娅特"到底指人还是指物，可能会使中外学者感到困惑而难以定夺，致使人们一时找不到确切答案。但既然难以定夺，便说明两种可能性都是存在的。那么我们是否可以根据可能性至少占 50% 的第一个定式，即"隋尼娅特和萨拉希娅特的主人＝中国女人和贤良女子的主人"，来进行以下的推测：

公元 751 年中国军队在怛逻斯一役中战败，关于人员损失，中国文献中说"七万众尽没"，阿拉伯文献中说"亡 5 万，俘 2 万"。中阿两大民族古籍中在某一数字上如此一致是极为罕见。但必须指出的是，这一数字显然是指中方军事人员，而像这样的一次大战之中和之后，必然会有大量中国平民百姓被对方押解裹挟至阿拉伯帝国统辖之地，正如我们通过本书"怛逻斯之战"一节所知的——大食人曾"不止一次地将俘虏 5 万人 5 万人地赶过河去"，这其中也必然会有相当大数量的女性。

尽管目前人们已经认可这样的定论即"交战中部分唐军士兵被俘后，发现其中有造纸工人，而大食一直寻求造纸秘密，遂要求中国战俘传授，这就导致造纸术的西传"[1]，但是这一批掌握造纸工艺的中国战俘是散落民间制造普通的纸呢，还是被集中起来为阿拉伯人特别是上层社会制造高档的纸呢？显然后者的可能性更大，于是才有了 751 年在撒马尔罕由中国人指导的纸厂开始生产麻纸一说。而与此同时，当地民间是否也存在专门制造普通廉价纸张的家庭作坊呢？这种作坊的主要技术人员和劳务人员是些什么人呢？

---

1 潘吉星编著：《中国造纸史话》，山东教育出版社，1991 年版，第 105 页。

　　《中国造纸史话》一书中有两幅后人绘制的中国古代造纸工艺操作图，一幅是汉代的，共画人物15个，其中6人为女性；一幅是唐代的，共画人物23个，其中7人为女性。由此可见中国女性自造纸术诞生之日起，一直就是这种家庭作坊制造业的直接参与者，她们是了解造纸工艺、熟知它的流程的。

　　可以想见，当年唐朝军队2万被俘者中，掌握造纸技术或有其他一技之长的，肯定被集中起来，或在当地或被派往阿拉伯帝国其他地区从事强制性工作，比如被遣至伊拉克为建新都巴格达充当工匠；更多的人则被收编到阿拉伯军队中或从武或从文，就像写了《经行记》的杜环一样。而被掳去的非军事人员中的男子，其命运恐怕不是被抓壮丁就是去服徭役，任由他们散落民间、自谋生路、安居乐业的可能性不大。那么随之被裹挟而去的中国女子呢，她们的命运又会如何呢？最大的可能是她们或被人逼迫或为生活所迫，最终成为当地人——不论是真正的阿拉伯人还是隶属于阿拉伯帝国的中亚人——的妻、妾、奴、仆。而那些占有她们的当地人，会不会就被称为"中国女人的主人"呢？

　　这一批中国女性，由于其中不少人掌握造纸技术，也由于市场需求使得造纸行业比较容易赚钱，于是她们帮助自己的"主人"建起造纸作坊，以维持"家庭"生计。造纸需要原料，她们和他们便从第一步做起——收购"破衣服碎布条"，继而开始了在异国他乡的造纸生涯。因为造纸作坊不断增加，生意十分红火，影响非常之大，所以在经过一段时间后，"中国女人的主人＝收破布造纸者"逐渐为社会所认知和熟悉，最后作为一种专门的行业称谓固定下来，以至贾希兹在《吝人列传》中提到它时，已认为没有任何解释的必要。尽管贾希兹生活的时代及其前后，我们尚未发现其他阿拉伯文人学者使用过同样的定式，但贾希兹毕竟与众不同，他长期在社会底层"体验生活"，接触的各色人等自然比一般人要多要杂，对于民间各行各业的了解也不是一般人可比，他通晓一般人所不知的俚语行话亦合情合理。

无论如何，贾希兹在《吝人列传》中的两段文字记载，是阿拉伯古籍中，唯一可以让人们联想到中国女性与造纸术西传之间是否存在某种关系的珍贵史料。如经考证的结果是肯定的，那么中国女性以往被忽略被遗忘的、在造纸术西传过程中所起的作用和所做的贡献必将载入史册。相反，倘使结果是否定的，那么此记载，也是促使我们思考这一问题以及其他围绕造纸术西传问题的引子。

第五节
唐王向阿拉伯人纳贡之真伪

公元 8 世纪，在中国和阿拉伯的关系史上，可谓多事之秋。"根据史料记载，唐与大食的军事冲突大小共有五起"[1]。而这五起冲突基本上都发生于 8 世纪（715—801）。其中 751 年的怛逻斯之战最为著名。虽然此一役唐朝军队战败，自此在中亚地区势力大衰，"国家利益"蒙受重大损失，但今天的中国人对此历史败绩毫无忌讳，各种著论或以千百计，更有不少学者站在全人类的高度，比较喜欢虽败犹荣地提及它的两个重大意义，一是造纸术西传极大地促进了世界文明进程，一是中方战俘杜环归国后写了《经行记》，第一次给中国人带回关于

---

1 江淳、郭应德著：《中阿关系史》，经济日报出版社，2001 年版，第 46 页。

阿拉伯人和伊斯兰教的比较准确的信息资料。对于中阿关系史上这一最大战役，双方史籍非常难得地留下内容基本吻合的记载，连唐军人员损失数字都惊人地相符——中国人说"七万众尽没"，阿拉伯人说"亡 5 万，俘 2 万"。

然而，如果将 751 的后两位数字调换一下，即转到 715 年，我们会清楚地发现，这一年里发生的事情，中阿史籍的有关记载却各有说法，分别强化自己引以为荣的那一部分。《资治通鉴》卷 211 开元三年（715）条下载：

> 初，监察御史张孝嵩奉使廓州还，陈碛西利害，请往察其形势，上许之，听以便宜从事。拔汗那者，古乌孙也，内附岁久，吐蕃与大食共立阿了达为王，发兵攻之。拔汗那王兵败，奔安西求救。孝嵩谓都护吕休璟曰："不救则无以号令西域。"遂帅旁侧戎落兵万余人，出龟兹西数千里，下数百城，长驱而进。是月，攻阿了达于连城。孝嵩自擐甲督士卒急攻。自巳至酉，屠其三城，俘斩千余级。阿了达与数骑逃入山谷。孝嵩传檄诸国，威震西域。大食、康居、大宛、罽宾等八国皆遣使请降。

阿拉伯史学家在对伊历 96 年（715）发生于大食与唐朝之间重大事件的记载，则有意识地跳过大食投降唐朝的一幕，着力渲染唐朝投降至少是象征性地投降大食的一幕，其中得意之作就是唐王向阿拉伯人纳贡的描述。纳忠先生曾将此事概括为：

9—10 世纪，阿拉伯历史学家塔巴里（839—923）曾在他的名著《民族与帝王历史》中有一篇记载：古太白曾攻入中国的喀什噶尔，并派博学精干的使臣 10 人，进见唐王。提出要唐王朝割地纳贡（"水"和"土"）的要求。唐王回赐以杯水和撮土，表示古太白已达到取得中国"水、土"的目的。……不久因阿拉伯内部发生变故，古太白乃撤回。[1]

这就是所谓"大食人进逼唐王朝"或"唐王向阿拉伯人纳贡"的传说，多少年来阿拉伯人津津乐道于此，乃至晚近新版的百科全书中仍不忘写上一笔："715 年中国国王向阿拉伯人交纳了人丁税。"实际上，阿拉伯人对这个传说也看法不一。对此，中世纪史学家们大致可分"三派"。一派是以泰伯里、伊本·艾西尔、伊本·凯西尔、伊本·赫勒敦为代表，他们分别在《历代民族与帝王史》《历史大全》《始末录》和《殷鉴》（亦称《伊本·赫勒敦历史》）中，详细加以叙述，其中尤以伊本·凯西尔的记述最为夸张。一派以《历代民族与帝王史通纪》作者伊本·焦济为代表，基本上是点到为止。他的这部史学著作篇幅上比泰伯里的《历代民族与帝王史》几乎要长一倍，但他在伊

1　纳忠著：《阿拉伯通史》上卷，商务印书馆，1997 年版，第 269 页。

历96年（715）条下提及此事时只有一句话："古太白·本·穆斯林征服喀什，进攻了中国。"[1] 再一派则是在自己的史学著作中只字不提此事。

对于这一涉及当年登基伊始的唐玄宗之"重大历史外交事件"，我国学者同样看法不一，大致可分为4种类型。一为回避型，在论及中阿关系史相关时期时绝口不提此事，或不知，或认为这样子虚乌有之事不值一提，或为弘扬中阿友好主旋律，不愉快的事能回避则回避。二为默认型，持"尽管部分西方学者认为此说不可信，但也应看作是一段可供参考的重要史料来源"之态度。三为怀疑型，认为虽然"阿拉伯历史学家对这一史实的观点上，是具有重要价值的"，但难以分辨真伪和浮辞润饰。四为明确否定型，其代表人物便是我国著名阿拉伯史学权威纳忠先生。他在《阿拉伯通史》中提及"进逼"一事（见前文）后，紧接着写道：

这篇史料被后来的阿拉伯历史家辗转传录，流传很广。以此作为阿拉伯军曾进入中国领土的根据，其实这篇史料是不真实的，因为：

---

[1] 伊本·焦济著：《历代民族与帝王史通纪》，贝鲁特学术书籍出版社，1993年版，第7卷第12页。

1. 古太白进军"河外"的时期，甚至在以后的 30 年，唐王朝还是很强大的，它的声威正是远达西域"河外"地区的时期……古太白的铁蹄尽管踏遍河外，也不可能长驱直入，占领喀什噶尔而毫不受阻，更不可能向唐王朝咄咄进逼……

2. 关于古太白进逼唐王朝之事，始见于塔巴里的《民族与帝王史》，后被伊本·艾西尔的《全史》转录。此事洪钧的《元史译文证补》，《报达补传》中略有涉及。《元史译文证补》必然是间接由伊本·艾西尔的《全史》而来的。

3. 公元 714 年哈查吉死，古太白失去依靠，715 年哈里发韦立德去世，古太白受排挤，被部下杀害，在这样的混乱情况下，古太白如何能在 715 年派使入华，威胁唐王朝？[1]

纳忠先生有关古太白遣使进逼唐王朝一事的介绍与论评，共约 900 字，笔墨不多，意义重大。这件阿拉伯人鼓噪多年、与大唐皇帝直接相关的大事，终于有中国史学家表明观点。纳忠先生作为中国穆斯林历史学家，没有"回避""默认"和"怀疑"，以自己鲜明的观点指出"这篇史料是不真实的"，不仅显示了其作为一位不落窠臼、超脱局限的大学者的风范，而且以自己不同凡响、令人信服的观点，澄清了这个关乎中阿关系

1　纳忠著：《阿拉伯通史》，商务印书馆，1997 年版，上卷第 269—270 页。

史乃至中外关系史的、没有历史依据的讹传。

尽管如此，作为中国学者和读者还是有必要了解泰伯里究竟在他的《历代民族与帝王史》中是怎样记述"遣使与进逼"一事的，因为中外学者，包括阿拉伯学者在内，无不承认此事的源头就在其中。将其原始记载公之于众，有利于我们对此事的深入了解和判断它到底是史实还是传说乃至讹传。

泰伯里在（伊历）96年（715）条下"古太白对喀什的征服和对中国的进攻"一节中写道（译文中序号为笔者所加）：

这一年，古太白·本·穆斯林征服了喀什，并进攻了中国。

有关消息是这样的：

①这一年，古太白继续向前扩张。他和手下都带着家眷。因为担心苏莱曼的不利之举，他想把他们安置在撒马尔罕。过（锡尔）河时，他在渡口挑选了一员信得过的、人称花拉子密的大将，并对其下令道："未经我许可，任何人不得过河。"接着他前往拔汗那。他将最先到达通往喀什之路的人，派往伊萨姆山道。喀什是最近的中国城市。他是在拔汗那得知沃利德（伍麦叶王朝哈里发，705—715年在位）的死讯的。

②（此段是有关某人获取过河许可的记载，从略。）

③古太白派凯西尔·本·福兰前往喀什。后者所俘甚多，

并在这些作为真主赐予古太白之战利品的俘虏脖子上盖了戳。然后古太白返回，并得知沃利德的死讯。

④ 古太白深入邻近中国的地区。于是中国国王修书一封给他，云："请你派一名你们当中出身高贵者前来告之你们的情况，同时我们也将向他询问关于你们宗教的情况。"古太白遂从其兵士中挑选了 12 人——也有人说是 10 人，他们都来自一些荒野的无名部落，但个个英俊强壮，能言善辩，智勇双全。他考问他们后，认为他们是再合适不过的人选；测试他们后，发现他们才貌兼备。于是下令为他们准备最好的兵器和丝毛混织、刺绣彩饰、细白柔软的各色上好服装，以及靴子和各种香料，再配上几匹良种高头大马驮运行李，外加他们骑乘的骡子。

他们当中嘴皮子最利索的要数胡白莱·本·木沙拉吉·基拉比。于是古太白问他："你将如何行事？"答："愿真主成全大帅！您的文才武略谁人不晓。您说吧，您怎么说我就怎么说，您让我怎么做我就怎么做。"古太白道："那你们就去吧，真主会保佑你们一切顺利。到达他们的国家前，不要摘下你们的缠头巾。如果你们见到他们的国王，就告诉他，说我已经发誓，不脚踩他们的国土，不在他们王子王公的脖子上盖了戳，不收了他们的人头税，我决不收兵。"

　　在胡白菜的率领下，他们上路了。到了以后，中国国王要召见他们。于是他们进了浴室，出来时全都先穿上衬衣，后穿上白色外衣，然后擦上一种叫"佳丽雅"的麝香和龙涎香的混合香料，接着又往衣服上熏了香，最后穿上靴子和长袍。他们来见国王，他侧旁有不少王公大臣。他们坐下来，但国王以及他的幕僚们没一个同他们讲话。于是他们便站起来走了。国王问在场者："尔等如何看这些人呀？"众人答："他们跟女人没什么两样，他们身上散出的味儿简直让人受不了。"

　　第二天，国王再次召见他们。于是他们穿上彩饰礼服，围上丝毛混织的缠头巾，披上花缎外袍，来到国王面前。孰料他只说了句："你们回去吧。"过后他问他的属下："今儿这样子，尔等怎么看呀？"众人答："这样子比起第一次来像点男人了。"第三天，又召见他们。这次，他们把兵器搬了出来，然后披甲戴盔，佩剑持矛，肩背弓弩，跨上战马，直奔王宫而去。中国国王一见，以为群山向他压将过来。待到近前，他们摩拳擦掌，挺起长矛，朝中国人步步逼近。在他们靠近之前，有人说了句"你们请回吧"，因为恐惧已然占据了他们的心。胡白菜等人扬长而去，他们一边挺起手中矛枪向前一伸一缩做刺杀状，一边策马飞奔，仿佛要让马儿去追赶矛枪。国王问手下："尔等如何看他们？"众人齐答："从未见过如此好汉！"

晚上，国王派人来对他们说："你们选个首领，也就是最优秀的人前来进见。"于是他们推选了胡白莱。国王见到他，说道："我的赫赫王权，想必你们已经见识了。在我这儿，没人敢把你们怎么样。在我的国家，你们就像我手心的一个鸡蛋，我想怎么做任何人奈何我不得。我问你一件事，你要照实说，否则我便把你们全杀了。"胡白莱说："请问吧。"国王问："你们这三天穿三种衣服，原因何在？"答："第一天的是我们国民平日穿的服装，那香也是他们平日所熏；第二天的是我们晋见领袖时穿的服装；至于第三天，则是面对我们的敌人时穿的服装，换句话说，若有人把我们惹火了，我们穿的就是这个。"国王感叹道："如此这般，真可谓天衣无缝也。你们回去吧，见到你们的统帅就说我说了：让他退兵吧，我已知道他的贪图，也知道他兵少将寡，否则，我将派人迎战，把你们连同他一起斩尽杀绝。"胡白莱道："我们大帅的马队，先锋在你的国家，后续连绵不绝，一直到橄榄树生长的地方，你怎能说他兵少将寡？！再者说，一个能够征服天下，连你的国家都敢攻打的人，怎么能说是个贪图者呢？！至于你以杀我们相威胁，我想告诉你，我们的死期是天定的，若是它来了，杀是对它最好的款待。

我们不厌恶死期，更不惧怕它。"

国王听后道："那你说，什么能让你们的统帅满意而归呢？"胡白莱答道："他已发誓，不脚踩你们的国土，不在你们王子王公的脖子上盖了戳，不让你们缴纳了人头税，他决不收兵。"国王道："这样吧，我们来让他解除这个誓约。我们送去我们国土上的土，让他去踩好了；我们送去几个我们的子弟，让他去盖戳好了；我们送去人头税，让他心满意足好了。"过后，他叫人拿来几个大金盘子，上面放了土，又取出大批丝绸和金银财宝，并从他和王公们的儿子中找出4个后生跟他们回去。国王赏赐了胡白莱一行，之后放他们踏上归程。

于是他们带着中国国王送的东西上了路并回到古太白那里。后者接收了人头税，在那几个后生的脖子上盖了戳并将他们放了回去，然后他踩了土。[1]

这段引文中有以下几个问题值得我们注意：

1. 所谓遣使和进逼之事中，古太白的要求是三件事，即踩土、盖戳和收地租或人丁税。其中"在脖子上盖戳"让人感到比较陌生。可能是古代阿拉伯人对待俘虏的一种带有侮辱与歧

1　泰伯里著：《历代民族与帝王史》，埃及知识出版社，1979年版，第8卷第500—501页。

视性质的措施。至于是用印泥去盖还是用烧红了的铁去烙，就不得而知了。希提《阿拉伯通史》中曾提到哈加吉镇压反对党的事，马坚先生在翻译时用了给囚犯"戴上一个盖着总督印信的脖圈儿"[1]，不知与此处说的"盖戳"是不是一种方法。

2. 阿语中的国王一般用"麦立克"（单数）和"穆鲁克"（复数），笔者没有将译文中的"中国国王"译为"中国皇帝"，主要是因为"麦立克"在古籍中不一定都确指"国家元首"。它可以指国王；也可以指地方长官，比如阿文古籍中说的"汉府的麦立克"，有人就译作"广东总督"；也可以指藩王、郡王、亲王、王公和王子一类，否则引文中所说"在他们王子王公（穆鲁克）的脖子上盖了戳"便无法解释。这样说，也是为了给阿拉伯人留下一点回旋余地。即假如这个传说有一点事实依据的话，那么不能排除他们接触的是内附唐王朝的藩王。

3. 读者从引文可以看出，总共4部分中只有第四部分提到所谓遣使和进逼之事。但读者可能无法体会这一部分原文的语言风格，其与前面3部分的风格迥然不同。这种类似"说书"的风格与《天方夜谭》的如出一辙。这对我们判断其来源的性质非常重要。假如我们不带任何偏见地去看这段文字记载，那

1　希提著，马坚译：《阿拉伯通史》，商务印书馆，1995年版，上册第239页。

么它像史实还是像传说，答案已经比较明确。

4.“胡白莱”从音译——Hubeyrah 看，应该没有问题，但这个人全名的含义有点名堂。胡白莱——鬣狗，不是打猎时带的那些名犬，而是生活在荒野、前腿长后腿短、专吃兽类尸体腐烂之肉的那种动物；本·木沙拉吉——骗子的儿子；基拉比（附名，表示部落）——原意为狗。再说那位被派往喀什的人，名叫凯西尔（意思是多）·本·福兰（意思是某某），其他版本也有写成凯比尔（意思是大）的。如果意译，该是张三的儿子张多或李四的儿子李大。这些名字给人一种感觉：他们不像是历史上的真实人物，而像是民间说书人编出来的角色。特别是考虑到唐玄宗要他们派个贵族来，他们（也可能是说书人）偏要派出一个来自荒野部落的人。

此外，特别需要一提的是，自从泰伯里在《历代民族与帝王史》中提及古太白“遣使进逼唐王朝”一事后，几乎所有写下大部头史书的阿拉伯历史学家都加以引用。但同时这些历史学家都对泰伯里的原文进行了修改，使之更为简洁更为规范更为文雅，更符合逻辑，总之让人看上去更像是史实而不是传说。

12 世纪的伊本·艾西尔的《历史大全》对后世影响很大。

他将"来自荒野的无名部落"等句删去，因为这种部落出来的人，竟然个个英姿勃发，恐怕连他自己也不信。他将泰伯里的"以为群山向他压将过来"，改为"像一座山似的向他压将过来"，他一定觉得10来个人造成"排山"之势太过夸张。显而易见，他不想人们在看他严肃的《历史大全》时，像听民间评书一样。

15世纪的伊本·赫勒敦，在他的《殷鉴》中不仅录写了这件事，而且还至少改了一个字，确切地说是一个字母。胡白莱名字中表示部族的附名，其本来意思是"狗"，尽管阿拉伯古代名流之中不乏此类附名，因为这无非只是表示祖籍的部落名，但伊本·赫勒敦大概不愿让这位为大食人"象征性征服中国"立下汗马功劳的前辈，带着这样一个附名，遂将"基拉比"改为"基塔比"，以便让人联想到胡白莱可能出自书香门第，因为"基塔比"的意思是"书"。

伊本·赫勒敦此举不禁让人感到有些遗憾，他曾以犀利的文字和可靠的论据，批驳了阿拉伯史籍中关于"也门土伯尔攻入中国"的讹传，但在"唐王向阿拉伯人纳贡"的问题上却未坚持自己的风格。他在《绪论》中，曾对以往历史学家进行过一次"清算"，将他们所犯错误的原因归结为9点：

1. 意见和观点的宗教倾向。

2. 轻信传述史料的人。

3. 对传述的目的有所疏忽。

4. 以为传述人是真的。

5. 对事件的实际情况无知。

6. 夸大其词。

7. 缺乏对文明各种状况本质的了解。

8. 出于猎奇。

9. 用过去的标准衡量现在。

为避免重蹈覆辙，他还为史学家提出了一些准则，其中最重要的，一是研究传述者的真实程度和忠实程度，二是研究传述的事件的可能性和不可能性。看来，他在本节议论的问题上，也没有达到自己提出的治史要求。

最后，我们谈谈泰伯里的"资料来源"问题。人们知道，他的《历代民族与帝王史》被学术界誉为阿拉伯史学划时代的里程碑、世界史的不朽著作。这首先因为它是阿拉伯历史上第一部大型编年体历史著作，对后世影响巨大。再就是因为"著者采取圣训学家依靠追溯线索的方法，对史料进行详细考证和核实，对历史事件力求落实年、月、日"。事实上，泰伯里在伊历 96 年古太白征服喀什一节中，对其资料来源问题还是比较严谨的。笔者在前述引文中加了 4 个序号以示 4 个部分，而在每一部分前，泰伯里都写明了该部分内容的出处。具体如下：

① 话要从阿里·本·穆罕默德在我前面提到过的"伊斯纳德"（专指传述先知穆罕默德言行的门弟子和再传弟子的名次线索之记载）中的一段话说起。他说："伊历 96 年，古太白……"

② 他说：艾布·扎亚利告诉我们，他听穆海莱布·本·伊亚斯说，伊亚斯·本·祖海尔说："古太白过河时……"

③ 他说：艾布·穆汉奈夫听他父亲说："古太白派凯西尔……"

④ 他说：叶海亚·本·扎克里亚·哈姆达尼告诉我们，他听呼罗珊的一些老人们和哈凯姆·本·欧斯曼说：一个呼罗珊老人对我说："古太白深入邻近中国的地区。……"

毫无疑问，泰伯里在他的著作中采用了典型的圣训传述世系格式，目的是证明史料来源的权威性和可信度。从他的顺序排列，我们甚至都可以觉察到，可信度高的靠前，依次越来越低。因此我们必须再次强调，本文议论的"唐王向阿拉伯人纳贡"一事，全部来自引文的第四部分。而这一部分，最终追溯到的，是一个无名无姓无家系的老人。

不知当年泰伯里收入这个传说时是否犹豫过，因为追溯不到一个可信的传述者，本身就意味着此人的话不可信，对此他比任何人都清楚，这也与他治史的原则相违背。他比其他史学家高明的地方是，虽将这个传说收入自己著作中，但明确地告诉读者，此传说出自呼罗珊一个老人之口，同时保留该传说的文字本色，未做修润，让人们自己去判断它的真伪。但后来的阿拉伯历史学家，在引录这个传说的时候，不再提及其原始出处，并对其文字进行了整理、润色乃至增删，有意使之更像是一段史实。

对"唐王向阿拉伯人纳贡"这一传说的真伪，相信人们是不难作出自己的判断的。我们只需记住它的始作俑者是一位呼罗珊的老人。这样的老人，这样的传说，古今中外有很多。

第六节

关于吐蕃为也门人所建之讹传

在阿拉伯古籍中，不论是史学著作还是地理、文学类作品，有关吐蕃为也门希木叶尔（Himyar）王朝土伯尔（又译图巴尔、图伯儿等）所建的讹传，流传甚广，是中世纪阿拉伯著作家抄录和引用率最高的、与"中国"相关的素材之一。即便在今天阿拉伯人中，仍津津乐道于此事者也不乏其人，尽管他们自己也知道这不过是一个传说而已。阿拉伯民族的祖源地是也门，因此也门人先祖的荣耀也就成为阿拉伯人的荣耀，他们乐于传述先祖们值得炫耀的、即使是没有确凿历史根据的"历史功绩"，从阿拉伯人角度讲，似也无可厚非。但对于这个传说，当代学者的看法比中世纪史家的看法要谨严得多。著名阿拉伯裔美国学者希提在论及希木叶尔王朝时说：

这些国王当中，在较晚期的阿拉伯传奇里，最有名的是舍麦尔·叶尔阿什。相传他所征服的地方，远至撒马尔罕，据这些传奇说，撒马尔罕就是因他而得名的。另一个是艾卜·克里卜·艾斯耳德·卡米勒（约 385—420），据说他曾征服波斯，后来信奉犹太教。叙述冒险故事的阿拉伯歌谣里，现在还提到他的事迹。[1]

希提这段话的意义，一是将该王朝历史上所谓"远征"的最远处定在撒马尔罕和波斯，只字未提中国或吐蕃；二是在表述上使用"传奇""故事""歌谣""相传""据说"等语汇，明确告诉读者这些传闻并非可以采信的史料。

希木叶尔王朝是也门同时也是阿拉伯早期历史上的一个重要王朝，分前期、后期或第一、第二两个时代。学者们在前后期断代时间上基本没有分歧，即前期为公元前 115 至公元 300 年，后期为 300 至 525 年；但在土伯尔（Tubba'）是该王朝前期的国王称号还是后期的问题上观点不一致。有学者认为"希木叶尔王朝前期的'国王'在阿拉伯文献中称为图巴尔"[2]，也

1　希提著，马坚译：《阿拉伯通史》，商务印书馆，1995 年版，上册第 68 页。

2　纳忠著：《阿拉伯通史》，商务印书馆，1997 年版，上卷第 14 页。

有学者认为"这个时期（指后期）的希木叶尔国王，有九个人的名字，见于铭文。图伯儿是国王的称号"[1]。这从一个侧面说明有关该王朝传说中的信息，至少有一部分是非常模糊的，如同阿拉伯文献中称其前期土伯尔的寿命一般都在200—400年左右，相加后已远远超过该王朝存在的时间一样。同时这也说明，不仅吐蕃由也门土伯尔所建属于传说，有关希木叶尔王朝的记载本身也带有明显的传说性质。

有关吐蕃为也门土伯尔所建这一讹传，在阿拉伯史学著作中不仅出现早——至迟8世纪末已见，而且波及广——泰伯里、麦斯欧迪、伊本·艾西尔等历代著名史家均有记载。大部分是在追述阿拉伯人早期历史时涉及，小部分是在记述吐蕃一些特产比如麝香时旁及。主要相关记载如下：

迪奈沃利在《漫长的记事》中说：

人们说，当也门人获知舍米尔（一作舍麦尔）和他的部下在中国全部死亡后，聚集起来拥戴他的儿子艾布·马立克为王。

土伯尔艾布·马立克登上王位，便想进攻中国为父亲和祖父报仇。他出发了，来到撒马尔罕，见那里已是一片废墟，遂下令重建。建好后，他穿过沙漠最终到达吐蕃。他看到一块非

1　希提著，马坚译：《阿拉伯通史》，商务印书馆，1995年版，上册第68页。

常宽阔的、水丰草美的土地，便在那里兴建了一座城市，并让手下的 3 万男人定居下来。他们是土伯尔的后裔。直到今天，他们的穿戴和阿拉伯人的一样，他们的相貌也和阿拉伯人差不多。[1]

如果依据迪奈沃利的记载，那么希木叶尔王朝土伯尔远征中国不止一次。对此，其他阿拉伯史家同样众说纷纭，而且土伯尔的名字也不确定。有关舍米尔在前往中国途中和他的将士"都活活晒死，无一幸免"的传说，本书前文中已有述及。需要指出的是，迪奈沃利特别强调"这样的传说，我们在其他人的故事中也听说过"。

雅古特《地名辞典》里有吐蕃的专门词条，其中以下记述与多数阿拉伯人所记大同小异。他说：

我在一本书中读到，吐蕃是与中国毗邻的一个王国，在另一个方向它与印度领土交界，东面是海亚提莱（Hayātilah）[2] 国，西面是突厥。有关的传说是这样的：土伯尔艾格兰从也门出发渡过锡尔河，征服布哈拉后来到当时还是一片荒凉之地的撒马尔罕。他兴建了这座城市，并住了下来。然后他向中国

1　迪奈沃利著：《漫长的记事》，埃及知识书局，1988 年版，第 15 页。

2　古代阿拉伯人对匈奴的一种称谓。

进发，走了一个月，来到一个幅员辽阔、水丰草茂的地方。他在那里修建了一座很大的城市，并让不能同他一起前往中国的3万部下住在此城。他给这个城市起名叫吐蕃。[1]

雅古特在"撒马尔罕"条下还说：

舍米尔又率大军开拔，目的地是中国。但他和他的部下在途中因干渴而全军覆没，连一个能报信的人都没能回来。撒马尔罕自此变成一片废墟。后来土伯尔艾格兰一心要为死在中国的祖父舍米尔报仇，遂再次征调大批人马准备远征。他率兵来到伊拉克，拜赫曼·本·伊斯凡德亚尔出城投降。收取地租后，他继续向前来到撒马尔罕，发现此地荒无人烟。于是他驻扎下来，并下令重建该城，直到将它恢复到先前最好的景象。然后他继续前进，来到一个幅员辽阔的地方，正如我们前面所讲，他在这里建立了吐蕃。之后他攻入中国，烧杀抢掠，俘获甚多。至于他返回也门的故事，则说来话长。[2]

麦斯欧迪对这一传说的记述值得特别关注，尽管其中不少内容是抄录前人的：

吐蕃是一与中国不尽相同的王国，战胜他们的是希木叶尔

1　雅古特著：《地名辞典》，贝鲁特萨迪尔书局，1995年版，第2卷第10页。
2　同上，第3卷第247页。

人，其中包括几位我们在本书关于也门诸王的记述中提到的土
伯尔，在关于土伯尔的记述中也谈到过。他们当中有定居者也
有游牧者。游牧者属突厥族，人口多到数不胜数。其他突厥游
牧部族都不与他们作对，各种突厥种族的人都非常尊重他们，
因为古代突厥大王是从他们当中产生的，而且其他突厥种族的
人都认为大王之权迟早将会回归到他们之中。

　　此地之名，与在那里站住脚（Thabuta）的人有关，主要是
说希木叶尔人。有人说吐蕃（Tubbat）的起源，是因为希木叶
尔人在那里站住脚（Thubūt）。也有人说吐蕃并非此意，而是
其他意思。但最有名的传说，是我们讲的这个。迪阿比勒·本·阿
里·胡扎依对也门人的祖先颇感自豪，曾在一首反驳库麦伊特
的诗中这样吟道：

　　　　正是他们跨进了木鹿之门，

　　　　进入中国之门的也是他们。[1]

　　　　撒马尔罕之名由他们而起，

　　　　又让远方从此有了吐蕃人。

　　我们将在关于也门国王的记述一章中谈到他们国王的一些

1　中国之门（Bāb al-Sīn），在阿拉伯古籍中指两个不同的地方，多指"涨海"，
　　即中国南海某处的一个海峡，有时亦指西域某地阿拉伯人概念中进入中国的一
　　个山门。此处似指后者。

趣闻，同时也包括到这个国度游历过的人的一些记闻。吐蕃与中国相连，这是一个方向，其他方向则与印度、呼罗珊和突厥荒漠毗邻。他们有城市和很多固若金汤的建筑。古时他们沿袭也门国王土伯尔的称谓，称自己的国王为土伯尔。后来时过境迁，他们的语言发生了变化，不再使用希木叶尔语，取而代之的是与他们相邻的那些国家的语言。国王的称谓也随之而变，开始被叫作汗甘（Khāqān，即可汗）了。[1]

麦斯欧迪的记载，与其他阿拉伯史家的不同处，是它涉及了吐蕃名称由来的问题。阿拉伯语中，西藏与吐蕃的写法是一样的，只是读音不同。商务印书馆版《阿拉伯语汉语词典》注明：Tibat 为"西藏"，Tubbat 为"〔史〕吐蕃（西藏）"。麦斯欧迪认为吐蕃——Tubbat，是由阿拉伯语 Thabuta 或 Thubūt 演变而来，未免太过牵强。这两个阿语词汇，前者为动词，后者为该动词词根，两者意思相同，即"成为稳定的，成为坚定的"，引文中可引申为占领或站住脚。他认为希木叶尔人最先在那里"站住脚"，那里便因此得名。尽管他强调这一说法"最有名"，但实际上阿拉伯人中流传更广的说法是吐蕃

---

1 麦斯欧迪著：《黄金草原与珠玑宝藏》，贝鲁特时代书局，1988 年版，第 1 卷第 158 页。

之名是由土伯尔（Tubba'）而来，因为后者发音更为接近。

历史上藏族自称"博巴"，意为：农业人群。中国古代藏族于 7—9 世纪建立吐蕃王朝，计传 9 代，历时 200 年，唐代汉文史籍将该王朝写作"吐蕃"。宋、元、明多沿用吐蕃，元中统间曾改称乌斯藏，元明时期亦称西蕃，清康熙二年（1663）始称西藏。据学者考证，"蕃"为古代藏族自称。长期以来中外学者研究"吐蕃"和"蕃"名称由来的著述相当多，但无人以阿拉伯人的传说为依据进行所谓考证，皆认为其不足为信。这个问题实际上不是一个名称对音问题，归根结底是传说中的也门土伯尔是否真的到过吐蕃。

对此我们可以做这样一个假设，即希木叶尔王朝尤其是前期，由于国势强盛，其中一个或两个土伯尔确实进行过对外征服的远征，征服的地区可能包括伊拉克和波斯甚至撒马尔罕。但这支远征军由于某种原因最终未能返国——这一点阿拉伯史学家们也是承认的，于是人们开始对他们死亡或"留驻"之地进行猜测，出现了不同版本的传说。中国和也门之间的交往可以追溯到公元前，但主要是通过海路。而到了公元 7—9 世纪，一方面是吐蕃王朝的兴盛，势力远达西域各地，一方面阿拉伯人开始向中亚地区迅猛扩张，双方接触交往十分频繁，甚至曾一度结盟共同对付大唐，此时阿拉伯人才可以说真正对吐蕃有了比较真实的认识和了解。或许正是从这时开始，阿拉伯早期史学家发现吐蕃的发音与土伯尔很相近，遂产生联想，将二者联系起来。其后的著作家们便以讹传讹地加以记述，尽管其中较为严谨者一再强调他们是抄来或听来的，但都不愿舍弃这样一个多少可以让阿拉伯人"引以为豪"的传说，何况他们传统上就偏好记述这样的传说。阿拉伯古籍中此类联想的另一典型例子，是伊本·白图泰来到"刺桐"（泉州古称），便联想到此地没有他们那里的"宰通"（橄榄树）为何叫这个名字呢？来到"行在"（杭州古称），便联想到这个地名为何与贾希利叶时期著名女诗人"汉莎"的名字如此相像呢？他的联想不过是当时脑海中一个闪念，更有可能是为了记住这些难以记住的名称。但由于他将这种联想记录在自己游记里，他之后有些阿拉伯著作家提到"行在"时，会言之凿凿地说这个中国城市的名称是由那位古代阿拉伯女诗人的名字而来。

根据阿拉伯人的记载，也门土伯尔"建立"吐蕃，都属于其所谓征服中国过程中的"副产品"，因此否定其到过中国也就否定了这一讹传。而"土伯尔"和麦斯欧迪所言"站住脚"与吐蕃之间的对音关系，以及吐蕃人原先使用的是希木叶尔语和他们的国王原先也叫土伯尔等问题，亦无须再加以辩驳。

对此，我们必须首先指出，中国古籍中无任何有关也门土伯尔曾经进入中国的记载，亦无任何关于吐蕃由也门土伯尔所建的记载，有关传说全部为阿拉伯古籍中单方面的讹传。中国古代藏族是最早起源于雅鲁藏布江流域的一个农业部落，历史上属西羌人一支。秦汉时期，青藏高原被称为唐旄发羌。唐朝开始称吐蕃。藏族在血缘上，属于黄种人华南族群，与华夏十分接近。藏文属汉藏语系藏缅语族藏语支，7世纪初根据古梵文和西域文字制定。以上所述与也门土伯尔毫无关联。

其次，有关这一讹传，中世纪阿拉伯学术大师伊本·赫勒敦已在著名的《绪论》中，从阿拉伯人自身的角度，对其进行了有理有据的分析和批驳，说明吐蕃由也门土伯尔所建的传说纯属无稽之谈。

最后，有必要再次重复阿拉伯早期权威历史学家和圣训学家、伊斯兰历史上最早撰述穆罕默德传记——《先知传》的作者，伊本·伊斯哈克（Ibn 'Ishaq，704—768）关于这一讹传的定论：

前往东方的最后一个土伯尔，可能到过伊拉克和波斯，至于以前人们言之凿凿地说他们征服了突厥和吐蕃，则是不真实的。你千万不要对此信以为真。看看这些记述，再把它置于合理的思维准则下衡量，你便能去伪存真地得出正确结论——真主是找到正确答案的指引者。[1]

阿拉伯古籍中关于吐蕃的记载，除其为也门土伯尔所建的讹传外，还有其他一些在中国鲜为人知的内容。

贾希兹在《动物书》中这样提到吐蕃：

据那些进入过中国和扎比吉（al-Zābij，史称三佛齐）、足迹踏遍那个国度并深入到那些岛屿的吐蕃商人说，凡是在吐蕃首府落脚的人都会处于一种莫名其妙的欢愉之中，就是没有什么惊奇的事他们也总是笑个不停，直到他们离开那里。[2]

至于麦斯欧迪对吐蕃的一段描述，则向人们展示了一个乌托邦式的理想国，我们甚至可以将其视为一千多年后英国小说家詹姆斯·希尔顿《消失的地平线》中"香格里拉"的雏形。

吐蕃的山水、土地和气候都有许多奇异的特性。那里的人无忧无虑，自得其乐，永远都是笑呵呵的，从不显露出悲愁伤感，也懒得去思考什么事情。关于这里的果实、花朵、草原、空气和河流的奇妙传说更是不计其数。这是一个能强化有理智的动物和其他动物体质的地方。在这里人们几乎见不到一个悲哀的

---

1 伊本·赫勒敦著：《绪论》，贝鲁特学术书籍出版社，1992年版，第12页。
2 贾希兹著：《动物书》，黎巴嫩吉勒书局，1988年版，第7卷第230页。

老翁,也见不到一个伤心的老妪,无论老壮青少,人人轻松愉快。这里的人,性情温和、乐观、宽厚,从而使他们热心于多种多样的娱乐活动,尤其沉醉于音乐和舞蹈。即便是一个人死了,其亲属也不会太过悲伤,决不像其他民族的人那样,因至亲过世就悲痛欲绝,或者因良机错失就懊恼不已。他们自己人之间相处得非常和睦融洽,彼此相亲相爱,以至对待其他民族的人也十分友善。[1]

1　麦斯欧迪著:《黄金草原与珠玑宝藏》,贝鲁特时代书局,1988 年版,第 1 卷第 157 页。

结 语

本书以阿拉伯历史与文学典籍里有关中国的记载为基础，探讨了古代阿拉伯著作家构建中国形象的史料背景、阿拉伯人对中国的社会集体想象和不同时空维度下阿拉伯文化中的中国形象等问题，大致得出以下结论：

第一，中世纪阿拉伯古籍中关于中国的记载，其基调和对中国总体形象的描述是正面的。尽管早期阿拉伯人对中国的认知略显模糊，但随着双方历史交往的不断增多，他们对中国的认识与了解越来越丰富，越来越清晰。透过阿拉伯史学家，纵观中世纪阿拉伯史学著作中关于中国的大量记载，不论是对以手工艺制作见长的、勤劳智慧的中国人民的高度评价，还是对公正贤明的中国君主形象的记述等等，都是这一基调不断延伸的具体反映。

第二，阿拉伯古籍中关于中国的记载，具有一贯性和稳定性。通过对 10 个世纪来的主要阿拉伯历史与文学典籍中的"中国"进行观察、分析和研究，我们发现其记载是一脉相承的。虽然 1000 多年来，中国和阿拉伯国家社会发展过程中都出现了重大变化，但阿拉伯人对中国的记述与描绘没有出现断裂、变异或逆反。

第三，中世纪阿拉伯史学著作中对中国的记载，以正面描述及其一贯性为基础，从最初的"遥远""神秘""精于手工艺"等，到之后的"富饶""强大""公正""友善"等，逐渐形成一种定式，进而构成一种话语体系。这一传统话语体系对今天的阿拉伯著作家和学者影响至深。朱威烈教授在论及我国对中东研究话语体系时说："中国人民在历史上与中东人民有密切的文化和文明交往，近代以降双方的历史遭遇很相似，半个多世纪来又面临共同的发展任务，彼此间通过交流与合作，结有深厚的传统友谊，因此，也拥有自己特色的话语体系。"[1]他的这一论点，同样适用于解释阿拉伯人民自古至今，记述、

1　朱威烈：《理解与尊重：关于构建我国对中东研究话语体系的思考》，西亚非洲，2007 年第 12 期第 19 页。

描绘与评介中国之话语体系的形成与传承。

第四，通过对阿拉伯史学著作中关于中国记载的观察与研究，我们发现尽管中阿关系史上曾经出现过一些军事冲突与战争，不论是直接交锋的怛逻斯之战还是为争夺势力范围的间接冲突，但这些不谐调的音符或插曲都未曾对中阿友好交往主旋律造成大的影响。相反，在这些事件发生后，中阿双方的政治、经济联系更加频繁，充分说明两大民族间相互理解、和睦相处的共同意愿，始终在双方关系中占有主导地位。此外，对于阿拉伯史学著作中有关中国的某些失实记载，虽然我们需要根据史实加以分析和澄清，但也发现这些记载大都出自时间久远的民间传说。中世纪阿拉伯史家沿袭其治史传统，将这些传说收入书中，往往是作为对先祖功绩的一种炫耀，而非刻意对中国形象进行贬损。

总之，对阿拉伯古籍中有关中国的记载进行梳理与翻译，对于探讨研究阿拉伯文化中的中国形象这一涉及中阿关系史、中阿文化交流史等学科的比较重要的课题，是十分必要和重要的。它不仅有助于追溯中阿两大民族友好交往的历史渊源，也有助于我们在尚未得到充分利用的阿拉伯古代文献中发掘出有价值的中国文化资源。更重要的是，它对增进今天中国人民和阿拉伯各国人民之间的相互了解与理解，促进双方友好关系的持续发展，具有重要的现实意义和社会意义。

阿拉伯古籍是一个巨大的宝库，除了历史、地理和文学著作中有关中国的记载外，在诸如哲学、医学、药学、农学等方面的著作中，同样存在大量有关中国的记载。进一步深入研究阿拉伯文化中的中国形象，还有待我们今后共同努力，不断发掘整理出新的可资利用的史料资源。

参考书目

中文参考书目：

1. 艾哈迈德·爱敏著，纳忠等译：《阿拉伯—伊斯兰文化史》（1—8册），商务印书馆，1982—2007年版。

2. 安田朴著，耿昇译：《中国文化西传欧洲史》，商务印书馆，2000年版。

3. 白寿彝著：《中国回教小史》，宁夏人民出版社，2000年版。

4. 伯纳·路易著，马肇椿、马贤译：《历史上的阿拉伯人》，中国社会科学出版社，1979年版。

5. 伯希和著，冯承钧译：《郑和下西洋考 交广印度两道考》，中华书局，2003年版。

6. 布尔努瓦著，耿昇译：《丝绸之路》，山东画报出版社，2001年版。

7. 黄心川主编：《东方著名哲学家评传》（西亚北非卷），山东人民出版社，2000年版。

8. 蔡伟良编著：《灿烂的阿拔斯文化》，上海外语教育出版社，1997 年版。

9. 常任侠著：《海上丝路与文化交流》，海洋出版社，1985 年版。

10. 陈公元：《古代非洲与中国的友好交往》，商务印书馆，1985 年版。

11. 陈嘉厚等著：《现代伊斯兰主义》，经济日报出版社，1998 年。

12. 陈炎著：《海上丝绸之路与中外文化交流》，北京大学出版社，1996 年版。

13. 陈垣撰：《元西域人华化考》，上海古籍出版社，2000 年版。

14. 陈竺同著：《两汉和西域等地的经济文化交流》，上海人民出版社，1957 年版。

15. 杜环原著，张一纯笺注：《经行记笺注》，中华书局，2000 年版。

16. 杜瑜著：《海上丝路史话》，中国大百科全书出版社，2000 年版。

17. 范文澜著：《中国通史简编》（第 1 编—第 3 编），人民出版社，1965 年版。

18. 费尔南·门德斯·平托等著，王锁英译：《葡萄牙人在华见闻录》，海南出版社、三环出版社，1998 年版。

19. 费瑯编，耿昇、穆根来译：《阿拉伯波斯突厥人东方文献辑注》（上、下），中华书局，1989 年版。

20. 冯承钧译：《马可波罗行纪》，上海书店出版社，2002 年版。

21. 冯承钧译：《西域南海史地考证译丛》（第 1 卷—第 3 卷），商务印书馆，1995 年版。

22. 戈岱司编，耿昇译：《希腊拉丁作家远东古文献辑录》，中华书局，2001 年版。

23. 郭应德著：《阿拉伯史纲》，中国社会科学出版社，1991 年版。

24. 郭应德著：《阿拉伯中古史简编》，北京大学出版社，1987 年版。

25. 国少华编著：《阿拉伯语词汇学》，外语教学与研究出版社，1998 年版。

26. 汉纳·法胡里著，郅傅浩译：《阿拉伯文学史》，人民文学出版社，1990 年版。

27. 赫德逊著，李申、王遵仲、张毅译：《欧洲与中国》，中华书局，2004 年版。

28. 何芳川、万明著：《古代中西文化交流史话》，商务印书馆，1998 年版。

29. 侯厚培著：《中国国际贸易小史》，商务印书馆，1929 年版。

30. 江淳、郭应德著：《中阿关系史》，经济日报出版社，2001 年版。

31. 靳文翰等主编：《世界历史词典》，上海辞书出版社，1985 年版。

32. 卡尔·布罗克尔曼著，孙硕人等译：《伊斯兰各民族与国家史》，商务印书馆，1985 年版。

33. 劳费尔著，林筠因译：《中国伊朗编》，商务印书馆，2001 年版。

34. 李进新著：《新疆宗教演变史》，新疆人民出版社，2003 年版。

35. 李明伟主编：《丝绸之路贸易史》，甘肃人民出版社，1997 年版。

36. 梁潮、麦永雄、卢铁澎著：《新东方文学史》，广西师范大学出版社，1990 年版。

37. 刘开古编著：《阿拉伯语发展史》，上海外语教育出版社，1995 年版。

38. 刘义棠著：《维吾尔语文研究》，台北正中书局，1978年。

39. 马福元编：《马克思恩格斯论阿拉伯文化》，民族出版社，2005年版。

40. 马坚译：《古兰经》，中国社会科学出版社，1981年版。

41. 马坚编译：《回历纲要》，北京大学东方语文学系，1951年版。

42. 马金鹏译：《伊本·白图泰游记》，宁夏人民出版社，1985年版。

43. 马明良著：《简明伊斯兰史》，经济日报出版社，2001年版。

44. 马苏第著，耿昇译：《黄金草原》，青海人民出版社，1998年版。

45. 穆根来、汶江、黄倬汉译：《中国印度见闻录》，中华书局，2001年版。

46. 纳忠著：《阿拉伯通史》，商务印书馆，上册1997年版，下册1999年版。

47. 南开大学历史系编：《中国和阿拉伯人民的友好关系》，河北人民出版社，1958年版。

48. 尼阿玛特·伊斯梅尔·阿拉姆著，朱威烈、郭黎译：《中东艺术史——古代》，上海人民美术出版社，1985 年版。

49. 尼阿玛特·伊斯梅尔·阿拉姆著，朱威烈译：《中东艺术史：希腊入侵至伊斯兰征服》，上海人民美术出版社，1992 年版。

50. 潘吉星著：《中国造纸史话》，山东教育出版社，1991 年版。

51. 任继愈主编：《宗教词典》，上海辞书出版社，1981 年版。

52. 三上次男著，胡德芬译:《陶瓷之路》,天津人民出版社，1983 年版。

53. 桑原骘藏著，冯攸译：《中国阿剌伯海上交通史》，商务印书馆，1934 年版。

54. 陈裕菁译：《蒲寿庚考》，中华书局，1954 年版。

55. 邵献图等编：《外国地名语源词典》，上海辞书出版社，1983 年版。

56. 沈福伟著：《中西文化交流史》，上海人民出版社，1985 年版。

57. 史学双周刊社编:《中国和亚非各国友好关系史论丛》，生活·读书·新知三联书店，1957 年版。

58. 石云涛著:《早期中西交通与交流史稿》,学苑出版社，

2004 年版。

59. 宋岘著：《中国阿拉伯文化交流史话》，中国大百科全书出版社，2000 年版。

60. 孙承熙著：《阿拉伯伊斯兰文化史纲》，昆仑出版社，2001 年版。

61. 汶江著：《古代中国与亚非地区的海上交通》，四川省社会科学院出版社，1989 年版。

62. 希提著，马坚译：《阿拉伯通史》，商务印书馆，1995 年版。

63. 向达著：《中外交通小史》，商务印书馆，1930 年版。

64. 谢弗著，吴玉贵译：《唐代的外来文明》，中国社会科学出版社，1995 年版。

65. 雅克·布罗斯著，耿昇译：《发现中国》，山东画报出版社，2002 年版。

66. 伊本·胡尔达兹比赫著，宋岘译注：《道里邦国志》，中华书局，1991 年版。

67. 伊本·图斐利著，王复、陆孝修译：《哈义·本·叶格赞的故事》，商务印书馆，1999 年版。

68. 余太山主编：《西域通史》，中州古籍出版社，2003 年版。

69. 张德鑫著：《中外语言文化漫议》，华语教学出版社，1996 年版。

70. 张广达著：《西域史地丛稿初编》，上海古籍出版社，1995 年版。

71. 张日铭著，姚继德、沙德珍译：《唐代中国与大食穆斯林》，宁夏人民出版社，2002 年版。

72. 张舜徽主编：《中国史学名著题解》，中国青年出版社，1984 年版。

73. 张铁生著：《中非交通史初探》，生活·读书·新知三联书店，1973 年版。

74. 张星烺编注：《中西交通史料汇编》（1—4 册），中华书局，2003 年版。

75. 张芝联、刘学荣主编：《世界历史地图集》，中国地图出版社，2002 年版。

76. 赵汝适原著，杨博文校释：《诸蕃志校释》，中华书局，2000 年版。

77. 志费尼著，何高济译：《世界征服者史》（上、下），内蒙古人民出版社，1980 年版。

78. 仲跻昆译：《阿拉伯古代诗选》，人民文学出版社，2001 年版。

79. 宛耀宾总主编：《中国伊斯兰百科全书》，四川辞书出版社，1994年版。

80. 周一良、吴于廑主编：《世界通史》，人民出版社，1972年版。

81. 朱杰勤、黄邦和主编：《中外关系史辞典》，湖北人民出版社，1992年版。

82. 朱寰主编：《世界史》，人民出版社，1972年版。

83. 朱威烈著：《站在远东看中东》，上海外语教育出版社，2000年版。

84. 曾德昭著，何高济译：《大中国志》，上海古籍出版社，1998年版。

85. 加法尔·卡拉尔·阿赫默德：《唐代中国与阿拉伯世界的关系》（上下），金波、俞燕译，新疆师范大学学报（哲学社会科学版），2004年第2期、第3期。

86. 金秀芳：《"理想化"与"妖魔化"——西方人眼中的中国形象》，德国研究，2002年第1期。

87. 宁荣：《〈中国印度见闻录〉考释》，阿拉伯世界研究，2006年第2期。

88. 潘树林：《阿拉伯帝国的造纸业及其影响》，阿拉伯世界研究，1992年第1期。

89. 钱志和、钱黎勤:《中世纪的阿拉伯史学及其特点初探》，宁夏大学学报（人文社会科学版），2000 年第 1 期。

90. 孙锦泉:《中国造纸术对 8—11 世纪阿拉伯帝国的影响》，四川大学学报（哲学社会科学版），1994 年第 1 期。

91. 王怀德:《唐代中国与阿拉伯的友好关系》，西北民族研究，1998 年第 1 期。

92. 王三义:《论怛逻斯战役涉及阿拉伯与唐帝国关系的几个问题》，湛江海洋大学学报，2002 年第 2 期。

93. 许序雅:《阿拉伯——伊斯兰舆地学与历史学》，史学理论研究，1996 年第 4 期。

94. 杨福昌:《论中国—阿拉伯国家关系的发展》，阿拉伯世界研究，2007 年第 2 期。

95. 张文德:《阿拉伯人与中国造纸术的西传》，历史教学，1994 年第 2 期。

96. 周良霄:《元代旅华的西方人——兼答马可波罗到过中国吗？》，历史研究，2001 年第 3 期。

97. 周宁:《西方的中国形象史：问题与领域》，东南学术，2005 年第 1 期。

98. 朱威烈:《理解与尊重：关于构建我国对中东研究话语体系的思考》，西亚非洲，2007 年第 12 期。

阿拉伯文参考书目:

ابن الأثير : التاريخ الكامل ، دار صادر ، 1998 .

ابن تغري بردي : النجوم الزاهرة في ملوك مصر والقاهرة ، دار الكتب العلمية ، 1992 .

ابن تيمية : مجموعة الفتاوى , مكتبة عابكان السعودية ، 1998 .

ابن الجوزي: المنتظم في تاريخ الأمم و الملوك ، دار الكتب العلمية ، 1993.

ابن الحمصي : حوادث الزمان و وفيات الشيوخ والأقران ، المكتبة العصرية، 1999 .

ابن الخطيب : الاحاطة في أخبار غرناطة ، دار الخانجي للنشر ، 1975 .

ابن خلدون : تاريخ ابن خلدون ، دار الكتب العلمية ، 1992 .

ابن خلكان : وفيات الأعيان وأنباء أبناء الزمان ، دار صادر ، 2000 .

ابن العماد الحنبلي : شذرات الذهب في أخبار من ذهب ، دار الكتب العلمية ، 1998 ،

ابن كثير : البداية و النهاية ، دار لاحياء التراث العربي ، 1997 .

أبو الفرج الاصفهاني : الأغاني ، دار الثقافة ، 1990 .

أحمد بن علي المقريزي : السلوك لمعرفة دول الملوك ، مطبعة لجنة التأليف والترجمة والنشر ، 1956.

ادورد فنديك : كتاب اكتفاء القنوع بما هو مطبوع ، مطبعة التأليف (الهلال) ، 1991 .

اسماعيل باشا : ايضاح المكنون في الذيل على كشف الظنون ، دار الكتب العلمية ، 1992.

اسماعيل باشا : هدية العارفين ، دار الكتب العلمية ، 1992 .

بدر الدين حي الصيني : العلاقات بين العرب والصين ، مكتبة النهضة المصرية ، 1950 .

البغدادي : تاريخ بغداد أو مدينة السلام ، دار الكتب العلمية ، 1989 .

البكري : معجم ما استعجم من أسماء البلاد والمواضع ، دار الكتب العلمية ، 1998 .

البلاذري : فتوح البلدان ، دار المعارف ، 1987 .

الجاحظ : البخلاء ، المكتبة العصرية ، 2003 .

الجاحظ : رسائل الجاحظ، مكتبة الخانجي بالقاهرة ، 1979 .

الجبرتي : تاريخ عجائب والآثار في التراجم والأخبار ، دار الكتب العلمية ، 1997 .

حاجي خليفة : كشف الظنون عن اسامي الكتب والفنون ، دار الكتب العلمية ، 1992.

خير الدين الزركلي : الأعلام ، دار العلم للملايين ، 1998 .

الدينوري : الأخبار الطوال ، دار المعارف ، 1988 .

الذهبي : العبر في خبر من غبر ، دار الكتب العلمية ، 1997 .

السمعاني : الأنساب ، مؤسسة النشر للكتب الثقافية ، 1998 .

شاكر مصطفى : التاريخ العرب والمؤرخون(1-4) ، دار العلم للملايين ،
1983 .

الصفدي : الوافي بالوفيات ، جمعية المستشرقين الألمانية ، 1962 .

الطبري : تاريخ الأمم والملوك ، دار النشر للتراث ، 1967 .

عبد الحليم منتصر : تاريخ العلم ودور العلماء العرب في تقدمه ، دار
المعار ف ، 2001 .

عبد الله بن حمد الحقيل : كتب و مؤلفون في الأدب و التاريخ ، مكتبة
التوبة، 2001 .

عمر الدقاق : مصادر التراث العربي ، دار الشرق العربي ، 2000.

القلقشندي : صبح الأعشى في صناعة الانشاء ، الهيئة المصرية العامة
للكتاب ، 1985 .

كرم حلمى فرحات : العلاقات المصرية الصينية ، عين الدراسات والبحوث
الانسانية والاجتماعية ، 2002 .

محمد بن أحمد الذهبي : سير أعلام النبهاء ، دار النشر للرسالة ، 1998 .

محمد بن شاكر الكتبي : فوات الوفيات والذيل عليها ، دار صادر ، 1999 .

المسعودي : مروج الذهب ومعادن الجوهر ، المكتبة العصرية ، 1988 .

المقري التلمساني : نفح الطيب في غصن الأندلس الرطيب ، دار صادر ، 1988 .

النويري : نهاية الأدب في فنون الأرب ، المؤسسة المصرية العامة للتأليف والترجمة والطباعة والنشر ، 1988 .

اليافعي : مرآة الجنان وعبرة اليقظان ، دار الكتب العلمية ، 1997 .

ياقوت الحموي : معجم البلدان ، دار صادر ، 1995 .

ياقوت الحموي معجم الأدباء ، دار الفكر ، 1980 .

اليعقوبي : تاريخ اليعقوبي ، دار صادر ، 1992 .

يوسف اليان سركيس : معجم المطبوعات العربية و المعربة ، دار صادر ، 1991 .